Alexander Kent

Dem Vaterland zuliebe

Roman

Ullstein

Titel der englischen Originalausgabe:
For my Country's Freedom
© 1995 by Bolitho Maritime Productions Ltd.
Ins Deutsche übertragen von Dieter Bromund
Übersetzung © 1996 by Verlag Ullstein GmbH,
Frankfurt/M − Berlin
Alle Rechte vorbehalten
Satz: ew print & medien service gmbh, Würzburg
Druck und Verarbeitung: Wiener Verlag, Himberg bei Wien
Printed in Austria 1996
ISBN 3-550-06774-7

Gedruckt auf alterungsbeständigem Papier
mit chlorfrei gebleichtem Zellstoff

Die Deutsche Bibliothek − CIP-Einheitsaufnahme

Kent, Alexander:
Dem Vaterland zuliebe: Roman / Alexander Kent. [Ins Dt.
übertr. von Dieter Bromund]. − Frankfurt/M ; Berlin : Ullstein,
1996
Einheitssacht.: For my country's freedom <dt.>
ISBN 3-550-06774-7

Für Kim
mit meiner Liebe.
Die Welt ist unser.

Dennoch Freiheit, auch wenn deine Fahne zerfetzt ist.
Noch blitzt sie wie ein Gewitter gegen den Wind.
– Byron, 1812

Inhalt

Erster Teil: 1811 11

- I Bedauern 13
- II Mehr als Treue 35
- III Der Ozean ist immer da 55
- IV Auftrag des Königs 73
- V Die *Indomitable* 96
- VI Das St. Georgs-Kreuz 119
- VII Unruhige See 142
- VIII Träume 157
- IX Das Zeichen Satans 175

Zweiter Teil: 1812 201

- X Täuschung 203
- XI Wie der Vater, so der Sohn 229
- XII Zeuge 248
- XIII Einsamkeit 266
- XIV Bewährungsprobe 289
- XV Streich um Streich 306
- XVI Eines Schiffes Stärke 326
- XVII Und wofür? 347
- XVIII Epilog 372

Erster Teil: 1811

I Bedauern

Lady Catherine Somervell zügelte die große Stute und tätschelte den Hals des Tieres.

»Nicht mehr lange, Tamara, wir sind bald zu Hause.«

Dann saß sie kerzengerade und unbewegt im Sattel und sah mit dunklen Augen auf die See. Schon kurz vor der Mittagsstunde dieses ersten Märztages 1811 hing ein ungewohnter Dunst über dem Pfad, den sie eingeschlagen hatte, um John Allday und seine ihm frisch angetraute Unis zu besuchen. Noch immer wunderte sie sich, daß die Admiralität in London sie alle so lange unbehelligt gelassen hatte. Zwei und einen halben Monat – das war die längste Zeit, die sie und Richard jemals gemeinsam auf seinem Besitz in Cornwall verbracht hatten.

Sie schob die pelzgefütterte Kapuze vom Kopf. Die feuchte Luft ließ ihr Gesicht noch frischer aussehen. Sie schaute nach Süden. Rosemullion Head, ganze drei Meilen entfernt an der Mündung des Helford River, war von Dunst eingehüllt. Sie befand sich auf dem oberen Küstenpfad. Den unteren hatte die See in den Januarstürmen unterspült und ins Meer brechen lassen.

Jetzt meldete sich der Frühling. Die ersten waghalsig fliegenden Bachstelzen ließen sich bereits an den Ufern des Helford River sehen. Dohlen hockten wie Klosterbrüder in Reihen auf den Steinwällen. Die windzerzausten Bäume auf den nahen Hügeln trugen zwar noch keine Blätter, dafür glänzten ihre geneigten Äste aber nach einem kürzlichen Regenschauer. Vereinzelt sah man schon – wie winzige gelbe Pinselspuren im Graugrün der Wiesen – frühe Narzissen. Sie zitterten in der salzigen Luft, die vom Kanal und vom nahen Atlantik herüberwehte.

Catherine trieb die Stute wieder an. In ihren Gedanken hing sie den letzten Wochen nach, in denen sie ganz ungestört ihre Freiheit genießen konnten. Nach der ersten Umarmung nach Bolithos Rückkehr aus Mauritius, wo er Barattes Kaperer zur Aufgabe gezwungen hatte, hatte sie gefürchtet, er würde – wie sonst – bald wieder Unruhe zeigen, weil er von seinen Schiffen und den Männern getrennt war. Vielleicht fürchtete er insgeheim, daß die Marine, der er so viel gegeben und geopfert hatte, ihn aus dem Blick verlor.

Aber ihr Wiedersehen hatte ihre Liebe neu entflammt, sie stärker als früher lodern lassen – wenn das überhaupt möglich war. Sie machten trotz des unangenehmen Wetters lange Ausritte und Spaziergänge und besuchten Familien auf dem Gut. Wenn es sich gar nicht vermeiden ließ, nahmen sie auch an festlichen Abenden auf dem großartigen Landsitz von Richards Schwager Lewis Roxby teil, den man spöttelnd den König von Cornwall nannte. Diese Feiern fanden statt, weil Roxby unerwartet geadelt worden war. Catherine mußte lächeln. Jetzt würde ihn nichts mehr aufhalten können ...

Sie beobachtete Richard sehr genau. Die Tage flossen ohne besondere Ereignisse dahin. Früher war er schon bald wieder unruhig geworden, doch diesmal nicht. Sie spürte ihre Leidenschaft und die sanfte Glut der Liebe, die sie verband. Nichts war ihr an ihrem Mann mehr fremd.

In der Londoner Welt hatte sich viel verändert. Sir Paul Sillitoes Prophezeiung hatte sich vor genau einem Monat erfüllt. König Georg III. war für geisteskrank erklärt und aller Macht enthoben worden. Den Prinzen von Wales hatte man zum Prinzregenten ausgerufen. Bis zu seiner Krönung würde er das bleiben. Einige Nachbarn meinten gnadenlos, Lewis Roxby sei nur aufgrund des Einflusses des Prinzregenten geadelt worden. Dabei war ihm der Adelstitel wegen seiner patriotischen Verdienste verliehen worden. Als eine französische Invasion drohte, hatte er als Vertreter der Regierung eine örtliche Miliz gegründet. Andere meinten, der Prinzregent, der gleichzeitig auch Herzog von Cornwall war, könne einflußreiche Verbündete überall gut gebrauchen.

Wieder blickte sie auf die See. Sie sah in ihr nicht länger die gefürchtete Rivalin. Auf Catherines Schulter waren immer noch die Narben des Sonnenbrands zu erkennen, Erinnerungen an die Tage im offenen Boot vor dem Hundert-Meilen-Riff nach dem Verlust der *Golden Plover*. War das erst zwei Jahre her? Sie hatte mit den anderen Überlebenden gelitten. Aber Richard und sie waren zusammengewesen und hatten das Furchtbare, das sie bis an die Schwelle des Todes gebracht hatte, gemeinsam erlebt.

Hinter den blassen Wolken war keine Sonne zu erkennen, nur die See glitzerte etwas. Die ewige Dünung schien wie von einer gigantischen Laterne beleuchtet.

Sie hatte Richard im Hause am Schreibtisch zurückgelassen. Er mußte einige Briefe beenden, die mit der Nachmittagspost vom Marktplatz in Falmouth abgehen sollten. Einer war an die Admiralität adressiert. Zwischen ihnen beiden gab es jetzt keine Geheimnisse mehr. Sie hatte ihm sogar ihren Besuch in Whitechapel geschildert und von Sillitoes Hilfsbereitschaft berichtet.

Bolitho hatte darauf nur leise gesagt: »Und ich glaubte immer, dem Mann könne man nicht trauen.«

Sie hatte Richard im Bett in die Arme geschlossen und geflüstert: »Er half mir, als niemand anderer da war. Aber ein Kaninchen darf niemals dem Fuchs den Rücken zukehren.«

Zum Brief an die Admiralität hatte er nur bemerkt: »Irgend jemand muß wohl meinen Bericht über die Gefechte bei Mauritius gelesen haben. Darin habe ich mehr Fregatten gefordert. Aber ich kann immer noch nicht glauben, daß durch die staubigen Korridore der Admiralität ein neuer Wind weht.«

An einem dieser Tage stand er mit ihr auf dem Kap unterhalb von Pendennis Castle. Seine Augen hatten die gleiche Farbe wie die grauen Wolken, die in endloser Folge am Himmel vorbeizogen.

Sie hatte gefragt: »Würdest du jemals einen Posten in der Admiralität annehmen?«

Er hatte sich zu ihr umgedreht und entschlossen und überzeugend geantwortet: »Wenn ich der See den Rücken kehre, werde ich auch der Navy den Rücken kehren, Kate, endgültig.« Er lachte auf seine jungenhafte Art. Und die Falten in seinem Gesicht verschwanden. »Mich würden sie übrigens niemals darum bitten!«

Und sie selber hatte darauf nur geantwortet: »Sicher meinetwegen, oder wegen unseres Verhältnisses – das ist der wahre Grund!«

»Vielleicht. Aber das ist keine Strafe, Kate, sondern eine Belohnung!«

Sie mußte jetzt auch an den jungen Adam Bolitho denken. Seine Fregatte *Anemone* lag nach der langen Reise von Mauritius über das Kap der Guten Hoffnung und Gibraltar in Plymouth in der Werft. Sie war im letzten Gefecht mit Barattes Kaperern so durchlöchert worden, daß ihre Pumpen auf der langen Heimreise keine Stunde aussetzen konnten.

Heute wollte Adam nach Falmouth kommen. Sie hörte vom Turm der Kirche König Charles der Märtyrer die Uhr schlagen. In dieser Kirche waren seit Jahrhunderten alle Bolithos getauft worden, hatten dort geheiratet und in ihrem Schatten die letzte Ruhestätte gefunden. Es war gut, wenn Richard Zeit für ein Gespräch mit seinem Neffen fand. Sie bezweifelte allerdings, daß er mit Adam über Valentine Keens Frau sprechen würde. Es war unklug, offen darüber zu sprechen.

Sie dachte an Allday, den sie in der kleinen Gaststätte *Old Hyperion* in Fallowfield besucht hatte. Ein Maler aus der Gegend hatte das Gasthausschild gemalt – und zwar bis auf die letzte Geschützpforte exakt, wie Allday nach seiner Trauung eine Woche vor Weihnachten stolz versicherte. Unis, seine strahlende Frau, kannte die *Hyperion* auch, denn ihr erster Mann war auf ihr gefallen. Sie hatte Kate anvertraut, daß John Allday insgeheim fürchtete, Sir Richard könne ihn an Land zurücklassen, wenn er sein nächstes Kommando antrat.

Sie sprach mit großer Liebe von diesem großen, schlottrigen Seemann, ohne Furcht, daß die Navy sich zwischen sie drängen könnte. Und sie war stolz auf die starken Bande, die den Vizeadmiral und seinen Bootssteuerer zusammenhielten.

Catherine hatte geantwortet: »Ich weiß. Ich muß es genauso aushalten wie Sie. Unseretwegen sind die Männer da draußen – ständig gefährdet durch die See und Kugeln. *Nur unseretwegen.*« Sie war sich nicht ganz sicher, ob sie Unis überzeugt hatte.

Sie lächelte und schmeckte beim Reiten Salz auf den Lippen. *Ob ich das selber glaube?*

Die Stute wurde schneller, als sie auf die neue Straße kamen, die Lewis Roxby von französischen Kriegsgefangenen hatte bauen lassen. Catherine vermutete, daß die Gefangenen auch sein Haus und den Garten so makellos gepflegt hielten. Bolithos eigener Besitz wurde wie die meisten Güter der Umgebung von Männern versorgt, die die Marine, der sie treu gedient hatten, als Krüppel an Land geworfen hatte. Ohne offiziellen Schutzbrief war jeder junge Mann ständig in Gefahr, von den ewig gierigen Preßkommandos eingefangen zu werden. Doch in dunklen Nächten half auch solch ein Schutzbrief nichts, wenn draußen ein Kriegsschiff ankerte und ihr Kommandant die an Bord Gebrachten nicht sonderlich genau prüfte.

Sie sah das Dach des alten grauen Hauses in der letzten Senke des Hügels. Ob Adam Neuigkeiten mitgebracht hatte? Auch ihm würde sicher auffallen, wie erholt sein Onkel aussah. Viel Bewegung, gutes Essen, Ruhe ... Sie lächelte. Und viel Liebe, die ihnen immer wieder den Atem raubte.

Sie fragte sich oft, ob Adam wohl aussah wie sein Vater? Von Hugh gab es nirgendwo im Haus ein Porträt. Sie nahm an, daß Bolithos Vater das verhindert hatte, nachdem sein Sohn Schande über sich und die Familie gebracht hatte. Schande nicht wegen seiner Spielleidenschaft. Seine Schulden hatten den Familienbesitz gefährdet, bis Richard als erfolgreicher Kommandant von Fregatten genügend Prisengelder erhielt, um sie zu begleichen. Hugh hatte wegen seiner Spielleidenschaft sogar einen Offizierskameraden getötet.

Beides hätte der Vater dem Sohn wahrscheinlich verziehen. Aber die Britische Marine zu verlassen und auf amerikanischer Seite für die Unabhängigkeit der Kolonien zu kämpfen – das konnte man nicht verzeihen. Sie dachte jetzt an die Porträts ernst dreinschauender Männer an den Wänden und auf der Empore. Deren Blicke schienen sie zu verfolgen und abzuschätzen, wann immer sie nach oben ging. Die Männer waren doch sicher nicht alle Heilige gewesen?

Ein Stallbursche nahm den Zügel, und Catherine sagte: »Reib sie gut trocken!« Sie sah ein Pferd, das eifrig in der Krippe im Stall kaute. Es trug immer noch eine blaugoldene Satteldecke. Adam war also schon hier.

Als sie die große zweiflüglige Tür öffnete, erblickte sie die beiden Männer vor dem großen Kamin. Man konnte sie für Brüder halten. Dasselbe schwarze Haar und die selben Gesichtszüge wie auf den Porträts, die sie so intensiv studiert hatte, als dieses Haus ihr Heim wurde. Sie blickte kurz auf den Tisch. Dort lag ein Leinenumschlag mit dem angedeuteten Anker der Admiralität. Irgendwie hatte sie eine Nachricht erwartet. Dennoch traf sie sie wie ein Schock.

Sie lächelte und breitete ihre Arme aus, als Adam sie begrüßte. Richard hatte bestimmt ihren Blick bemerkt und ihr plötzliches Erschrecken.

Dort auf dem Tisch lag der wahre Feind.

Leutnant George Avery stand am Fenster seines Zimmers und beobachtete das Gewimmel von Leuten mit ihren Karren unten auf der Straße. In Dorchester war Markttag. Bauern waren von den Höfen und aus den Dörfern gekommen, um zu kaufen und zu verkaufen. Man stritt über Preise. Die Gasthäuser waren jetzt sicher schon sehr voll.

Er trat vor einen einfachen Spiegel und musterte sich, so wie er einen angehenden Midshipman prüfen würde.

Noch immer war er über seine Entscheidung verblüfft. Er hatte Sir Richard Bolithos Einladung angenommen, weiter sein Flaggoffizier zu bleiben. Dabei hatte er sich oft genug geschworen, daß er jedes auch noch so kleine Kommando übernehmen würde, wenn er dazu die Chance bekäme. Für seinen Rang war er schon ziemlich alt, bereits jenseits der dreißig. Kritisch musterte er die gutsitzende Uniform. Das Stück Goldlitze auf seiner linken Schulter zeigte an, daß er Sir Richard Bolithos Adjutant war.

Avery würde nie den Tag vergessen, als er den berühmten Admiral zum ersten Mal in seinem Haus in Falmouth getroffen hatte. Er hatte nicht geglaubt, daß Bolitho ihn akzeptieren würde, auch wenn er Sir Paul Sillitoes Neffe war. Er kannte seinen Onkel kaum und konnte sich nicht vorstellen, warum er ein Wort für ihn einlegen sollte.

Noch immer bekam er Alpträume, wenn er an das Ereignis zurückdachte, das ihn fast das Leben gekostet hätte. Er war zweiter Mann an Bord des kleinen Schoners *Jolie,* einer ehemaligen französischen Prise. Die Jagd auf feindliche Blockadebrecher hatte er erregend gefunden. Doch sein jugendlicher Kommandant, ebenfalls Leutnant, war sich seiner Sache zu sicher geworden und war zu viele Risiken eingegangen. Er konnte immer noch hören, wie er bei jenem ersten Treffen Bolitho Bericht erstattet hatte: *Ich hielt ihn für einen Teufelskerl, Sir Richard.* Sie waren von einer französischen Korvette überrascht worden, die plötzlich hinter einem Kap erschienen war und sie unter Feuer nahm, bevor sie fliehen konnten. Die erste Breitseite hatte den jungen Kommandanten zerrissen, und wenige Augenblicke später lag auch Avery schwer verwundet an Deck. Hilflos hatte er zusehen müssen, wie seine Männer die Flagge strichen. Die erdrückende Wucht des plötzlichen Angriffs hatte sie allen Kampfesmut verlieren lassen.

Als Kriegsgefangener hatte Avery Verzweiflung und Schmerz unter den Händen französischer Wundärzte kennengelernt. Das lag nicht an mangelnder Fürsorge oder Gleichgültigkeit. Ihr Mangel an Verbandsmaterial war die Folge der englischen Blockade, eine wahre Ironie des Schicksals.

Der kurze Frieden von Amiens hatte zur frühen Entlassung Averys geführt – im Austausch mit einem französischen Gefangenen. Der Frieden hatte den Streitenden nur Gelegenheit gegeben, ihre Wunden zu lecken und Schiffe und Verteidigungsanlagen zu reparieren. Bei seiner Rückkehr nach England hatte ihm niemand gratuliert oder ihn gar für seine frühere Tapferkeit ausgezeichnet. Statt dessen wurde er vor ein Kriegsgericht gestellt. Zwar war er freigesprochen worden, die Anklage wegen Feigheit vor dem Feind und Gefährdung des Schiffes wurde fallengelassen. Aber weil die kleine *Jolie* ihre Flagge zu schnell vor dem Feind gestrichen hatte, war er, ohne Rücksicht auf seine Verwundung, gezeichnet und würde den Rest seines Marinelebens Leutnant bleiben.

Dann, vor etwa achtzehn Monaten, hatte Bolitho ihn zu seinem Flaggoffizier gemacht. Ihm öffnete sich damit wieder eine Tür. Für Avery begann ein neues Leben, das er mit einem Helden Englands teilte. Bolithos Taten und sein Mut lebten in den Herzen der ganzen Nation.

Er lächelte sich im Spiegel an und fand, daß er wieder jünger aussah. Einen Augenblick lang verschwanden sein üblicher bedrückter Ausdruck und die scharfen Falten um den Mund. Doch die grauen Strähnen in seinem dunkelbraunen Haar und die steife Schulter, Folge der Verwundung und der schlechten ärztlichen Versorgung, straften sein Lächeln Lügen.

Er hörte jemanden an der Haustür und sah sich um: ein kahles, einfaches Zimmer ohne Stil. Es glich darin ganz dem Haus, dem Pastorenhaus, in dem sein Vater ihn erzogen hatte – konsequent, aber gütig. Averys Schwester lebte nach dem Tode ihres Vaters jetzt hier als Ehefrau eines Pfarrers. Den Vater hatte auf der Straße ein durchgehendes Pferd getötet.

Er hängte seinen Degen ein und griff nach dem Hut. Die Goldlitze glänzte noch immer so hell wie vor achtzehn Monaten, als er in Falmouth Joshua Miller, den Schneider, aufgesucht hatte. Schon zwei Generationen lang hatten die Millers den Bolithos Uniformen geschneidert, doch niemand wußte mehr genau, wie alles begonnen hatte. Bolitho hatte ihn nach seiner Ernennung zum Flaggoffizier ausgestattet – aus Großzügigkeit. Sie war eines der Merkmale des Mannes, den er so gut kannte und doch immer noch nicht ganz verstand: Sein Charisma, dessen sich der Vizeadmiral offensichtlich selbst nicht bewußt war, ebenso wie der Beschützerinstinkt, den er bei jenen, die ihm besonders nahestanden, auslöste. Er nannte sie seine kleine Mannschaft, den schlottrigen Bootssteuerer Allday, den rundschultrigen Sekretär Yovell aus Devon und seinen Diener Ozzard, einen Mann ohne Vergangenheit.

Er legte für seine Schwester Geld auf den Tisch. Ihr geiziger Ehemann gab ihr sicherlich viel zuwenig. Avery hatte ihn sehr früh am Morgen das Haus verlassen hören, entweder um jemandem zu helfen oder um einem Gesetzesbrecher aus der Gegend ein Gebet vorzusprechen, ehe der am Galgen sein Leben aushauchte. Er lächelte. Wenn sein Schwager wirklich ein Mann Gottes war, sollte der Herr auch besser für die kleine Mannschaft um den Pfarrer herum sorgen.

Die Tür öffnete sich, und seine Schwester stand im Gang und sah ihn an, als bedauere sie seinen Aufbruch.

Sie hatte dasselbe dunkle Haar wie Avery. Und ihre

Augen glänzten katzengleich wie die ihres Bruders. Doch damit endete die Ähnlichkeit. Er mochte noch immer nicht glauben, daß sie erst sechsundzwanzig Jahre alt war, denn ihr Körper war von vielen Geburten erschöpft. Sie zog vier Kinder groß, zwei hatte sie während der Schwangerschaft verloren. Noch schwerer war es, sie sich als junges Mädchen vorzustellen. Wie schön sie damals gewesen war!

»Der Fuhrmann ist hier«, sagte sie. »Er wird deine Seekiste zur Kutsche ins King's Arms bringen, George.« Sie starrte ihn an, als er sie an sich zog und umarmte. »Ich weiß, daß du abreisen mußt, George, aber es war so schön, dich hier zu haben. Mit dir zu reden und überhaupt ...« Wenn sie bedrückt war wie jetzt, klang ihr Dorsetdialekt sehr durch.

Unten schrien zwei Kinder, aber sie schien sie nicht zu hören. Plötzlich sagte sie: »Ich wünschte, ich hätte Lady Catherine gesehen, wie du!«

Avery drückte sie enger an sich. Sie hatte sich oft bei ihm nach Catherine erkundigt, was sie tat, wie sie mit ihm sprach, wie sie sich kleidete. Er strich über das verblichene Kleid, das seine Schwester während der ganzen Zeit seines Besuchs getragen hatte.

Er hatte Catherine auch einmal erwähnt, als Ethels Mann im Zimmer war. Erregt hatte der ihn angefahren: »Ein gottloses Weib. Ich will in meinem Haus ihren Namen nie wieder hören!«

Avery hatte blitzschnell geantwortet: »Ich dachte, dies sei das Haus eines vergebenden Gottes, Sir!«

Seitdem hatten sie kein Wort mehr gewechselt. Darum hatte der Pfarrer das Haus wohl so früh verlassen, um eine Umarmung mit verlogenen brüderlichen Abschiedswünschen zu vermeiden.

Plötzlich wollte Avery das alles hinter sich lassen. »Ich werde den Fuhrmann vorausschicken und komme zu Fuß nach.« Noch vor kurzem hätte er alles getan, um nicht durch die Straßen gehen zu müssen. Obwohl die Stadt im Binnenland lag, sah man hier doch genügend Marineoffiziere. Dorchester lag nahe genug an der Weymouth Bay, an Portland und Lyme – war also bei Marineoffizieren, die sich ein Haus kaufen wollten, sehr beliebt. Als er seine Verwundung ausheilte und das Kriegsgerichtsverfahren erwartete, hatte er genügend Marineoffiziere gesehen, die ihm auf die andere Straßenseite hinüber ausgewichen waren.

Jetzt, da er zu Bolitho gehörte, sah alles anders aus. *Doch meine Gefühle denen gegenüber werden sich nie ändern.*

Er umarmte sie noch einmal und spürte ihren müden Körper an seinem. Was war aus dem jungen Mädchen geworden!

»Ich werde dir Geld schicken, Ethel.« Er sah sie nicken. Vor Tränen konnte sie nicht sprechen. »Der Krieg ist bald vorbei. Dann werde ich wieder an Land sein.«

Er dachte daran, wie ruhig Bolitho mit der Situation fertig wurde, was Allday ihm über das verletzte Auge anvertraut hatte. *In besserer Gesellschaft könnte ich nie sein.*

Dann ging er die wohlbekannten Stufen hinunter, nacktes Holz, um ja nichts zu verschwenden – wie der Pfarrer gemeint hatte. Doch Avery war aufgefallen, daß der Mann sich einen guten Vorrat Wein im Keller hielt, verborgen hinter dem Zimmer, in dem sein Vater ihn einst erzogen hatte. Zu jeder anderen Gelegenheit hätte er bei diesem Gedanken gelächelt. Yovell hatte ihn in der kleinen Mannschaft sofort willkommen geheißen, weil er Latein sprechen und schreiben konnte. Seltsam, daß diese Fähigkeit, wenn auch indirekt, das Leben von Konteradmiral Herrick, Bolithos Freund, gerettet hatte.

Er sagte: »Die Straßen sind jetzt sicher in besserem Zustand. Übermorgen werde ich in Falmouth sein.«

Sie sah zu ihm auf, und er meinte, das junge Mädchen von einst sehe ihn wie durch eine Maske an.

»Ich bin so stolz auf dich, George!« Sie wischte sich mit der Schürze über das Gesicht. »Du weiß nicht, wie sehr!«

Draußen auf der Straße nahm der Fuhrmann sein Geld in Empfang und tippte, Ethel grüßend, mit dem Finger an den Hut. Sie küßten sich. Auf der Straße wurde Avery erschreckend klar, daß sie ihn wie eine Frau geküßt hatte, die über ihr vertanes Leben nachdachte.

An der Straßenecke entdeckte er vor dem Gasthof die Kutsche mit den Insignien der Royal Mail. Die Deichseln waren noch unbespannt, doch schon zurrten Bedienstete auf dem Dach Gepäckstücke fest.

Er drehte sich um und sah die Straße entlang zurück, in der er groß geworden war. Doch seine Schwester war verschwunden.

Zwei Midshipmen, offenbar dienstlich unterwegs, gingen grüßend an ihm vorbei. Avery bemerkte sie nicht einmal.

Und dann traf ihn die Erkenntnis wie ein Hieb. Er würde seine Schwester nie wiedersehen.

John Allday machte beim Stopfen seiner langen Pfeife eine Pause und ging, ohne den Tabak anzuzünden, zur Tür seines Gasthauses.

Lange betrachtete er das brandneue Wirtshausschild, das da oben im Wind schwankte. Obwohl er von hier aus dem Kanal nicht sah, konnte er ihn sich ohne Mühe vorstellen. Der Wind hatte seit dem Morgen etwas rückgedreht, und draußen lief jetzt das Wasser ab. Auch Falmouth sah er in Gedanken ganz deutlich vor sich. Schiffe holten die Anker dicht und warteten, ankerauf zu gehen, um Tide und Wind zu nutzen. Es waren vor allem Kriegsschiffe, doch dort lagen auch die berühmten Paketschiffe von Falmouth, ebenso wie Fischerboote und Hummerfänger. Er würde sich an solche Bilder gewöhnen. *Gewöhnen müssen,* sagte er sich. Er hörte den dünnen Glockenschlag der winzigen Gemeindekirche. Seine Augen wurden feucht. In ihr hatten Unis und er vor gut zwei Monaten geheiratet. Solche Wärme, solch unerwartete Liebe hatte er nie gekannt. Er hatte immer ein Auge für schmucke Frauen, für flotte Boote gehabt, wie er gelegentlich zugab. Aber Unis hatte sie alle übertroffen.

Bald würden jetzt auch die Männer von den Feldern heimkehren. Es wurde noch immer zu früh dunkel, um lange draußen zu bleiben.

Er hörte Unis' Bruder, der auch John hieß, Krüge bereitstellen und Bänke schieben. Dumpf klang sein Holzbein auf dem Fußboden und verriet jedem, wohin er sich bewegte. Ein guter Mann, ehemaliger Soldat des 31. Regiments zu Fuß, des Regiments Huntingdonshire. John wohnte jetzt nebenan und würde von seinem Haus aus Unis helfen, sobald er wieder auf See war.

Lady Catherine war den langen Weg nach Fallowfield geritten und hatte versucht, ihn zu beruhigen. Aber einer der Kutscher war hier auf ein Bier und ein paar Pasteten eingekehrt und hatte ihm vom Brief der Admiralität an Sir Richard Bolitho berichtet. Und seither hatte er an nichts anderes mehr denken können.

Er hörte, wie Unis leichtfüßig durch die andere Tür

trat, sah sich um, sah sie lachen, einen Korb frisch gelegter Eier am Arm.

»Machst du dir immer noch Sorgen, Lieber?«

Allday trat wieder ins Gastzimmer und versuchte, seine trüben Gedanken mit einem Lachen zu verscheuchen.

»Für mich ist doch das alles ganz neu, verstehst du?«

Sie sah sich im Gastzimmer um. Die kleinen Fässer mit je viereinhalb Gallonen Bier ruhten auf ihren Ständern. Auf den Tischen saubere Tücher. Es roch nach frischem Brot. All das würde jeden hart arbeitenden Knecht auf dem Weg nach Hause zur Einkehr bewegen. Ein Ort zum Wohlfühlen. Sie war zufrieden mit sich.

»Für mich ist das auch neu, jetzt wo mein Mann hier bei mir ist.« Sie lächelte sanft. »Mach dir keine Sorgen. Du besitzt mein Herz. Doch mir wird's schwerfallen, wenn du gehst. Und du wirst ganz sicher wieder weggehen. Ich bin hier gut aufgehoben. Versprich mir nur, daß du wiederkommst.« Sie drehte sich zur Küche um, damit er die Tränen in ihren Augen nicht sehen konnte. »Ich bring dir einen Schluck zu trinken, John!«

Ihr Bruder richtete sich auf. Er hatte gerade neues Holz in den Kamin gelegt. Jetzt sah er Allday ernst an.

»Also bald, nicht wahr?«

Allday nickte. »Er wird erst einmal nach London aufbrechen. Ich sollte ihn begleiten.«

»Diesmal nicht, John. Du hast doch jetzt Unis. Ich hatte Glück. Ich hab ein Bein für König und Vaterland verloren. Glück – na ja, damals dachte ich anders darüber. Einer Kanone ist so was egal. Also mach das Beste aus dem, was du hast.«

Allday nahm seine Pfeife wieder auf und lächelte seiner Frau entgegen, die ihm einen Krug Rum brachte.

»Du weißt wirklich, was ein Mann braucht«, sagte er. Sie hob scherzend den Finger. »Du bist ein schlimmer Kerl, John Allday!« kicherte sie.

In der anderen Ecke des Raums machte ihr Bruder es sich bequem. Allday war zufrieden. Doch ob der ihn wirklich verstand? Schließlich war er ja nur Soldat gewesen, wie sollte er da einen Seemann verstehen?

Lady Catherine blieb oben an der Treppe stehen, und zog ihren Morgenmantel enger um sich. Nach der Wärme des großen Himmelbetts und des Kaminfeuers im Schlafzimmer spürte sie jetzt die Kälte an ihren Füßen.

Früher als sonst war sie zu Bett gegangen, damit Richard sich allein und ungestört mit seinem Neffen unterhalten konnte. Später waren sie zusammen die Treppe hinaufgestiegen. Ihr schien, als sei Adam beim Betreten seines Schlafzimmers unsicher gestolpert.

Während des Abendessens schien er verspannt und in sich gekehrt. Sie hatten über seine Heimreise gesprochen und sich über *Anemone* unterhalten, die im Dock lag. Kupferbeschläge mußten ersetzt werden, die das Geschützfeuer von Barrattes Kaperern durchlöchert hatte. Adam hatte von seinem Teller aufgeblickt, und ein paar Augenblick lang hatte sie in seinem vertrauten Mienenspiel den Stolz auf seine *Anemone* wiederentdeckt.

»Sie hat wirklich viel einstecken müssen, aber bei Gott, unter dem Kupfer ist ihr Rumpf kerngesund.«

Er erwähnte, daß auch die Brigg *Larne* in Plymouth ankerte. Sie hatte Depeschen vom Kap gebracht und mußte in Plymouth bleiben zum Überholen von Rigg und Rahen. Das überraschte niemand, denn die *Larne* war ohne Pause vier Jahre im Dienst auf See gewesen – in brütender Hitze ebenso wie in kreischenden Stürmen.

Sie beobachtete Richard, und plötzlich wurde ihr klar, daß sie so etwas erwartet hatte. Irgendwie schien es kein Zufall, daß ausgerechnet jetzt James Tyacke nach England zurückgekehrt war – der tapfere, stolze Mann, den die arabischen Sklavenhändler als *Teufel mit dem halben Gesicht* fürchteten. Ganz sicher würde er Plymouth hassen. Überall in diesem geschäftigen Hafen würden ihn gnadenlose und entsetzte Blicke verfolgen, sobald er seine schrecklichen Narben sehen ließ.

Adam bestätigte, daß Tyacke seinen ersten Offizier mit den Depeschen nach London geschickt hatte. Dabei war es üblich, daß ein Kapitän höchst persönlich der Admiralität seine Aufwartung machte.

Catherine sah eine flackernde Kerze auf einem Tisch, dort, wo die Treppe ins Halbdunkel führte. Als sie die beiden nach oben kommen hörte, war sie wohl wieder eingeschlafen. Als sie im Bett nach ihrem Mann tastete, faßte sie ins Leere.

Sie zitterte, als fühle sie sich beobachtet. Sie sah zum nächsten Bild. Es zeigte Konteradmiral Denziel Bolitho, der Richard mehr ähnelte als jeder andere. Er war sein Großvater und hatte dieselben Augen, das gleiche rabenschwarze Haar. Denziel war außerdem ein weiterer Bolitho, der es bis zum Flaggoffizier gebracht hatte. Richard hatte sie jetzt alle überflügelt. Er war – nach Nelsons Tod – der jüngste Vizeadmiral auf der Liste der Marine. Sie zitterte wieder, aber nicht wegen der kalten Nachtluft. Richard hatte ihr gesagt, er würde ihretwegen all das aufgeben.

Richard hatte oft von seinem Großvater berichtet, doch dabei zugegeben, daß er sich nicht recht an ihn erinnern könne. Er bezog seine Erinnerungen aus Berichten seines Vaters, Kapitän James, und natürlich aus dem

Porträt selber. Das Bild zeigte Denziel, der vor Quebec neben Wolfe kämpfte. Im Hintergrund stieg Schlachtenrauch empor. Der Porträtmaler hatte den Mann hinter der Uniform gut getroffen. Augen und Mund schienen zu lächeln. Hatte auch er eine Geliebte gehabt wie sein Enkel?

Jetzt, als sich ihre Augen an die Dunkelheit gewöhnt hatten, konnte Catherine ein Glimmen im Kamin ausmachen und entdeckte dann auch Bolitho. Er saß auf dem Teppich, stützte sich mit einem Arm auf einen Stuhl, den Stuhl, in dem sein Vater zu sitzen pflegte, wenn er ihm etwas vorlas. Es sah aus, als wage er nicht, nach draußen zu blicken, um nicht an die nahe See erinnert zu werden. Sie wartete, wartete auf den nächsten Bolitho. Ein Brandyglas stand neben dem Kamin, fing die verlöschende Glut wie ein Vergrößerungsglas ein.

Bolitho öffnete die Augen und sah sie an. Er wollte sich erheben, doch sie schlüpfte neben ihn und stocherte in der Glut, bis wieder kräftige Flammen loderten.

Bolitho zog seinen Mantel aus und warf ihn ihr über die Schultern. »Entschuldige, Kate, ich bin eingeschlafen. Ich ahnte ja nicht ...«

Sie legte ihm zwei Finger auf die Lippen. »Das macht doch nichts. Ich bin froh, daß ich wach wurde.«

Sie sah sein scharfes Profil vor dem Fenster und konnte seine Gedanken lesen. Sie hatten schon so oft hier gesessen, in Gespräche vertieft, sich gegenseitig zuhörend! Er verlor niemals die Geduld, auch nicht, als sie mit ihm den Kauf der Kohlenbrigg *Maria José* besprach. Jeder andere Mann, jeder Seemann hätte den Kauf für Unsinn gehalten. Bolitho hatte nur geantwortet: »Warten wir ab, bis die Saison beginnt. Es ist ein gewagtes Unternehmen, aber selbst wenn es schiefgeht, gewinnt unser Schiff an

Wert.« Er sprach immer von *uns*. Selbst wenn sie getrennt waren, blieben sie so immer zusammen.

Plötzlich sagte er: »Adam hat mir alles erzählt!«

Sie wartete, fühlte seinen Schmerz, doch sie schwieg.

Bolitho fuhr fort: »Das zerreißt ihn innerlich, auch weil er ahnt, was er mir damit antut.«

»Ist es so schlimm?«

Er legte seinen Arm fester um ihre Schultern. »Wie kann ich ihn zurechtweisen? Ich habe dich einem anderen Mann weggenommen wie einst auch Cheney.« Er sah sie an, war überrascht, diesen Namen wieder aus dem eigenen Mund zu hören. »Er wollte uns sofort verlassen. Aber in seinem Zustand hätte er sich auf den verdammten Landstraßen umgebracht.«

»Ich kam freiwillig zu dir. Ich habe dich damals geliebt, ich liebe dich jetzt. Wenn ich etwas bereue, dann die Jahre, in denen ich dich noch nicht kannte.«

Er blickte in die Flammen. »Das geschah alles erst, als die *Golden Plover* vermißt gemeldet war. Zenoria war hier und wachte wie du mitten in der Nacht auf. Adam verhielt sich wie ein Junge, weinte herzzerreißend, weil er glaubte, du und ich wären ertrunken. Auch Val schien tot zu sein.« Er schüttelte den Kopf. »Das verdammte Schiff steht für eine ganze Menge Schlimmes.«

»Aber wir waren zusammen, Liebster!«

»Ich weiß, daran denke ich ja auch gern und oft.«

Sie fragte: »Hat er dir alles erzählt?«

Bolitho nickte zögernd. »Sie mochten sich, liebten sich vielleicht sogar. Als dann bekannt wurde, daß die *Larne* uns gefunden und wir alle am Leben waren, war schon alles geschehen. Ich weiß nicht, was Zenoria denkt – sie hat einen guten Ehemann und jetzt ein Kind. Es mußte einfach so kommen, es war weder Verrücktheit noch Betrug.« Er schaute ihr ins Gesicht, streichelte sanft ihr Haar. »Aber Adam liebt sie immer noch. Er muß dieses Geheimnis bewahren – und sie ebenfalls.«

»Ich bin so froh, daß er es dir berichtet hat. Du bedeutest ihm so viel, mehr als alle anderen Menschen.«

»Da gibt es einen Brief!«

Sie spürte Spannung, als er fortfuhr. »Aus Verzweiflung schrieb er ihr – irgendwann im letzten Jahr. Das wird die Probe sein. Wir müssen abwarten und hoffen.«

Catherine hob das Glas. Sie sah, wie er ihr beim Trinken des Cognacs zuschaute. »Was hast du aus London Neues erfahren, Richard?«

Er schien erleichtert, als sie das Thema wechselte. »Ihre Lordschaften sind offenbar davon angetan und bedenken meine Vorschläge.«

Sie nahm einen zweiten kleinen Schluck und fühlte den Cognac auf ihren Lippen brennen. Das war sicher noch nicht alles.

»Sir James Hamett-Parker gibt es nicht mehr, oder?«

Er nickte. »Er ist spurlos verschwunden. Seinen Platz hat ein anderer eingenommen, Admiral Sir Graham Bethune. Ein guter Mann.«

Sie sah ihn an. »Du hast oft gesagt, die Navy ist wie eine große Familie. Aber den Namen hast du noch nie erwähnt!«

»Ich kenne ihn seit langem, aber ich habe ihn aus den Augen verloren. Er ist viel jünger als Hamett-Parker, und das kann uns allen nur nützen!«

»Jünger als du?« fragte sie.

»Er war erst Midshipman, als ich mein erstes Kommando auf der *Sparrow* antrat, ja, so war es.« Er schien über ihre Frage nachzudenken. »Ja, er ist jünger. Etwa vier Jahre, nehme ich an.« Er sah sie unbewegt an. Bei hellerem Licht, dachte sie, würde er aussehen wie Adam, wenn er stolz und überheblich von seiner *Anemone* sprach. »Ich war erst 22 Jahre alt, als ich das Kommando antrat. Das war damals auch in Antigua.«

»Es scheint mir irgendwie nicht richtig, daß er dir jetzt Befehle geben kann.«

Er lächelte. »Mein Tiger wieder mal! Die Navy hat ihre eigenen Gesetze. Glück, Schicksal, Beziehungen – das alles spielt bei Beförderungen auch eine Rolle, nicht nur das Können. Vergiß nicht, daß Nelson vor Trafalgar zehn Jahre jünger als Collingwood war – und sie trotzdem gute Freunde blieben.«

Er nahm ihre Hände, und sie standen auf.

»Ins Bett oder mein Mädchen wird mich morgen früh beschimpfen!«

Sie sah auf den dicken Teppich vor dem Kamin. Hier mußte es geschehen sein. Sie konnte sich Adams Gefühle leicht vorstellen, als er diesen Raum wieder betrat.

Leise antwortete sie: »Nicht dein Mädchen, Richard, Liebling. Eine Frau, eine Frau mit all ihren Leidenschaften. Und mit all ihrem Haß, wenn es sein muß.«

Arm in Arm gingen sie zur Treppe. Die einsame Kerze war erloschen, und der grauäugige Konteradmiral war in der Dunkelheit unsichtbar.

Sie hielten inne und lauschten den nächtlichen Geräuschen des großen Hauses, leisem Knarren, Lebenszeichen.

»Sie wollen mir ein neues Kommando geben, ein neues Flaggschiff. Wir beide werden uns in London wiedersehen. Doch zuerst muß ich nach Plymouth fahren.«

Sie sah ihn an, wieder überrascht von seiner Fähigkeit, an so viele Dinge gleichzeitig zu denken.

»Ich möchte dich mit all dem nicht behelligen, Kate, oder gar irgend jemand anders hineinziehen.«

»Du wirst doch James Tyacke treffen?«

»Ja. Aber dich verlassen? Jetzt zählt jede Stunde doppelt.«

Sie erinnerte sich an Tyacke, als stünde er im gleichen Zimmer. Er wäre ein gutaussehender Mann ohne die schreckliche Verletzung. Als ob eine Bestie ihm das halbe Gesicht weggerissen hatte. Sie erinnerte sich, wie die *Larne* sich ihnen damals näherte, nachdem sie soviel Leiden und Tod gesehen hatten. Und sie dachte auch an das gelbe Kleid, das Tyacke ihr angeboten hatte, um sie vor weiterem Sonnenbrand zu schützen. Er hielt es in seiner Seekiste gestaut als Geschenk für das Mädchen, das ihn nach seiner Verwundung zurückgewiesen hatte. Tyacke verdiente gewiß eine bessere Frau als jene.

»Ich möchte, daß er mein Flaggkapitän wird«, sagte Bolitho nur.

»Das wird er niemals annehmen. Und ich weiß auch nicht, ob er es sollte«, antwortete sie.

Bolitho führte sie zu den letzten Stufen. »Das ist das Grausame, Kate. Ich brauche ihn, ohne ihn bin ich verloren.«

Später, als sie in dem großen Himmelbett lagen, dachte sie an seine Worte zurück.

Und an das, was er nicht gesagt hatte. An sein beeinträchtigtes Sehvermögen. Was sollte geschehen, wenn auch das andere Auge verletzt würde? Er brauchte einen Kapitän, auf den er sich ganz und gar verlassen konnte. Kein Wunder also, daß Richard Tyacke allein sprechen wollte. Tyacke durfte keinen Augenblick annehmen, Bolitho nutze Catherines Gegenwart, um ihn zu überreden, die Beförderung anzunehmen und all das, was mit ihr verbunden war. Und auch das, was sie von ihm forderte.

Sie preßte sich gegen Richard und murmelte: »Ich werde auf dich warten, Liebster, was immer du tust!«

Gleich darauf hörte sie einen Hahn krähen und wußte, daß sie nicht träumte.

II Mehr als Treue

Die kleine unauffällige Kutsche hielt nur kurz am Werfttor. An ihren Fenstern und Türen klebte der Schmutz der zerfurchten Straßen. Die Insassen zeigten ihre Papiere. Als die Räder über das Kopfsteinpflaster ratterten, starrte der junge Leutnant der Seesoldaten ihnen immer noch mit offenem Mund nach. Jedenfalls nahm Bolitho das an.

Er versuchte, seinem Flaggleutnant zuzulächeln, doch das geschah eher halbherzig. Zwar war er nicht offiziell nach Plymouth gekommen, doch sein Aufenthalt hier würde nicht lange verborgen bleiben. Der Seesoldat eilte sicher schon zum Hafenadmiral. *Sir Richard ist hier, Sir!*

Bolitho hielt sich am Haltegurt fest und sah nach draußen auf die geschäftige Werft, ignorierte Averys neugierige Blicke. Von allen britischen Häfen war Plymouth ihm am vertrautesten. Hier hatte er sich von Catherine getrennt, als es nach Mauritius ging. Avery hatte ihn auf diesem ersten gemeinsamen Kommando begleitet. Der hatte sich sehr bedeckt gehalten, versuchte sich neu zu orientieren nach allem, was ihm im Zusammenhang mit der Kriegsgerichtsverhandlung geschehen war. Fast schien er seinem eigenen Urteil nicht mehr zu glauben. *Wie hatte er sich doch verändert!* Vielleicht hatten sie beide sich verändert.

»Wir gehen den restlichen Weg zu Fuß!«

Avery klopfte an die Kutschendecke, worauf die Pferde scharf gezügelt wurden und der Wagen hielt.

Bolitho trat nach draußen und spürte den scharfen Wind im Gesicht. Die sanft geschwungenen Hügel hinter dem Tamar zeigten schon kräftiges Grün. Der Tamar – nur ein Fluß. Und doch trennte er ihn von seiner Heimat Cornwall. Das Wasser war dunkel und modrig, kein Wunder nach den ausgedehnten Regenfällen.

»Da drüben liegt sie!« Er fragte sich, ob Avery sein langes Schweigen während der ungemütlichen langen Reise aufgefallen war. Möglicherweise war er auch mißgestimmt. Denn jetzt, da er als sein Adjutant zurückgekehrt war, hatte er wahrscheinlich alle Chancen einer Beförderung oder eines eigenen Kommandos verspielt.

Bolitho sah ihn an, sah das starke, intelligente Profil und sagte: »Ich bin wirklich ein schlechter Reisegefährte. Aber hier hat für mich so viel begonnen und geendet!«

Avery nickte. Auch er dachte zurück. Er hatte bei seinem letzten Besuch beobachtet, wie Bolitho sich vor dem Golden Lion von der schönen Catherine verabschiedete. Er erinnerte sich an seine Gefühle, als am Fockmasttopp Bolithos Flagge auswehte. Ihm erschien es wie eine Wiedergeburt. Die Marine hatte ihn wieder aufgenommen, nachdem sie ihn bisher zurückzuweisen schien.

Bolitho schritt jetzt in gleichem Tempo neben ihm her. Ihre langen Bootsmäntel verbargen Uniform und Rang vor den forschenden Blicken der vielen, die an Bord der zahlreichen Schiffe Reparaturen ausführten.

Avery erinnerte sich sehr genau, als sie einmal in derselben Werft an einem anderen Dock gehalten hatten. Bolitho hatte ihm von seiner alten *Hyperion* berichtet, die mit ihren 74 Kanonen hier gelegen hatte – praktisch ein Wrack nach dem Kampf, der wohl der schwerste ihres ganzen Seelebens gewesen war. Doch die *Hyperion* lebte weiter, war zur Legende geworden. In Liedern, die in allen Kneipen gesungen wurden, erinnerte man sich an sie. Es waren Lieder über ihr letztes Gefecht, als sie mit Bolithos wehender Flagge gesunken war. Vielleicht wehte die Flagge in den Tiefen der See immer noch über den Männern, die dort, wo sie gefallen waren, als Schatten weiterlebten. Ganz lebendig waren Schiff und Mannschaft in Bolithos Erinnerungen und in der von John Allday. Sie waren dabeigewesen. Und sie würden das nie vergessen.

Bolitho hielt an und sah sich die Brigg *Larne* mit ihren 14 Kanonen genauer an. Wie klein sie schien, viel zu klein für die großen Meere. Doch als Tyacke gegen alle Vernunft und Erfahrung auf der Suche nach dem Boot der *Golden Plover* bestanden hatte, da war die *Larne* wie ein Gigant aus der Gischt aufgetaucht.

Bolitho sah jetzt auch den Posten der Seesoldaten auf dem Steg. Er hatte dafür zu sorgen, daß niemand desertierte, daß selbst Männer, die Monate oder gar Jahre lang nicht zu Hause gewesen waren, das Schiff nicht verließen. So etwas beleidigte einen Kommandanten James Tyacke, der niemals ein »desertiert« neben den Namen eines Mannes auf der Besatzungsliste hatte schreiben müssen.

Bolitho sagte: »Sie wissen, was Sie zu tun haben!« Er sprach schärfer als beabsichtigt, aber das fiel Avery kaum auf.

Avery fühlte in der Tasche die Befehle, die Bolitho seinem Sekretär Yovell diktiert hatte. Auch sie erschienen wie ein Geheimnis, so als sei Bolitho sich noch immer nicht über seine Absichten im klaren. Vielleicht war er wirklich unsicher.

37

Avery sah ihn an. Unsicher? Nein, nach all dem, was hinter ihm lag, ganz bestimmt nicht.

»Sorgen Sie bitte dafür, daß wir morgen sehr früh aufbrechen können. Wir werden hier übernachten«, sagte Bolitho.

»Im Golden Lion, Sir Richard?«

Bolitho musterte ihn mit grauen Augen, Augen in der Farbe des Plymouth Sound, und er fürchtete, ihm zu nahe getreten zu sein.

»Ich dachte nur ...«

Überraschenderweise lächelte Bolitho und griff nach seinem Arm unter dem regennassen Mantel.

»Ich weiß. Ich bin heute nicht ganz bei der Sache.« Er sah zur Stadt hinüber. »Ich denke, wir suchen diesmal ein anderes Gasthaus.«

Plötzlich mußte er an Catherine denken. Wie sie sich umarmt hatten, ehe er nach Plymouth aufgebrochen war. Sie war jetzt unterwegs nach London zu ihrem Haus in Chelsea. Sie hatte *ihr* London mit ihm geteilt. Und solche Erinnerungen waren das einzige, was ihnen blieb, wenn er wieder auf See ging.

Er hatte sich selten so gefühlt wie heute. Jeder Tag erschien ihm wie eine helle Morgendämmerung, und obwohl sie wußten, daß sie sich wieder trennen mußten, fiel es ihm schwer, sich das vorzustellen.

Er sah jetzt Avery zur wartenden Kutsche zurückgehen. Seine schiefe Schulter, die Art, wie er sich mit der Verletzung hielt, bewegte ihn tief. *Was sind das für Männer, Kate? Ganz England sollte solche stolzen Söhne sehen.* Und über der frischen Brise, die an den Fallen und am halbfertigen Rigg rüttelte, hörte er in der Erinnerung ihre Stimme: *Verlaß mich nicht.*

Rufe waren zu hören, und nervös beobachtete ihn der

Posten. Ein kräftiger Kerl in Leutnantsuniform ohne Hut erschien an Deck, schob Seeleute und Werftarbeiter einfach zur Seite und brüllte: »Antreten zur Begrüßung, ihr verdammten Kerle. Warum hat mir das keiner gesagt?«

Bolitho machte den ersten Schritt auf die Gangway und hob den Hut Richtung kleines Achterdeck.

»Es ist schön, Sie wiederzusehen, Mister Ozanne! Und gut bei Stimme sind Sie auch noch!« Dann warf er eine Falte seines Mantels über seine Schulter, und eine Epaulette mit zwei glänzenden silbernen Sternen wurde sichtbar.

Die Werftarbeiter staunten mit offenem Mund. Einige Seeleute jubelten. Es schien, als träfen sich alte Freunde.

Ozanne stammte von den Kanalinseln, kam aus der Handelsschiffahrt. Er war ein hervorragender Offizier, trotz seines bäuerlichen Auftretens. Doch er war nicht nur zu alt für seinen Rang, nein, er war auch noch fünf Jahre älter als sein Kommandant.

Bolitho schüttelte ihm die Hand. »Wie gefiel Ihnen London?«

Ozanne strahlte, doch sein Blick blieb betrübt. »Fast vergessen, Sir Richard! Kapitän Adam war hier. Die *Anemone* liegt da drüben.« Dann dachte er noch einmal über die Frage nach. »London gefiel mir nicht sehr. Aber die waren ganz froh, daß ich die Depeschen brachte.« Er schüttelte seinen gewaltigen Kopf. »Rennen die immer wie aufgescheuchte Hühner durch die Admiralität, Sir Richard?«

Bolitho lächelte. *Die Familie.* »Das ist da wohl so gang und gäbe, höre ich.« Dann wurde er ernst. »Ist der Kommandant an Bord?«

»Ich werde ihn rufen ...«

»Nicht nötig, Mr. Ozanne. Ich kenne mich hier aus.« Bolitho ahnte, daß James Tyacke wußte, daß er an Bord gekommen war. Er musterte den schlanken Schiffskörper und die schwarzen Kanonenrohre. Über die gelbbraunen Lafetten war Leinwand gezurrt, als sollten sie vor den unwürdigen Reparaturarbeiten geschützt werden. *Larne, James Tyackes Schiff. Unter meinem Kommando.* Er stieg den Niedergang hinunter, und zog, auf dem Weg zur Heckkajüte, den Kopf vor den niedrigen Decksbalken ein.

Es roch hier wie immer, auch die Werft konnte den Geruch des Schiffs nicht überlagern. Farbe, Teer, Hanf und stickige Nässe. Und doch war sie keine so strapazierte Brigg wie jede andere. Tyacke hatte sie zu einem Schiff gemacht, auf das er stolz sein konnte. *Der Teufel mit dem halben Gesicht.*

Würde er jetzt wieder ganz von vorn anfangen? Konnte man ihn überhaupt darum bitten?

Tyacke stand vor den hellen schrägen Heckfenstern. Er stand mit gebeugten Schultern zwischen den niedrigen Balken der kleinen Kajüte, die die ganze Breite des Hecks ausfüllte. Sein Gesicht lag im Schatten.

»Willkommen an Bord, Sir!« sagte er. Er griff nach seiner Uniformjacke mit der einzelnen Epaulette auf der linken Schulter.

Aber Bolitho unterbrach ihn. »Ich komme ohne Einladung.« Er ließ seinen Bootsmantel einfach fallen und hängte die schwere Jacke seiner Ausgehuniform über einen Stuhl. »Lassen Sie uns bitte mal von Mann zu Mann reden!«

Tyacke öffnete einen Schrank, nahm eine Flasche und zwei Gläser heraus.

»Stammt von einem Schmuggler, Sir. Scheint ganz gut zu sein!«

Als er sich umdrehte, fiel das vom Wasser reflektierte Licht auf seine linke Gesichtshälfte. Sie war ausgeprägt wie die von Avery, mit tiefen Krähenfüßen um die Augen, Spuren all der Jahre auf so vielen Ozeanen.

Die andere Seite des Gesichts war so verbrannt, daß sie kaum noch menschlich aussah. Nur das Auge war unverletzt, strahlte blau wie die Augen von Herrick. Selbst sein widerspenstiges Haar war nicht davongekommen. Früher war es schwarz wie Bolithos gewesen, doch jetzt zeigten sich schon graue Strähnen. Über den Brandnarben war sein Haar nun schlohweiß, genau wie Bolithos verhaßte Locke, die seine Stirnnarbe bedeckte.

Passiert war das auf der *Majestic* während der Schlacht von Abukir, wie man sie jetzt nannte. Tyacke kommandierte das unterste Kanonendeck. Um ihn herum explodierte plötzlich die brennende Hölle. Er hatte nie herausgefunden, was die Explosion verursacht hatte, denn die Mannschaften waren sofort tot gewesen. Auch Westcott, Kommandant der *Majestic,* war an diesem schrecklichen Tag gefallen.

Der Cognac war stark und feurig. Sie stießen mit den Gläsern an, und Tyacke sagte: »Ein Gegner, der den Kampf aufnimmt, und genügend Raum auf See, Sir, mehr verlange ich nicht!«

Es war schon seltsam, den altvertrauten Trinkspruch hier in der Werft zu hören. Man hörte, nur ein paar Zoll höher, Arbeiter über das Achterdeck schlurfen. Viele Längen Tau wurden über das Deck gezogen, um dann zu den Riggern in Masten und Rahen gehievt zu werden.

Tyacke sah ihn ruhig an. Dann fragte er entschlossen: »Sie werden mir mein Schiff abnehmen, Sir, nicht wahr?« Die Frage schien körperlichen Mut zu verlangen.

Es hörte sich leicht an – und brach doch sein Herz. Er drehte jetzt sein Gesicht in den spärlichen Schatten, als wolle er unbedingt das Licht, das durch das Skylight fiel, vermeiden. So viel war auf diesem Schiff geschehen. So viele Entscheidungen, für manchen vielleicht sogar zu viele. Sie hatten oft mutterseelenallein gegen die gewaltige See angekämpft. Aber dieser Mann hatte nie aufgegeben.

Bolitho sagte: »Ich habe erfahren, daß die *Larne* auf ihr Kommando vor Afrika zurückkehren wird, um dort wieder Sklavenschiffe aufzubringen – bald wieder. Ich habe auch erfahren, daß niemand aus Ihrer Mannschaft auf ein anderes Schiff versetzt wird. Wenn Sie wollen, kann ich Ihnen das schriftlich vom Hafenadmiral geben.«

Tyacke starrte auf seine große Seekiste. »Das würde ich gern schriftlich haben, Sir. Ich habe noch nie einem Hafenadmiral getraut.« Er blickte hoch, schien einen Augenblick verwirrt. »Das ist dumm ausgedrückt, Sir, tut mir leid.«

»Ich war auch einmal Kommandant einer Fregatte.« Seltsam, daß der Satz selbst nach den vielen Jahren noch schmerzte. *Auch einmal Kommandant einer Fregatte.* »Ich kann mich sehr genau daran erinnern, wie man mir ständig gute Leute wegnahm und sie durch Galgenvögel ersetzte.«

Tyacke füllte Cognac nach und wartete.

»Ich habe kein Recht, Sie zu fragen, aber ...«, begann Bolitho. Er unterbrach sich, weil etwas Schweres oben an Deck umgestürzt war. Er hörte Ozanne sofort laut fluchen und danach lachen. An Bord eines königlichen Schiffs wurde selten gelacht. *Wie kann ich ihn bloß fragen?*

Tyacke war vor dem Fenster nur als Silhouette erkennbar.

»Natürlich haben Sie das, Sir.« Er lehnte sich so weit vor, daß sein Gesicht im Sonnenlicht lag. »Der Dienstrang spielt doch dabei keine Rolle.«

»Nein, in der Tat nicht«, antwortete Bolitho. »Wir haben zuviel zusammen erlebt. Und seit Sie uns damals auf dem Meer vor Afrika gefunden haben, stehe ich tief in Ihrer Schuld.«

Er hörte sich leise sagen. »Ich möchte, daß Sie eine Beförderung annehmen ...« Er zögerte. »Werden Sie mein Flaggkapitän. Ich will keinen anderen haben.« *Sag ihm, wie du ihn brauchst.* Die Worte schienen in der Luft zu hängen. »Ich kam nur, um Sie darum zu bitten.«

Tyacke starrte ihn an. »Es gibt keinen, unter dem ich lieber dienen würde, Sir. Aber ...« Er schien seinen Kopf zu schütteln. »Ja, so ist es wirklich, Sir. Ohne Ihr Vertrauen in mich wäre ich längst in Selbstmitleid verfallen. Aber ohne die Freiheit dieses Schiffes, ohne die *Larne* ... Sie verlangen zuviel von mir, Sir.«

Bolitho griff nach seiner Jacke. Avery würde oben auf ihn warten. Wenn er sich einmischte, würde er ihn nur verletzen.

Er erhob sich und streckte seine Hand aus. »Ich werde zum Hafenadmiral fahren.« Er sah ihm gerade in die Augen und wußte, er würde diesen Augenblick nie vergessen. »Sie sind mein Freund und der von Lady Catherine Somervell – und dabei wird es immer bleiben. Ich werde darum bitten, daß Ihre Mannschaft Wache um Wache an Land gehen kann.«

Er fühlte die Härte des Handschlags, hörte die Bewegung in Tyackes Worten. Und dann war der Augenblick vorbei.

Leutnant George Avery kletterte aus der Kutsche. Er fühlte feinen Regen an den Laternen vorbei in sein Gesicht wehen.

»Warte hier, es dauert nur einen Augenblick. Dann kannst du uns zum Boar's Head fahren.«

Es hatte alles länger gedauert als erwartet, oder war es nur früher dunkel geworden als sonst? Er zog den Hut tiefer in die Stirn und stellte den Kragen seines Bootsmantels hoch. Er spürte Leere im Magen und erinnerte sich, außer ein paar hastigen Bissen in einem Gasthof am Weg, den ganzen Tag noch nichts gegessen zu haben.

Auf dem Wasser des Hamoaze hinter den Docks flackerten bereits Ankerlichter wie Glühwürmchen. Dunkle Schatten von kleinen Booten, Offiziere kamen und verließen die Schiffe, Wachboote wurden rundum gerudert – das war das nie ruhende Leben in einem Kriegshafen.

Hier an der Mauer brannten Lampen vor Gangways und Relingspforten. Wer Hafengelände nicht gewöhnt war oder zuviel getrunken hatte, der konnte sonst leicht über einen Festmacherring stolpern oder über Material, das Werftarbeiter hatten liegenlassen. Ein Sturz ins Wasser wäre die Folge.

Er sah die nackten Masten der Brigg. In der auflaufenden Flut schienen sie höher als sonst. Männer an der Relingspforte: Er erkannte an den weißen Aufschlägen den Mantel eines Leutnants. Wahrscheinlich war die Seesoldatenwache angetreten, um den Vizeadmiral zu verabschieden.

Er fragte sich, was wohl an Bord besprochen worden war. Vielleicht war es nur um alte Zeiten gegangen. Armer Allday. Der war sicher außer sich über diese Reise, bei der er nicht seinen gewohnten Platz einnahm.

Avery erkannte in dem kräftigen Offizier Paul Ozanne, *Larnes* Ersten Offizier.

»Ich wurde aufgehalten, Mister Ozanne. Ich hoffe, Sir Richard ist nicht zu ungehalten!«

Ozanne nahm seinen Arm und führte ihn nach achtern. Er blickte durch das Skylight nach unten in die Kajüte. In der Dunkelheit brannte eine einsame Kerze.

»Sir Richard ist längst von Bord!« sagte er geradeheraus. »Wir sollen Ihnen ausrichten, er erwartet Sie im Haus des Hafenadmirals.«

Avery richtete sich auf. Irgend etwas war schiefgelaufen. Und zwar sehr schief. Sonst wäre ...

»Was ist passiert?« Ozanne müßte es wissen. Besser als jeder andere verstand er seinen Kommandanten, der auch noch sein Freund war.

»Er ist allein da unten und trinkt. Und zwar schlimmer denn je. Ich verstehe überhaupt nichts mehr. Das macht mich sehr unruhig.«

Avery erinnerte sich an Bolithos Gesichtsausdruck, als er an Bord geklettert war. Ängstlich, fast mutlos – ganz anders, als er ihn von zu Hause in Falmouth oder von See her kannte.

»Soll ich mal mit ihm reden?« Er erwartete eigentlich ein entschiedenes Nein.

Doch statt dessen sagte Ozanne nur rauh: »Das wäre gut. Aber passen Sie auf sich auf. Es könnte Ihnen kräftig entgegenwehen.«

Avery nickte. Er hatte verstanden. Allday hatte diesen Ausdruck schon einmal warnend gebraucht.

Unter Deck war es so dunkel, daß er fast gestürzt wäre. Die *Larne* war eng und klein im Vergleich zu einer Fregatte, und ganz besonders im Vergleich zur alten *Canopus*, auf der er gedient hatte, als Sillitoe ihm die Möglichkeit einer Beförderung zum Flaggleutnant mitgeteilt hatte.

»Wer ist da draußen? Beweg dich nur her, wenn es sein muß!«

»Avery, Sir, Flaggleutnant«, rief er laut. Dann sah er

die flackernde Kerze und Tyackes entstelltes Gesicht. Er drehte sich weg, als Tyacke nach der Flasche griff.

»Er hat Sie geschickt, nicht wahr?«

Er klang verärgert, ja sogar gefährlich. Ruhig antwortete Avery: »Ich nahm an, Sir Richard sei immer noch an Bord, Sir!«

»Sie sehen ja, daß er's nicht mehr ist. Also hauen Sie bloß ab.« Dann änderte sich seine Stimme plötzlich. »Es ist ja nicht Ihr Fehler. Es ist der Fehler von keinem. Es ist der verdammte Krieg, der uns das antut.« Er sprach eigentlich nur zu sich selbst, öffnete die Flasche wieder und ließ etwas in ein zweites Glas gurgeln. Es ging etwas daneben, doch er achtete nicht darauf. Avery roch, was es war, und dachte an seinen leeren Magen.

»Tut mir leid. Das hier ist nur Genever. Den Cognac habe ich schon erledigt.« Er machte eine vage Bewegung. »Verholen Sie da irgendwohin. Ich kann Sie von hier nicht klar erkennen.«

Avery zog den Kopf ein, um nicht an die Balken zu stoßen. *Der arme Hund. Er will nicht, daß ich die andere Seite seines Gesichts sehe.*

Mit belegter Stimme sagte Tyacke: »Sie ziehen das Bein nach. Richtig, hatte ich ganz vergessen. Sie wurden ja verwundet. Und dann gab es das Kriegsgericht. Nicht Ihr Fehler«, wiederholte er.

»Kann ich irgendwas für Sie tun, Sir?«

Tyacke schien ihn nicht zu hören. »Was sind wir bloß für ein Haufen! Ich habe seinen Bootssteuerer getroffen – Allday heißt er doch, oder?«

Avery nickte nur, wollte die Rede nicht unterbrechen.

»Ich habe ihn oft genug beobachtet, wenn er meinte, daß Sir Richard ihn nicht im Blick hat. Hält sich manchmal die Brust und kann kaum atmen, weil die Dons ihm so übel mitgespielt haben.« Er sprach jetzt lauter und Avery stellte sich Ozanne oben am Skylight vor, lauschend und hoffend.

»Und dann sein alter Freund, Konteradmiral Herrick.« Jetzt kroch eine unerwartete Bitterkeit in seine Worte. »Der hat einen Arm verloren für nichts und wieder nichts.« Er stürzte den Genever herunter und verschluckte sich fast. »Sir Richard muß ein Vergnügen daran finden, lahmen Enten zu helfen!«

»Er ist ein großartiger Mann, Sir. Ich werde nicht dulden, daß Sie ihn bespötteln!«

Blitzschnell war Tyacke auf den Beinen. Er packte Avery an den Aufschlägen und zerrte ihn vor den Tisch. Ihre Gesichter stießen fast aneinander.

»Natürlich ist er ein großartiger Mann. Bringen Sie mir bloß nicht bei, was ich über ihn zu denken oder zu sagen habe.«

Avery wagte nicht, sich zu befreien. Er konnte Tyackes zerstörtes Gesicht sehen, im gesunden Auge spiegelte sich Kerzenlicht. Er entdeckte Schmerz im Blick des anderen. Und noch schlimmer – Tränen liefen ihm über die Wangen.

Tyacke schüttelte ihn sanft, doch ohne den Griff zu lockern. »Sehen Sie mich an. Sehen ... Sie ... mich ... an!«

Avery blieb ruhig. »Was ist, Sir? Bitte, sprechen Sie!« Jeden Augenblick konnte Ozanne die Kajüte betreten. Dann wäre alles vorbei.

Tyacke löste den Griff und strich ihm über den Arm, dann setzte er sich wieder. Flach und fast tonlos sagte er: »Er bat mich, sein Flaggkapitän zu werden.« Er schüttelte sich vor Lachen. »Können Sie sich das vorstellen, Mann? Wie kann ich das annehmen, ich?«

»Sie glauben, er hat Sie aus Mitleid gebeten? Aus diesem Grund würde er doch niemals seine Leute einer Gefahr aussetzen, nicht einmal den besten Freund.« Er unterbrach sich, erwartete einen neuen Ausfall. Aber Tyacke schwieg, atmete nur schwer, und Schatten huschten über sein Gesicht.

Avery erinnerte sich, was Allday dazu bewegt hatte, ihm das schreckliche Geheimnis von Bolithos verletztem Auge anzuvertrauen. Er war sich privilegiert vorgekommen, von dem Geheimnis zu wissen. Dieses jetzt jedoch einem anderen mitzuteilen, würde indessen fast an Verrat grenzen.

Aber der kalte Griff um sein Herz lockerte sich nicht. Jetzt stand viel auf dem Spiel. Zuviel.

»Sie sprachen gerade von unser beider Unglück ...«

Tyacke schüttelte sich. »Ich wollte Ihnen nicht zu nahe treten.«

»Das sind Sie auch nicht.« Er trank einen Schluck Genever und sagte: »Wir beide sind nicht die einzigen.«

»Das weiß ich auch, verdammt noch mal!«

Als Avery schwieg, lehnte er sich wieder vor. Einen Augenblick lang fürchtete der Flaggleutnant, zu weit gegangen zu sein. Doch dann sagte er, fast unhörbar: »Doch nicht auch Sir Richard? Den schließen Sie doch damit nicht ein?«

Avery erhob sich sehr langsam. »Er verliert die Sehkraft auf einem Auge!«

Tyackes Hand fuhr in sein Gesicht, so als wolle er sein unversehrtes Auge berühren.

»Mir hat er kein Wort davon gesagt!«

Avery wollte bleiben und wußte doch, daß er gehen mußte. »Er gleicht Ihnen sehr, Sir. Er ist vor allem ein stolzer Mann. Also hat seine Bitte nichts mit Mitleid zu tun.«

Im Gang hörte er Ozanne schwer atmen. »Er braucht Sie jetzt mehr denn je. Sollte er Sie auf Knien anflehen?«

Er hörte Ozanne aufatmen, als er an ihm vorbeieilte, fürchtete, daß Tyacke ihn zurückbeordern könnte und alles wieder von vorn begann. Und er spürte, wie ihm vom Genever in seinem leeren Magen schlecht wurde.

Er stieg in die Kutsche und befahl: »Zum Hafenadmiral, bitte!«

In der kleinen Kajüte beobachtete Ozanne Tyacke, der versuchte, sein Glas noch einmal zu füllen.

Besorgt fragte er: »Was ist los?«

Tyacke glupschte ihn an und wischte sich mit dem Ärmel über die Augen.

»Das muß ein Geheimnis bleiben, Paul. Wenn ich rede, ist es keines mehr.« Er sprach mit schwerer Zunge.

Die Flasche rollte unbeachtet auf den Boden, und Tyacke wäre ihr fast gefolgt, hätte sein Erster Offizier nicht kraftvoll zugepackt.

»Ich weiß nicht, wer was sagte, James Tyacke, aber ich hab mir Sorgen deinetwegen gemacht.«

Er seufzte und blies die Kerze aus.

Mit Tyackes Jacke über dem Arm trat er nach draußen und hörte den Regen auf den Stufen des Niedergangs.

Ozanne war von Jugend an auf See gewesen. Jetzt stand er hier am Niedergang, sah sich um und hörte, wie die Wachen sich zum Abendessen in ihre Messen drängelten. Der angekündigte Landurlaub gab genug Gesprächsstoff. Von soviel Vertrauen hatte man noch nie gehört.

Er strich über die einzelne goldene Epaulette auf Tyackes Uniformjacke und bemerkte: »Wir werden dich sicher verlieren, James, und das wird uns alle sehr treffen.«

Vizeadmiral Sir Graham Bethune eilte über den dicken Teppich und lächelte warm, als er Bolithos Hand schüttelte.

»Lieber Gott. Ich freue mich von Herzen, Sie so gut erholt zu sehen. Ich gebe gern zu, ich sah unserer ersten Begegnung auf diesem neuen Kommando einigermaßen nervös entgegen. Die Tage, als ich ein hoffnungsvoller Midshipman und Sie mein Kommandant waren, kann man ja nicht so einfach vergessen.«

Das Lächeln, der Handschlag und die Worte waren ehrlich, meinte Bolitho zu spüren. Und Bethune sah irgendwie anders aus, als er erwartet hatte. Doch sie waren sich in der Tat seit seinem ersten Kommando 1782 auf der Kriegsslup *Sparrow* nie wieder begegnet. Das schien jetzt wie aus einem anderen Leben.

Nichts erinnerte mehr an den Midshipman mit den Sommersprossen im runden Gesicht. Als Flaggoffizier war er um die Mitte Vierzig, doch er sah Jahre jünger aus. Seine Augen glänzten, er war schlank und hielt sich straff, erinnerte in nichts an die vielen anderen ranghohen Offiziere, die es sich in den Hallen der Admiralität nur gutgehen ließen. Immer noch hatte er sein ansteckendes Lächeln. In ihm entdeckte man Vertrauen und Autorität. Beides, so nahm Bolitho an, würde ihn für die Damen bei Hofe sehr attraktiv machen und auch für die vielen Empfänge, die er in seiner neuen Stellung zu besuchen hatte.

Bolitho fühlte nun doch ein bißchen Neid und ärgerte sich gleichzeitig über seine Eitelkeit. Er hatte Bethunes Weg zum Ruhm in den Berichten der *Naval Gazette* verfolgt. Der Wendepunkt seiner Karriere kam mit dem Kommando über ein kleines Schiff der sechsten Klasse mit ganzen 26 Kanonen. Allein segelnd hatte er sich mit zwei spanischen Fregatten einlassen müssen. Jede einzelne hätte ihn leicht zur Aufgabe zwingen können. Doch nach einem mutigen Gefecht hatte Bethune einen Gegner stranden lassen und den anderen erobert – ohne große Verluste an Menschenleben.

Bethune sagte: »Wenn es Ihnen genehm ist, würde ich gern eine Konferenz für übermorgen einberufen. Es wäre nicht gut, noch länger zu warten.« Er bat Bolitho, Platz zu nehmen. »Aber ich wollte erst allein mit Ihnen sprechen, um mich vorzubereiten. Hier hat sich einiges geändert – Gott sei Dank. Doch ich nehme an, Sie wissen das alles.«

Ein Diener trat mit Wein und Gläsern ein. Auch er ließ keine Erinnerung an die Bediensteten der Godschales oder Hamett-Parkers aufkommen.

Bethune spielte an seinen Uniformknöpfen. »Wie geht's Mylady? Ich hoffe ausgezeichnet.«

Bolitho entspannte sich etwas. Vielleicht war dies ein Test, ein erster Schuß, um die Distanz zu messen und das Ziel zu erfassen.

»Lady Catherine Somervell geht es sehr gut, vielen Dank. Wir sehen uns bald in Chelsea wieder.«

Nur ein leichtes Augenflackern. Sonst nichts.

Bethune nickte. »Ich würde mich sehr freuen, sie zu treffen.«

Bolitho erinnerte sich an Godschale, der einst an diesem Tisch gesessen hatte. Unentwegt hatte er über die Last seines Amtes geklagt und dabei ständig neue Liaisons mit den jungen Ehefrauen subalterner Offiziere geplant. Das war ihm schließlich schlecht bekommen.

Seinen ehemaligen Midshipman sah Bolitho mit anderen Augen. Gutaussehend, manchmal sogar etwas verwegen – viele Frauen bewunderten das. Er war verheiratet, aber vielleicht hielt er sich irgendwo eine Geliebte.

Der Diener reichte die Gläser. Der kühle Rheinwein war nach der langen Reise sehr erfrischend. Die Pferde waren in Gasthäusern gewechselt worden, die sich immer mehr ähnelten. Ob der Wein wohl aus dem Laden in der Saint James's Street stammte, in den ihn Catherine geführt hatte?

Bethune fuhr fort: »Ich habe alle Ihre Briefe und Depeschen gelesen. Besonders interessieren mich Ihre Ansichten über Blockaden und den Schutz von Handelsrouten. Sie haben in allen Punkten recht, Sir Richard.« Wieder dieses ansteckende Lächeln, ein Leutnant, der Vizeadmiral spielt. »Doch Ihre Lordschaften werden Sie selber überzeugen müssen.«

Bolitho dachte an Tyacke und an Catherines Worte, als er ihr erklärt hatte, was er mit ihm plante. Sie hatte recht behalten. Das bedrückte ihn noch immer.

»Wir haben gute Nachrichten über Ihren Freund und ehemaligen Flaggkapitän Valentine Keen.«

Bolitho hoffte, Bethune nichts von seiner Überraschung spüren zu lassen. Hatte der seine Gedanken gelesen?

»Er wird zum Konteradmiral befördert – verdientermaßen, wie Sie in Ihrem Bericht klar empfohlen haben!«

Bolitho sah zur Seite. Er erinnerte sich, wie feindlich Hamett-Parker diesem Vorschlag begegnet war. Doch jetzt, da Keen den sicheren Rang als Flaggoffizier bekleiden würde, konnte er sich nur an Adams verzweifelte Beichte am Kamin in Falmouth erinnern. Zenoria – die Frau eines Flaggoffiziers? Man konnte es sich kaum vorstellen. Die Frau mit den Mondscheinaugen würde in einer Welt untergehen, die nicht die ihre war und die sie nicht einmal verstand. Dabei durfte sie Adam nicht mit sich ziehen.

Bethune nahm ein zweites großes Glas Wein. »Ich teile Ihre Überzeugung, was die Vereinigten Staaten angeht. Übrigens ist Ihr kürzlicher Gegner Kapitän Nathan Beer zum Commodore befördert worden, wie ich hörte.«

Bolitho erinnerte sich an die Furcht, als die Splitter wie Stacheln in seinem Gesicht steckten. Herrick schleppte sich an Deck, sein Stumpf blutete. Er setzte den Kommandanten der *Valkyrie* kurzerhand ab und übernahm selber das Kommando über das Schiff.

»Wenn ich ihn wieder treffe, wird er zum Admiral befördert werden.«

Er sah, wie zufrieden Bethune war.

Leise fragte er: »Sie glauben also, es wird zum Krieg kommen?«

»Ja. Wenn ich erklären darf, warum ...«

Bethune lächelte. »Erklären Sie das nicht mir. Ich bin davon überzeugt. Die anderen machen sich mehr Sorgen über die Kosten als über den Ausbruch.«

Bolitho dachte wieder an Catherine. Sie war jetzt sicher schon in Chelsea – oder fast dort. Bevor er nach Plymouth aufbrach, hatte sie wieder den Arzt in London erwähnt.

»Es kann kein Fehler sein. Vielleicht kann er dir sogar helfen.«

Da fragte Bethune plötzlich: »Macht Ihr Auge Ihnen Probleme?«

Bolitho merkte, daß er sich das Auge gerieben hatte.

»Nur Zug, sonst nichts, nehme ich an.«

»Möglich. Sie waren ja in Cornwall«, meinte Bethune spöttelnd.

Er stammte selber dorther. Bolitho erinnerte sich, daß er es erwähnt hatte, als Bolitho das Kommando über die

Sparrow übernahm. Doch ihn sich jetzt noch in Cornwall vorzustellen, das konnte er nicht.

Aber er war gewitzt, ziemlich gewitzt. Er erfuhr besser nichts von seiner Verletzung.

»Die Wahl Ihres Flaggschiffs *Indomitable*«, fuhr Bethune fort, »hat mich ein wenig überrascht. Zwar kann ich mir Ihre Gründe denken. Aber Ranghöhere mögen anders darüber denken. Oder spotten, daß Sie eine ausgeprägte Neigung zu alten Schiffen haben.«

Bolitho spürte, was Bethune mit ranghöher meinte.

»Ich werde Sie natürlich unterstützen, doch Sie sollten das wissen. Ich werde anführen, daß zwei andere ältere Schiffe, die *Victory* und die *Hyperion*, ruhmvoll in die Geschichte eingegangen sind.«

Ein Diener trat ein, sah zu Bethune hinüber. »Sir Richards Flaggleutnant wartet draußen, Sir Graham ...«

Lächelnd antwortete Bethune: »Ein tapferer Mann, der es wagt, sich zwischen zwei hohe Offiziere zu drängeln.« Und dann, nach einem schnellen Blick zu Bolitho: »Und zwischen zwei Freunde.«

Bolitho stand auf, als Avery den großen Raum betrat, den Dreispitz unter dem Arm.

War irgend etwas schiefgegangen? War niemand im Haus in Chelsea?

Avery nickte Bethune zu, und Bolitho sah, wie er hier alles neugierig musterte. Ganz anders als Jenour früher, wollte er alles ganz genau wissen und sehen.

»Ein Brief mit der Eilpost aus Plymouth, Sir Richard.« Ihre Blicke trafen sich.

Bolitho nahm den Umschlag, wohl wissend, daß Bethune ihn musterte.

Drei Sätze, kurz und knapp, in Tyackes schräglaufender Handschrift.

Mein ist die Ehre. Sie zählt mehr als Treue. Ich erwarte Ihre Befehle.

Seine Unterschrift am Briefrand war kaum zu entziffern. Bolitho sah seinen Flaggleutnant an, doch der verzog keine Miene. Dann hob er den Brief an die Nase und erinnerte sich an die kleine Kajüte, die er vor Tagen in Plymouth verlassen hatte.

Bethune lächelte wieder. »Parfüm, Sir Richard? Hab ich recht?«

Bolitho schüttelte den Kopf. Es war Cognac. »Mit Ihrer Erlaubnis, Sir Graham, würde ich gern einen Toast ausbringen.«

Die Gläser waren wieder gefüllt, ein drittes wurde Avery gereicht.

»Nun bin ich aber neugierig«, bemerkte Bethune.

Bolitho fühlte sein Auge. Doch diesmal war es kein Schmerz.

»Auf den tapfersten Mann, dem ich je begegnet bin!«

Avery sah ihn an, als sie anstießen. Das Geheimnis blieb gewahrt.

Dann lächelte Bolitho zum ersten Mal seit ihrer Ankunft. Sie waren jetzt bereit für alles.

»So soll es sein!«

III Der Ozean ist immer da

Leutnant George Avery gab seinen Hut einem Portier der Admiralität und eilte über den Marmor der großen Halle zu Bolitho, der in einem Stuhl mit hoher Lehne auf ihn wartete.

»Ich bitte um Entschuldigung, Sir, weil ich zu spät komme!«

Bolitho hielt seine Hände vor das offene Kaminfeuer und sagte nur: »Sie kommen nicht zu spät. Da drinnen wird immer noch Marinegeschichte geschrieben.« Das kam ohne Ungeduld oder Bitterkeit. Vielleicht hatte er von all dem schon zuviel erfahren, dachte Avery.

Bolitho fragte sich, warum sich Avery so überaus genau an die verabredete Zeit gehalten hatte. Wollte er Fragen über Tyacke vermeiden? Wie war es zu dem Sinneswandel gekommen?

Bolitho dachte an Catherine. Sie schien bedrückt, als er seinen Uniformrock zuknöpfte. Unberührt stand die Tasse Kaffee auf dem Tisch.

Er hatte ihr Tyackes kurzen Brief gezeigt. Sie hatte ihm geraten: Laß Avery selbst entscheiden, wann er dir alles erzählt. Es ist das geschehen, was du von Anfang an wolltest. Ich weiß, wie sehr du James Tyacke brauchst, aber um seine neue Aufgabe ist er nicht zu beneiden.«

Sie standen nebeneinander auf dem eisernen Balkon ihres Hauses in Chelsea und beobachteten, wie es über der nebligen Themse langsam hell wurde. London war natürlich schon lange vor Sonnenaufgang wach, doch hier in ihrem Haus kam der Morgen gemächlich. Ein Mann schob einen Karren mit Körben frischer Austern durch die Straße, hielt an und baute einen Stand auf, an dem Haushälterinnen und Köche seine Waren probieren konnten. Heuwagen schwankten heran, laut rief ein Messerschleifer um Kunden, ein kleiner Trupp Kavallerie ritt zu morgendlichen Übungen in den Park. Ohne Sättel und Säbel und glänzende Kürasse sahen sie seltsam nackt aus.

Catherine trug ihren warmen Morgenmantel, doch die Kühle vom nahen Fluß spürte sie dennoch. Er hielt sie an sich gedrückt und fühlte, wie sie zitterte – und nicht nur wegen der Kälte.

Sie würden sich bald trennen müssen. In wenigen Tagen oder in wenigen Wochen. Nach der Freiheit, die sie sich so gewünscht und nach Bolithos Rückkehr gemeinsam genossen hatten, würde ihnen der Abschied um so schwerer fallen.

Jetzt hörte er Avery sagen: »Ich freue mich über Kommodore Keens Beförderung. Nach allem, was ich gehört und gelesen habe, hat er es sehr verdient.«

Bolitho sah ihn mißtrauisch an, doch die Bemerkung war ohne Hintergedanken gemacht worden. Er fragte sich, was wohl Zenoria zu dem neuen Rang sagen würde und was Adam dachte. Gott sei Dank würde er bald wieder Segel setzen, obwohl ihm noch Offiziere und Männer fehlten.

Wir sind eine Mannschaft. Wie oft war ihm das klargeworden. Er erinnerte sich an die große Fregatte *Valkyrie,* auf der ihn viele winzige Splitter in seinem gesunden Auge vollständig hilflos gemacht hatten. Das Kommando hatte sofort Kapitän Peter Dawes übernommen, in gleichem Dienstalter wie Adam. Seine Fregatte, die *Laertes,* war durch Kreuzfeuer aus Barrattes Batterien so zusammengeschossen worden, daß sie wohl nie wieder in ein Gefecht segeln würde.

Viele fragten sich, warum nicht Adam ein so bedeutendes Kommando übernommen hatte. Das fragten sich sicher auch einige der Herren da hinter der großen Tür. Doch die Entscheidung für Dawes war richtig gewesen. Er erwies sich als guter und fairer Kommandant, das genaue Gegenteil von Kapitän Trevenen. Unter dem hatte es ständig brutalste Auspeitschungen gegeben. Trevenen war spurlos verschwunden. Entweder war er ermordet worden, hatte einen Unfall gehabt oder sich selbst über Bord fallen lassen. Er hatte immerhin mit einer Anklage wegen Feigheit vor dem Feinde zu rechnen, als Herrick das Kommando übernahm.

Er wog seine Gedanken ab und kam zu dem Schluß, daß Adam seine geliebte *Anemone* bestimmt noch nicht verlassen wollte, obwohl er an Bord kaum noch ein vertrautes Gesicht vorfinden würde.

Er hörte Avery durchatmen, als Schritte über den Marmorboden klangen wie ferne Hammerschläge.

Ein Bediensteter mit blassem Gesicht sagte: »Wenn Sie mir bitte folgen würden, Sir Richard.« Unsicher sah er zu Avery hinüber. »Man hat mir nichts gesagt über ...«

»Dann haben Sie sicher auch nichts dagegen, wenn mein Flaggleutnant mich begleitet.«

Avery tat der Diener fast leid – aber nur fast.

Der große Raum war voll wichtiger Männer – hohe Offiziere, Lords der Admiralität und Zivilisten, die eher an Anwälte aus dem Old Bailey erinnerten als an Strategieplaner.

Bolitho setzte sich und hörte, wie Avery seitlich hinter ihm Platz nahm. Durch die großen Fenster schien kein Sonnenlicht, und es fehlten auch glitzernde Leuchter, deren Licht seinem verletzten Auge weh tat. Der eine oder andere Offizier nickte ihm zu. Man schien zufrieden, ihn unverwundet und bei offenbar ausgezeichneter Gesundheit wiederzusehen. Einige würden ihn aus anderen Gründen willkommen heißen. Es war in diesen Räumen der Seemacht durchaus üblich, daß starke Persönlichkeiten aneinandergerieten. Bedienstete, Sekretäre und ein Flaggleutnant hielten sich im Schatten einer Säule, versuchten ungesehen zu bleiben.

»Mein Onkel ist hier, Sir Richard!« flüsterte Avery.

In diesem Augenblick erhob sich Sir Graham Bethune und legte eine Hand auf den Tisch. Selbst diese kleine Geste sah elegant aus. Bolitho fragte sich dennoch, ob Bethune sich seiner Sache so sicher war, wie er schien.

»Sir Richard Bolitho ist für die meisten von Ihnen kein Fremder. Sein Name ist draußen vielen Leuten bekannt.« Er lächelte leicht. »Und auch Napoleon, natürlich.« Man lachte, und Bethune sah zu Bolitho hinüber.

Ein schwergewichtiger Admiral, in dem Bolitho den obersten Finanzmann der Marine erkannte, fuhr stur dazwischen: »Wir sind hier, um unsere zukünftige Taktik zu besprechen, falls die Amerikaner die Absicht haben, gegen unseren König Krieg zu führen. Ich habe daran immer noch einige Zweifel.« Zornig sah er zu zwei Kapitänen in vollem Rang hinüber, die miteinander flüsterten und es offenbar begrüßten, daß es jetzt keinen König mehr gab, der sie regierte. »Die Vereinigten Staaten wären krank, wenn sie einer so mächtigen Kriegsmarine den Krieg erklärten!«

Das Wort »krank« veranlaßte die beiden Kapitäne zu weiterem Flüstern.

Besänftigend sagte Bethune: »Sir Paul Sillitoe gibt uns heute die Ehre. Er wird uns klarmachen, womit wir rechnen müssen.«

Sillitoe erhob sich. Aus dem Schatten seiner Augenbrauen musterte er die Versammelten wie jemand, der eigentlich etwas Wichtigeres zu tun hatte.

»Die Lage ist ganz einfach. Wir haben die Völker Europas in Freunde und Feinde geteilt. Napoleon riegelt den Kontinent ab und bedroht alle Nationen, die unseren Schiffen ihre Häfen für den Handel öffnen würden. Wir blockieren Europa von See her.«

Bolitho beobachtete ihn genau und dachte daran, wie

er sie nach Whitechapel begleitet hatte. Der Mann könnte ein Gegner sein. Doch als Berater des Prinzregenten war er im Palast so sicher etabliert, daß er in der Admiralität leicht verächtlich sprechen konnte.

»Diese Situation hat auch die Vereinigten Staaten in zwei Lager gespalten. Die Kriegspartei – nennen wir sie einmal so – steht auf Napoleons Seite. Die andere Partei will nur Frieden. Die Kriegspartei haßt uns und begehrt Kanada. Außerdem möchte sie an dem Konflikt in Europa Geld verdienen. Die Regierung der Vereinigten Staaten besteht weiter darauf, daß britische Deserteure Schutz unter der amerikanischen Flagge finden. Sie tut alles, um unsere Flotte zu schwächen. Sie bietet allen Seeleuten Dollars für Schillinge, ein Handgeld, das sie sich unschwer leisten kann.« Seine Augen blitzten. »Soweit ist alles klar?«

Alle Köpfe wandten sich einem kleinen, dunkel gekleideten Herrn am Ende des Tisches zu, der sagte: »Bei aller Achtung, Sir, aber ich vermag Ihnen nicht ganz zu folgen, Sir!«

Jetzt lächelte Sillitoe fast. »Das scheint mir in diesem Gebäude öfter der Fall zu sein.«

Man klatschte und lachte beifällig. Während einer winzigen Pause lehnte Bethune sich zu Bolitho vor und flüsterte: »Überzeugen Sie sie!«

Bolitho erhob sich, als es ruhig wurde. Er fühlte sich hier, wo er so oft enttäuscht worden war, am falschen Platz. Als er damals in der Südsee schwer fieberkrank niederlag, war der Krieg ausgebrochen. Er erinnerte sich, wie er hier um ein Schiff gebeten hatte, um eine Fregatte. Er hatte damals schon drei kommandiert. Die kühle Antwort der Admiräle lautete damals: *Sie waren Kommandant, Bolitho!* Hier hatte man Pläne geschmiedet, die ihn zu Belinda zurückführen sollten. Und draußen im Korridor hatte er sich mit Herrick überworfen.

Doch als er jetzt sprach, klang er entspannt.

»Wir brauchen mehr Fregatten. Das war schon immer so, aber heute ist es von entscheidender Bedeutung. Ich bin sicher, daß die Amerikaner den Krieg beginnen werden. Napoleon schafft es allein nicht mehr lange – ohne ihre Unterstützung. Nur mit ihrer Hilfe kann er unsere Kräfte noch weiter auseinanderziehen. Und die Amerikaner müssen sich auch beeilen, um ihre eigenen Ziele zu erreichen.«

Der oberste Finanzmann hob eine Schreibfeder hoch. »Ich muß protestieren, Sir Richard. Niemand bezweifelt Ihre Tapferkeit und Ihre großen Erfolge auf See, aber für den endgültigen Sieg kommt es auf *Planung* an – nicht unbedingt auf Breitseiten.«

»Hört, hört!« klang es von irgendwo.

Der Finanzmann hatte Mut gefaßt und fuhr fort: »Wir haben viele gute Linienschiffe im Bau, und jede Woche stellen wir einige in Dienst.« Er machte eine Pause und hob die Augenbrauen. »Fregatten vor der Schlachtlinie, empfehlen Sie uns das? Denn wenn ....«

Ruhig antwortete Bolitho: »Die Amerikaner haben genügend 74er Linienschiffe in Auftrag gegeben – aber sehr schnell ihren Fehler erkannt. Sie wurden alle zu großen Fregatten umgerüstet – mit 44 Kanonen. Und sie sind in der Lage, sofort noch zehn weitere schwere Kanonen zu übernehmen!« Es war jetzt ganz still. Er fuhr fort. »Wir haben im letzten Jahr mit einer ihrer größten die Klinge gekreuzt, der U.S.S. *Unity*. Ich verbürge mich für ihre Feuerkraft«, – seine Stimme klang plötzlich hart und bitter – »wie viele unserer tapferen Männer.«

»Was heißt das in bezug auf die Schlachtlinie, Sir Richard?« war eine Stimme zu hören.

Bolitho wußte, daß die Frage von Sillitoe kam. Der beherrschte die Szene wie ein Spieler seine Marionetten.

Mit aller Deutlichkeit antwortete er: »Damit ist es vorbei. Die Tage, an denen die Giganten langsam in eine teure und fürchterliche Umarmung segelten, sind vorbei. Wir werden kein zweites Trafalgar mehr erleben, davon bin ich überzeugt.«

Er sah überall gespannte Gesichter. Einigen erschien seine Wahrheit sicher wie eine Gotteslästerung. Auch wer das fürchterliche Blutvergießen selber miterlebt hatte, würde sich das nicht gerne eingestehen.

Bolitho fuhr fort: »Bedenken Sie bitte, daß die Mannschaft eines Linienschiffs der ersten Klasse vier schnelle und feuerkräftige Fregatten bemannen kann. Es sind Schiffe, die sich schnell von Ort zu Ort bewegen können, ohne auf ein weit entferntes Flaggschiff warten zu müssen, um herauszubekommen, was los ist. Mir ist ein Kommando angeboten worden, das von Halifax und dem 49. nördlichen Breitengrad bis zu den Inseln unter dem Wind und Jamaica reicht. In jeder Woche eines jeden Jahres sind von dort Schiffe oder Geleitzüge mit reicher Fracht nach England unterwegs. Ohne flexiblen Schutz und die Möglichkeit, zu ihrer Verteidigung zurückzuschlagen, haben wir keine Chance.«

»Wollen Sie deswegen die *Indomitable* als Ihr Flaggschiff?« fragte Bethune.

Bolitho sah ihn an und vergaß alle anderen: »Ja. Sie trug früher einmal die Bewaffnung eines Linienschiffs der dritten Klasse. Jetzt hat sie noch genau die Kanonen, die ich brauche. Sie war und ist immer noch ein sehr schnelles Schiff.«

Bethune lächelte, behielt dabei jedoch die anderen im Auge.

»Sie wurde umgebaut und nach der Unternehmung vor Mauritius neu klassifiziert, meine Herren. Unglücklicherweise hat Sir Richard die Franzosen dort erledigt, ehe wir ihm die *Indomitable* zur Verfügung stellen konnten.«

Man klatschte Beifall und stampfte mit den Füßen.

Als er wieder zu Bethune blickte, sah er Triumph in dessen Augen. So war es auch damals, als beide nebeneinander von der *Sparrow* aus den Feind geentert hatten. Der Ausdruck sagte damals wie heute: *alles oder nichts!*

Wieder hob der Finanzmann seine Hand. »Sind das Ihre einzigen Gründe, Sir Richard?«

»Ja, Mylord.« Vor sich sah er den großen Kamin in Falmouth mit dem Wappen der Familie, das mit den Jahren verblichen war. Dort hatte sein Vater von seinen Ängsten und den Hoffnungen für seinen jüngsten Sohn gesprochen, bevor er zum ersten Mal zur See ging. »Für die Freiheit meines Landes!« Er sah Avery an und fügte hinzu, als er dessen Rührung bemerkte: »Und von da an auch für meine Freiheit.«

Erleichtert lächelte Bethune. Das war knapp. Man hätte ihn überlisten und aus seinem Posten entfernen können, noch ehe er in der Admiralität richtig warm geworden war. Und Bolitho? Der hätte sicherlich jedes andere Kommando abgelehnt.

Er sagte: »Sie haben meine volle Unterstützung, Sir Richard!«

Bolitho sah ihn unbewegt an, und Bethune hatte das Gefühl, von Bolithos klaren grauen Augen durchbohrt zu werden.

»Ich habe alles, Graham. *Und ich möchte es behalten!*«

Bethune starrte ihn an. *Er hat mich mit Vornamen angeredet. So wie manchmal auf der Sparrow.*

Avery wollte seinen Hut holen, als er seinem Onkel begegnete, der sich mit einem großen, sehr würdigen Soldaten unterhielt. Er stellte seinen Neffen nicht vor, sondern meinte nur leichthin: »Das ging ja ganz gut, nicht wahr?«

Avery betrachtete ihn. Sillitoe war doch nicht an seiner Meinung interessiert. Dann berührte Sillitoe seinen Arm. »Ich muß dir etwas sagen, George.« Mit kalten Augen sah er ihn an. »Deine Schwester ist in Dorchester gestorben. Das kam nicht ganz unerwartet, aber immerhin...« Er seufzte. »Ich werde mich um alles kümmern. Ich habe nicht den Eindruck, daß ihr Mann den richtigen Beruf gewählt hat.« Er ließ ihn stehen und eilte zu seinem Begleiter, der bereits unruhig auf ihn wartete.

Bolitho trat neben ihn. »Stimmt etwas nicht?«

Doch alles, was Avery entgegnen konnte, war: »Es war jener Tag. Damals habe ich sie zuletzt gesehen.« Er schien sich zu schütteln und fuhr fort: »Ich freue mich, bald wieder auf See zu sein, Sir.« Die Männer brachen auf, wahrscheinlich steuerten sie ihre Clubs oder Kaffeehäuser an. Doch er sah nur seine Schwester Ethel in ihrem zerschlissenen Kleid. Nun würde sie Lady Catherine nie mehr treffen können.

Er folgte Bolitho zur großen Tür und fügte hinzu: »Dort wird alles sauberer sein!«

Leutnant Paul Ozanne, der bärbeißige, rotgesichtige Mann von den Kanalinseln, drückte die Kajütentür auf und sah nach achtern, wo Tyacke an seinem Tisch saß, in der gleichen Haltung wie vordem, als er ihn verlassen hatte. Wie oft hatte er diese Tür schon geöffnet, auf See oder vor Anker, um zu melden, daß ein Schiff, wahrscheinlich ein Sklavenschiff, über der Kimm aufgetaucht war oder sogar ein feindliches Kriegsschiff. Irgendwie schien Tyacke das aber immer schon lange vor dem Ausguck im Mast gewußt zu haben.

Er bemerkte, daß Tyackes Seekiste mit ihren Messingbeschlägen schon verschwunden war. Darüber war er traurig, trotz allem, was er privat erfahren hatte.

Tyacke hatte ihm erklärt, daß nach seinem Vonbordgehen Ozanne zum Commander befördert und das Kommando über die *Larne* übernehmen würde. Ozanne konnte die Schnelligkeit all dieser Ereignisse und die Folgen für ihn immer noch nicht ganz glauben.

Tyacke hatte ihm gesagt: »Sie verdienen es. Ich wüßte keinen anderen. Sie hätten längst befördert werden müssen. Es gibt keinen besseren Seemann oder Navigator.« Sein Ton wurde schärfer. »Aber die da oben, die heute und morgen und wohl immer das Sagen haben, glauben, daß ein Mann nicht Offizier werden darf, wenn er mit seiner Hände Arbeit sein Brot ehrlich verdient hat.«

Die Nachricht hatte sich wie ein Lauffeuer in der kleinen Brigg verbreitet. Ozanne hatte sich die Gesichter genau angesehen. Überraschung, aber auch Erleichterung war in ihnen zu lesen gewesen. Die *Larne* war ein kleines Schiff, und die Männer waren viel länger als sonst üblich zusammengewesen, kannten sich also sehr genau. Jeder neue Besen hätte es mit dem Kehren an Bord schwer gehabt.

Tyacke sah von seinem leeren Tisch auf, sein Gesicht war im Schatten.

Ozanne sagte nur: »Sie warten alle, Sir!«

Tyacke nickte langsam. »Ihre Beförderung ist angekommen.«

»Werden Sie warten, Sir ...?« Doch er kannte die Antwort schon.

»Nein. Ich wünsche Ihnen alles Gute. Ich weiß, daß wir uns wiedersehen werden. So ist es immer.« Er wurde ungeduldig. »Sie sollen reinkommen.«

Die Offiziere der *Larne* traten ein und fanden Platz zum Sitzen – auf Stühlen und auf der Bank unter dem Fenster. Als die Tür geschlossen wurde, war die Kajüte proppenvoll. Die *Larne* war gut bemannt mit Offizieren und Unteroffizieren. Sie hatte viele Prisen erobert, Sklavenschiffe und Schmuggler aufgebracht, und hatte immer ausreichend Männer an Bord, die erfahren genug waren, die Prisen in den nächsten freundschaftlichen Hafen zu segeln.

Es gab jede Menge Cognac. Ozanne erinnerte sich daran, als Sir Richard Bolitho an Bord gekommen war und nach ihm sein Flaggleutnant. So betrunken hatte er seinen Kommandanten noch nie erlebt. Jetzt kannte er den Grund – oder jedenfalls einen der Gründe.

»Bitte, bedienen Sie sich!« lud Tyacke ein. Anders ging es in der übervollen Kajüte nicht. Er beobachtete sie ohne besondere Gefühle: die Leutnants Flemyng und Robyns, Manley Pitcair, den Master, und Andrew Livett, der den schmalen Sold eines Schiffsarztes akzeptiert hatte, nur um Tropenkrankheiten und Tropenmedizin kennenzulernen. Dazu bot ihm die Sklavenküste reichlich Gelegenheit. Die Gehilfen des Masters, bronzebraun und verläßlich. Doch keine Midshipmen. All das würde sich ändern, wenn er erst einmal auf der *Indomitable* war, voraussichtlich Bolithos Flaggschiff. Sie lag nur zweihundert Meter entfernt, aber Tyacke hatte sie, wie es seiner Art entsprach, noch nicht inspiziert. Das hatte Zeit, bis er sein Kommando angetreten hatte, und das war nach dem Verlesen der Urkunde, nicht davor.

Alles würde sich ändern. *Indomitable* hatte Seesoldaten

an Bord wie jedes Kriegsschiff von der sechsten Klasse an aufwärts. Seit der *Majestic* hatte Tyacke nicht mehr zusammen mit den Rotröcken an Bord gedient. Er fuhr sich über die Narben in seinem Gesicht und dachte an Bolithos Auge. Das rieb er sich immer, wenn er an etwas anderes dachte. *Ich hätte es ahnen müssen.* Er sah sich in der Kajüte um. Wie klein und niedrig sie doch war. Doch nach seinem ersten Kommando auf dem Schoner *Miranda* erschien sie ihm wie ein Palast. Auf der *Miranda* hatte er Bolitho kennengelernt, der alle Unbequemlichkeiten und den engen Raum mit ihm teilte. Als eine französische Fregatte sein Schiff zerstört hatte, gab ihm Bolitho ohne Zögern die *Larne*. Ihre Verbindung war immer enger geworden. Nur Distanz und ferne Pflichten konnten sie trennen. Er dachte zurück an Averys Besuch, den Ärger, die Verzweiflung. *Ich hätte es ahnen müssen.*

Er räusperte sich, und alle sahen sofort zu ihm.

»Ich übergebe heute mein Kommando an Mister Ozanne. Ich kann meine Gefühle nur schwer beschreiben.« Er rutschte auf seinem Stuhl hin und her und sah nach draußen durch die dicken Fenster. So war es also immer gewesen: das dumpfe Knarren des Ruderschafts, das Wegrollen der schäumenden Seen unter dem Heck. *Lieber Gott, ich werde dieses Schiff vermissen.*

Und dann gab er bekannt: »Ich habe empfohlen, daß Robert Gallaway den Posten eines Leutnants so lange übernimmt, bis es offiziell bestätigt wird.« Er sah, wie sich der Gehilfe des Masters überrascht und freudig umschaute, während ihm seine Freunde auf die Schultern klopften. Er überließ es Ozanne, für Gallaway einen Ersatz zu finden. Das würde wahrscheinlich seine erste Aufgabe sein. So begann man seine neue Pflichten auf angenehme Weise.

Niemand stieß sich hier an seinem Gesicht. Auf dem neuen Schiff wäre das anders. Aber was hatte er auch erwartet? Sollte er wie ein Phantom nur die Hochseerouten absegeln? Jetzt mußte er aus seiner Einsamkeit treten – und sich von allen ansehen lassen.

Er nahm einen Schluck aus seinem Glas. Er würde in einem Gasthaus absteigen, das ihm Pitcair empfohlen hatte. Klein vor allem, und ohne daß ihm jemand neugierige Fragen stellte. Er lächelte betrübt. Wenn er sein nächstes Prisengeld überwiesen bekam, könnte er eigenes Land kaufen.

Er fuhr fort: »Wir haben viel zusammen geschafft. Und das hat uns allen gutgetan. Der Ozean wartet immer auf uns mit seinen Launen. Aber das Schiff ...« Er streckte die Hand aus und streichelte kurz über gebogenes Holz. »Es gibt keines, das dem letzten gleicht.« Er hörte einen Bootsmann rufen, was in der vollen Kajüte ungewöhnlich dumpf klang. »Alle Mann! Alle Mann an Deck antreten!«

Ein Matrose klopfte an die Tür und steckte den Kopf herein. Er gehörte zu der Gruppe bewährter Männer, die an Land gehen durften, nachdem Bolitho beim Hafenadmiral dafür Erlaubnis eingeholt hatte.

»Entschuldigung, Sir. Aber die Kutsche wartet.«

Tyacke nickte. »Sehr gut, Houston. Ich komme gleich.«

Der Matrose zögerte, schien sich zwischen all den Leutnants und Unteroffizieren nicht wohl zu fühlen.

»Ist was?«

Der Matrose zog einen glänzenden Golddollar an einer Kette aus seiner Tasche.

»Das ist für eine Dame, Sir. Ich hab's von der Brigantine. Viel Glück, Kapitän.« Dann war er verschwunden.

Tyacke stand langsam auf und war dankbar, daß er seinen Kopf unter den Balken neigen mußte und sein Gesicht nicht zu sehen war.

Gott sei Dank mußte er nicht mit der Gig an Land gerudert werden, weil sie mit der *Larne* an der Pier festgemacht hatten.

Jetzt bat er die anderen: »Warten Sie bitte an Deck, meine Herren.«

Als alle den Raum verlassen hatten, blieb Ozanne an der Tür stehen. »Ich werde nie vergessen, was Sie für mich getan haben, James. Machen Sie sich keine Sorgen, ich werde auf dieses Schiff gut aufpassen. Sie werden richtig stolz auf sie sein, wenn Sie sie wiedersehen.«

Tyacke ergriff seine Hand. »Ich weiß das, alter Freund.« So nannte Bolitho seinen Bootssteuerer. Laut wollte er sagen: *Ich habe Angst. Vielleicht schaffe ich es nicht.* Aber dann sagte er doch nur: »Sie kann immer noch den besten davonsegeln!«

Von Ozanne gefolgt, kletterte er den Niedergang empor und zögerte an der Süll.

Meine Männer. Nein, nicht mehr.

Sie klammerten sich an Wanten und Stagen, hielten sich vor einem hellen Himmel. Nirgendwo waren Werftarbeiter zu sehen. Dies war der Augenblick der *Larne*, den keiner mit ihnen teilen sollte.

Die Kutsche mit seiner Seekiste auf dem Dach wartete zwischen einigem Werftmüll. Tyacke maß die Entfernung. Dies könnte die längste Reise seines Lebens werden.

Er schüttelte den Offizieren und der Ehrenwache die Hand. Er hörte gelegentliches Murmeln, spürte feste, rauhe Hände, fragende Blicke. Mit aller Kraft drückte er seinen Säbel gegen den Oberschenkel, um sich ja nicht gehen zu lassen.

Als letzter Paul Ozanne, *Commander Ozanne.* Sie verabschiedeten sich stumm, nur mit Blicken. Worte wollten ihnen nicht kommen.

Tyacke lüftete seinen Hut und trat auf die Gangway. Die Pfeifen schrillten, und dann rief einer gellend: »Hurra für den Kapitän, Männer. *Hurra!*«

Auf den anderen Schiffen rannten Männer an die Reling, als das Echo der Hochrufe sich wieder und wieder an der Mauer brach. Für eine so kleine Mannschaft waren die Rufe gewaltig. Sie übertönten jedes andere Geräusch der Werft.

Hoch aufgerichtet, den Degen an der Seite, schritt Tyacke langsam auf die Kutsche zu. Die Hochrufe umspülten ihn wie Brecher ein Riff.

Er stieg in die Kutsche, und der Kutscher knallte mit der Peitsche.

Er sah sich nicht um. Er wagte es einfach nicht.

Catherine wartete am Fuß der Treppe auf die Kutsche, die Bolitho nach einem weiteren Treffen bei der Admiralität zurückbrachte. Sie beobachtete ihn genau, suchte nach Zeichen, nach irgendeinem Hinweis, ob er sich wieder übernommen hatte.

Er nahm sie in die Arme, küßte ihr Haar, ihren Hals.

»Es ist alles klar, Kate. Ich übernehme das neue Geschwader.« Jetzt suchte er in ihrem Gesicht wie sie eben in seinem. »Wir werden bald nach Falmouth zurückkehren. Es wird noch dauern, bis meine Schiffe seefähig und ausgerüstet sind.« Er lächelte. »Und der junge Matthew beschwert sich ja auch ständig, daß London ihm zu laut und zu schmutzig ist.«

Sie hakte sich bei ihm ein und führte ihn in ihr Zimmer am anderen Ende des Hauses.

»Wie geht es George Avery?«

»Er fühlt sich befreit, denke ich.«

»Ich habe ihm wegen seiner Schwester geschrieben. Ich wußte gar nicht, daß er eine Familie hat. Als wir uns trafen, hat er nichts davon erzählt.«

»Ich weiß. Aber ich glaube, er meinte etwas anderes. Unter Familie versteht er sicher so jemanden wie dich!«

Er entdeckte Brandy auf dem Tisch und fragte sich, ob Tyacke die *Larne* wohl schon verlassen hatte. An seine eigenen Abschiede konnte er sich nur zu gut erinnern.

»Es ist meinetwegen, Richard. Würdest du bitte den Arzt aufsuchen, ehe wir fahren?«

Er küßte sie leicht. »Deinetwegen tue ich alles.«

Sie sah, wie er sich ein Glas einschenkte. Er sah besser aus als erwartet. Seinem Gesicht war anzusehen, wie gut ihm das Zusammensein mit ihr in den letzten zwei Monaten getan hatte. Doch letzte Nacht hatte sie ihn nicht trösten können, und sie hatten beide nicht geschlafen.

Sie sagte: »Vielleicht wird es drüben auf der anderen Seiten des Atlantiks ja gar keinen Krieg geben!«

»Vielleicht.«

Sie sah, wie er mit ihrem Medaillon unter seinem Hemd spielte. Er hatte es absichtlich zu diesem Besuch bei der Admiralität getragen. Er pflegte es seinen Schutz zu nennen.

»Wie geht es Sir Graham Bethune heute?« Anfangs hatte sie gespürt, daß er doch verletzt und auch eifersüchtig war. Doch Bethune hatte zu ihm gehalten gegen alle Widersacher. Das galt auch für Sillitoe, doch bei ihm war sie sich seiner Motive nicht sicher.

»Er war freundlich und hilfreich. Er hat mir fast alles gegeben, was ich haben wollte. Der Rest wird wahrscheinlich noch kommen, wenn allen erst mal klar ist, was mein Auftrag wirklich bedeutet.«

Er erwähnte nicht, daß er zuerst nach English Harbour auf Antigua zu segeln hatte. Dort würde sich das Lee-Geschwader formieren. So hatte Bethune es getauft. Aber das konnte er ihr nicht sagen. Noch nicht. Der Abschied würde schmerzlich genug sein. In Antigua warteten so viele Erinnerungen. Dort hatte er sie wiedergetroffen und die Liebe gefunden, die sein ganzes Leben verändert hatte. Sein Blick fiel auf einen versiegelten Umschlag, der ein Wappen trug.

»Wann ist der denn angekommen?«

»Ich dachte, ich zeig ihn dir später. Ein Lakai hat ihn gebracht, kurz nachdem du heute morgen das Haus verlassen hast.«

Bolitho nahm den Umschlag und musterte ihn. »Können sie nicht endlich aufhören? Können sie nicht endlich begreifen, daß wir zusammengehören? Glauben sie wirklich, daß ich je zu Belinda zurückkehren werde?« Er schlitzte den Umschlag mit einem Messer auf. »Ich werde sie dafür noch in der Hölle sehen!«

Da sah sie, wie sein Ausdruck sich änderte. Er schien zu staunen wie ein kleiner Junge.

»Vom Prinzregenten, Kate. Eine Einladung zum Diner ...«

»Dann mußt die sie annehmen, Richard. Deine Position verlangt, daß du ...«

Er zog sie an sich, streifte den Kragen des Kleides zurück und küßte ihre nackte Schulter.

»*Wir* sind eingeladen, Kate!« sagte er ruhig. Er hielt ihr die mit Gold verzierte Karte hin. »Admiral Sir Richard Bolitho, KB, und Catherine, Lady Somervell.« Sie lachte laut auf. »Das ist doch wieder mal typisch für

Carlton House. Die haben dir sogar den falschen Rang gegeben!«

Fast schüchtern sagte er da: »Ich hab vergessen, es dir zu sagen. Ich bin befördert worden.«

In der Küche schauten sich Sophie, das Mädchen, und die Köchin an, als sie Catherine laut rufen hörten: »Du hast das vergessen?« Sie warf sich ihm an den Hals. »Liebling, vergessen hast du das? Kein Wunder, daß dich alle lieben! Du vergißt so was einfach!« Ihre schönen dunklen Augen blitzten. »Aber alle meine Kleider sind in Falmouth. Wir haben keine Zeit ...« Sie ergriff mit beiden Händen seine Rechte. »Nur das Grünseidene nicht. Erinnerst du dich?«

Er lächelte sie an. »Antigua. Oh ja, ich erinnere mich sehr genau.«

Sie konnte ihn nicht mehr anschauen. »Bring mich nach oben. Ich muß dich doch daran erinnern. Wie es ist! Wie es immer sein wird mit uns beiden!«

In der Küche hörten sie Catherines vertrautes Lachen. Dann herrschte Schweigen.

Die Köchin schaute auf das offene Herdfeuer, schüttelte einen der Töpfe und meinte: »Ich denke, daß sie heute spät zu Abend essen werden.«

IV Auftrag des Königs

Bolitho und Catherine sprachen wenig auf der Kutschfahrt von Chelsea die Themse entlang zum Parlament. Jeder dachte über das nach, was die nächsten Stunden und Tage bringen würden.

Sillitoe hatte ein paar Zeilen nach Chelsea geschickt, in denen er darauf hinwies, daß die Einladung des Prinzregenten ins Carlton House nicht aus Neugier oder Eitelkeit ausgesprochen worden war. Bolitho nahm an, daß Sillitoe den Auftrag bekommen hatte, um sicherzustellen, daß beide der Einladung folgten.

An diesem Tage hatte Bolitho einen weiteren Arzt aufgesucht, den der berühmte Sir Piers Blachford vom College der Chirurgen persönlich empfohlen hatte. Catherine hatte ihn begleitet, weil sie nicht in Chelsea warten wollte.

Als er zur Kutsche zurückkehrte, wußte sie, daß alles vergebens gewesen war – trotz seines Lächelns und seines fröhlichen Grußes an den jungen Matthew.

Sie hielt jetzt unter ihrem Mantel seine Hand und fühlte seine Besorgnis, die er wohl nie abschütteln würde. Es schien, als könne man nichts für ihn tun, bis man eine neue Operationstechnik entwickelt hatte. Der Arzt sprach von einer Verletzung der Netzhaut und warnte vor weiteren Untersuchungen, die das Auge gänzlich zerstören könnten.

Der Zustand seines Auges würde sich langsam verschlechtern, aber es würde sicher noch viel Zeit vergehen, bis dieser Umstand irgend jemandem auffiel.

An diesem Abend hatte er nun endlich den ersehnten Augenblick erlebt. Sie war in ihrem grünseidenen Kleid die Treppe hinabgeschritten, und er hatte sie bei jedem Schritt bewundert. Es gab so viele Erinnerungen. Damals hatten sich ihre Hände kurz berührt, als Bolitho in dem Haus oberhalb von British Harbour fast hingefallen wäre.

Ihr Haar trug sie hochgesteckt, aufgegeit, wie Allday es einmal genannt hatte. So konnte jedermann die filigranen Ohrringe aus Gold bewundern, die Bolitho ihr geschenkt hatte. Als damals ihr Mann, Lord Somervell, gemeinsam mit Belinda Bolitho versuchte hatte, Catherine unter falschen Anschuldigungen in den Schuldturm werfen zu lassen, hatte sie den Schmuck in ihren verschmutzten Kleidern verstecken können.

Um den Hals trug sie sein jüngstes Geschenk, das er als Überraschung für sie nach seiner Rückkehr von See hatte anfertigen lassen: einen Diamantanhänger in Form eines offenen Fächers, der einem früheren Mitbringsel aus Madeira glich.

Sie hatte seine bewundernden Blicke wohl bemerkt und spürte sie wie warme Sonnenstrahlen. Der Diamantanhänger wirkte zwischen ihren Brüsten fast provozierend. Ruhig stellte er fest: »Du wirst heute die schönste Lady sein!« Das hatte sie sehr berührt. Lady, das wußte sie, bedeutete Richard weitaus mehr als das Wort Dame.

Ein paar Passanten erkannten das Wappen an der Kutschentür. Aber hier im Herzen Londons war Ruhm nichts Besonderes, eher nebensächlich.

Bolitho schien ihre Gedanken zu lesen. »Ich freue mich, wieder nach Hause zurückzukehren, Kate.« Ihre Hände umklammerten sich unter dem Mantel. »Ich weiß nicht, warum wir noch hier sind.« Er sah ihr gerade in die Augen. »Aber ich freue mich, dich vorzeigen zu können. Das tue ich immer. Ist das kindisch?«

Sie streichelte seine Hand. »Ich mag dich, wie du bist, und ich bin stolz, an deiner Seite zu sein.«

Selbst wenn Sillitoe sich geirrt hatte und die Einladung nur aus Neugierde geschehen war, so wollte sie doch Würde zeigen.

Der Himmel über London war noch ungewöhnlich hell, doch die Fenster im Carlton House waren bereits erleuchtet. Diener und Pagen in glänzenden Livrees öffneten geschäftig Kutschentüren und klappten die Tritte herunter. Neben dem Gewieher der Pferde und den Rufen neugieriger Zuschauer hörten sie Musik – Geigen und eine Harfe. Bolitho spürte ihre Hand auf seinem Arm: »Wie im Lustgarten von Vauxhall. Ich werde dich dort wieder hinführen!«

Er nickte, weil er sich freute, daß sie immer noch an diese Nacht zurückdachte, in der sie ihm ihr London gezeigt hatte.

Lakaien mit Perücken nahmen ihnen die Mäntel ab und Bolithos Dreispitz. Er sah, daß sie in einem Vorzimmer deponiert wurden. Er merkte sich das für den Fall, daß es zu einem eiligen Rückzug kommen sollte. Sie spürte seine Unsicherheit und lächelte ihn an. Ihre Augen blitzten im Schein von tausend Kerzen.

Die meisten Männer in seiner Position würden die Bewunderung der Leute hier stolz genießen, dachte sie. Hier stand ein Held aus Fleisch und Blut, geliebt, gefürchtet, bewundert, beneidet. Doch sie kannte ihn so gut. Sie spürte seine Wachheit, seine Entschlossenheit, sie vor jedem zu beschützen, der ihr etwas antun würde.

Sie wurden in einen großen Saal mit Deckengemälden geführt. Sie zeigten Nymphen und phantastische Seerösser. Hier spielte auch das Orchester. Catherine vermutete, daß noch ein zweites in den entfernteren Räumen dieses außergewöhnlichen Hauses aufspielen würde. Alles schien hier renoviert zu sein, um den Geschmack und den Charakter des neuen Prinzregenten widerzuspiegeln. Man nannte ihn Spieler, Trinker und Wüstling. Sein eigener Vater hatte ihn offen »König der Verdammten« betitelt. Seine öffentlichen Affären mit Mrs. Fitzherbert und den zahllosen anderen Geliebten nach ihr machten jedermann deutlich, wie wenig er seinen Vater und die Gesellschaft achtete.

Schon sah er einige Damen. Viele sahen unbedarft

aus und fühlten sich hier offensichtlich gar nicht wohl. Sie hatten nichts zu erzählen im Gegensatz zu ihren Ehemännern, die laut redeten und fürchterlich schwitzten, als der Saal immer voller wurde. Andere Damen ließen sich von der Umgebung nicht einschüchtern. Einige benahmen sich reichlich keck. Sie trugen Abendkleider, die so tief ausgeschnitten waren, daß man sich wunderte, wie sie überhaupt hielten. Es war fast eine Erlösung, Sir Paul Sillitoe zu treffen, der einen Lakaien auf sie aufmerksam machte. Sir Paul trat zu ihnen.

»Ich gratuliere, Sir Richard! Nach Ihnen drehen sich heute viele um!« Doch seine Augen ruhten auf Catherine, als er ihre Hand an seine Lippen hob. »Jedesmal, wenn wir Sie sehen, Lady Somervell, scheint es mir wie das erste Mal. Sie sehen bezaubernd aus.«

Sie lächelte. »Sie sind ein Schmeichler, Sir Paul!«

Sillitoe kam schnell zur Sache. »Das hier ist heute eine kleine Veranstaltung im Vergleich zu den sonstigen Soirées des Prinzchens. Der große Bankettsaal ist nicht offen. Wir müssen das hier heute als sehr intime Veranstaltung würdigen. Die Abneigung des Prinzen dem Premierminister gegenüber ist größer geworden, wie man sagt. Er wird heute nicht hier sein.«

Bolitho nahm einen großen, schön geformten Glaskelch vom Tablett eines Dieners und sah, wie die Augen des Mannes zwischen ihnen beiden hin- und herglitten. Ob Sillitoe all sein Wissen von Männern wie diesem hier bezog? Es schien ziemlich umfassend. Und die Macht, die solches Wissen verlieh, war gefährlich.

Sillitoe schaute sich um. »Wir sind heute nur etwa vierzig Gäste!«

Bolitho sah Catherine an. Sillitoe kannte natürlich die exakte Zahl der Erschienenen und ganz sicherlich ihren

Wert und wahrscheinlich auch die Geheimnisse jedes einzelnen.

Seine Aufmerksamkeit wandte sich jetzt wieder Catherine zu, doch seine schattigen Augen verrieten nichts. »Bei Tisch wird es heute viele Weine geben ...«

Sie berührte den diamantenen Fächer auf ihrer Brust. »Ich nehme Ihre Warnung ernst, Sir Paul. Unser Gastgeber hat offenbar Spaß und Freude an Gästen, die den Getränken zu eifrig zusprechen, habe ich recht?«

Sillitoe verbeugte sich. »Sie sehen das völlig richtig, wie immer, Lady Catherine. Ich hätte es Ihnen nicht extra zu sagen brauchen.«

Immer wieder sah Bolitho Gesichter sich schnell abwenden, wenn sein Blick sie traf. Man hatte ihn also angestarrt. *Laß sie glotzen, verdammt noch mal.* Er merkte, wie einige der Herren sich wie Narren gebärdeten und manche Dame sich durchaus gern von anderen einfangen ließ. Ähnliches hatte er oft genug in Kasernen des Heeres beobachten können. Sie nahmen Catherine sehr aufmerksam zur Kenntnis. Doch war die öffentliche Verachtung üblicher Konventionen für diese Männer eine Bedrohung oder eine Herausforderung?

Er dachte daran, wie sie während der letzten Tage in dem sonnendurchglühten Boot ihre Hoffnung lebendig zu halten versuchte. Jedem anderen schien klar, daß Rettung unmöglich und der sichere Tod ihr aller Ende sein würde. Noch immer waren die Narben vom Sonnenbrand auf ihren Schultern sichtbar. Dabei war es schon so lange her, daß die *Golden Plover* auf das Riff gerannt war. Plötzlich wollte er sie in die Arme schließen und sie so lange festhalten, bis die schrecklichen Bilder aus seinem Kopf verschwunden waren.

Statt dessen fragte er: »Wenn ich wieder auf See

bin ...« Er sah, wie sie versteinerte und wie Sillitoe versuchte wegzuhören. »Ich wünsche mir nichts lieber als ein Porträt von dir.«

Sie hob ihr Kinn leicht, und er sah den Pulsschlag an ihrem Hals. »Ich will dir den Wunsch gern erfüllen, Richard«, sagte sie und griff nach seiner Hand, als wären sie hier gänzlich allein. »Deine Gedanken drehen sich immer nur um mich, nie um dich selbst ...«

Sie drehte sich um, als plötzlich die Türen aufsprangen und ein Stallmeister laut rief: »Bitte erheben Sie sich für Seine Königliche Hoheit, den Prinzen von Wales, Regent von ganz England.«

Bolitho sah ihn sich sehr genau an, als er sich unter die illustre Gesellschaft mischte. Für einen schweren Mann ging er sehr leichtfüßig, ja er schien fast zu schweben. Bolitho wurde an ein Linienschiff erinnert, das ohne Wind an seinen Ankerplatz gleitet.

Was hatte er eigentlich erwartet, fragte er sich: einen Mann, der zwischen den hämischen Karikaturen eines Gillray und den schmeichelnden Bildern in der Admiralität angesiedelt war? Er war ungefähr sechs Jahre jünger als Bolitho, doch seine Exzesse hatten ihn bereits gezeichnet. Als Freund der Mode liebte er elegante Kleidung, sein Haar war nach neuester Mode geschnitten und nach vorne gekämmt. Seine Lippen waren ständig zu einem amüsierten Lächeln gespitzt.

Er schritt langsam durch den Raum. Damen machten tiefe Knickse, Herren verbeugten sich, strahlten errötend, wenn sie bemerkt wurden.

Doch der Prinz, das »Prinzchen«, wie ihn Sillitoe respektlos nannte, sah jetzt nur Bolitho und mit großem Interesse Catherine. »Sie sind also *mein* neuer Admiral!« Er verneigte sich leicht vor Catherine, die einen Knicks andeutete. »Bitte, erheben Sie sich, Lady Catherine Somervell.« Seine Augen ruhten nicht nur auf dem Diamantanhänger. »Welche Ehre. Sie sind meine Tischdame.« Er gab Bolitho die Hand. »Sie haben einen guten Schneider. Kenne ich den?«

Bolitho blieb unbewegt. Er hatte einen Kurier mit Anweisungen nach Falmouth geschickt. Der alte Joshua Miller hatte ohne Unterbrechung an seiner neuen Parade-Uniform gearbeitet. Die anderen würden fertig sein, wenn er seine Flagge auf der *Indomitable* setzte.

»Er arbeitet in Falmouth, Königliche Hoheit!«

Der Prinz lächelte. »Dann kenne ich ihn in der Tat nicht.« Wieder gingen seine Blicke zu dem diamantenen Fächer. »Sie müssen sich auf dem Lande doch sehr langweilen, Lady Catherine, wenn Sir Richard auf See ist – oder?«

»Ich habe zuviel zu tun, um mich zu langweilen, Sir!«

Er tätschelte ihr Handgelenk. »Wer so schön ist, sollte niemals etwas zu tun haben.«

Er schritt ihnen in den angrenzenden Raum voran. Bolitho hatte gehört, daß bei einem kürzlich stattgefundenen, noch festlicheren Bankett der Tisch auf über zweihundert Fuß verlängert worden war. Über seine ganze Länge floß dabei von oben her aus einem silbernen Springbrunnen ein künstlicher Bach.

Doch auch dieses Bankett würde sie nicht enttäuschen, wie es schien. Eine ganze Armee von Lakaien und Dienern stand wartend an der Wand, und sanfte Musik wehte durch ferne Türen.

Ohne große Begeisterung nahm Bolitho seinen Platz ein. Er hatte den Ausdruck im Gesicht des Prinzregenten wohl bemerkt, die lauernde Sicherheit eines Mannes, der gewöhnt war, daß ihm alle Wünsche erfüllt wurden.

Als ein Diener den Stuhl für Catherine richtete, sah sie ihn über den Tisch hinweg an, geradeaus und zwingend. *Denk an mich,* schien sie ihm beruhigend zu sagen. *Die Frau im Boot. Die dich und sonst niemanden liebt.*

Am Kopf des Tisches lehnte sich der Prinz in einem hohen Lehnstuhl zurück, der eher wie ein Thron aussah. Das prächtig geschnitzte Kopfteil zeigte die Federn des prinzlichen Wappens, die königliche Krone mit den Ziffern und das *G.R.* Offenbar fühlte sich der Prinz schon als König.

Catherine saß zu seiner Rechten, Bolitho zu seiner Linken. Was seine anderen Gäste davon hielten, war dem Prinzen von Wales offensichtlich völlig egal.

Er hob eine Hand. Wie eine gut ausgebildete Kompanie von Seesoldaten während eines komplizierten Drillmanövers traten jetzt die Diener und Lakaien ihren Dienst an.

Eigentlich hatte Bolitho erwartet, daß ein Tischgebet gesprochen wurde. Er bemerkte, wie sich am anderen Ende des Tisches ein ernstaussehender Bischof erheben wollte. Doch der Prinz ließ sich nicht anmerken, ob er ihn überhaupt gesehen hatte. Dabei würde ihm, genau wie Sillitoe, sicherlich so leicht nichts entgehen, dachte Bolitho.

Bald bog sich der Tisch unter dem Gewicht riesiger Platten aus Gold und Silber. In der Küche arbeiteten wahrscheinlich genauso viele Menschen wie hier bedienten. Zuerst gab es eine Frühlingssuppe, dann Lachsschnitten und gegrillte Seezungenfilets mit Kapernsoße. Jeder einzelne Gang hätte selbst den hungrigsten Midshipman satt bekommen. Doch als er den Tisch hinabschaute, bemerkte er kein Zeichen von Sättigung. Im Kerzenlicht blitzte Silber, und Hände bewegten sich so eifrig, als ob die Gäste seit Tagen nichts mehr gegessen hätten.

Als die Gläser wieder gefüllt wurden, bemerkte der Prinz: »Dies ist ein leichter Wein, Lady Catherine. Nicht ganz mein Geschmack. Ich ziehe etwas mehr *Körper* vor.«

Sie begegnete seinem Blick und meinte: »Aus Madeira, nehme ich an.« Seine Anspielung nahm sie nicht zur Kenntnis. Sie fand so etwas eher amüsant. Der Prinz versuchte es wie alle anderen Männer. Sie hob ihr Glas Bolitho entgegen: »Auf unseren neuen Admiral, Sir!«

Ein paar, die in der Nähe saßen, folgten ihrem Beispiel. Doch die meisten waren zu sehr damit beschäftigt, ihre Teller zu leeren.

Der Prinz sagte: »Ja, in der Tat. Ich war von Ihren Worten in der Admiralität sehr angetan, Sir Richard. Nur die Wahl Ihres Flaggschiffs hat mich überrascht, doch dann verstand ich Ihre Überlegung. Lebensnotwendig ist also die Kombination von Geschwindigkeit und Feuerkraft, wenn das auch viele noch nicht glauben wollen. Kaufleute zum Beispiel, die nur an wachsenden Handel denken und an vollere Börsen, sollten wir den Druck auf den Feind abschwächen. Doch dieser Krieg muß zu Ende geführt werden. Ich bestehe darauf.« Er lächelte Catherine knapp zu. »Verzeihen Sie das Thema, Lady Catherine. Aber Sie haben sicherlich viel von der Sache gehört.«

»Ich lerne gern dazu, wenn es um Sir Richard geht, Sir!«

Er drohte ihr scherzhaft mit dem Finger. »Er hat eine enorme Verantwortung!«

Ruhig erwiderte sie: »Muß man das nicht von jedem Kommandanten sagen, der ganz allein segelt und sich nur auf sein Können und seinen Mut verlassen kann?«

Er nickte und schien von ihrer unvermittelten Ansicht überrascht. »Natürlich, ja. Aber ein Admiral ist schließlich für alles verantwortlich!«

Bolitho lehnte sich zurück. Das Personal bewegte sich flink um sie herum, und Teller und Platten verschwanden wie durch Zauberei. So konnte er in Ruhe über die Bemerkung des Prinzen nachdenken. Er hatte gehört, daß der Prinz von Wales den Druck auf die Franzosen vergrößern wollte, um dort ein für alle Mal Ruhe zu haben. Kein Wunder, daß der Premierminister nicht hier war. Spencer Perceval war für Ausgleich, auch um einen Krieg mit den Vereinigten Staaten zu vermeiden.

Doch der Einfluß des Prinzen war während der nächsten zwölf Monate noch sehr beschränkt. Es durfte in dieser Zeit nichts Entscheidendes mit weitreichenden Folgen unternommen werden, dem der König widersprechen könnte, sollte er nach einem Jahr von seiner Geisteskrankheit geheilt sein.

Er sah, wie Catherine ihn beobachtete. Sicherlich dachte sie an die Gefahren, die sein neues Kommando mit sich bringen würde. Sie brauchten einen Admiral, der ohne langes Zögern handelte, der nicht darauf wartete, bis Instruktionen aus London kamen, die sich eventuell auch noch widersprachen. So die offizielle Meinung. Sie beide kannten aber auch die Wirklichkeit. Er hatte ihr oft genug von der Einsamkeit des Befehlshabers berichtet, der ganz allein, weit entfernt von jedem Oberkommando, auf See war. Hatte man Erfolg, rühmten sich andere dafür. Nur an Mißerfolgen war man selber schuld.

Er trank ihr zu.

Der Prinz musterte den nächsten Gang. Lammrücken, gestopfter Kapaun, gedämpfter Truthahn, Schinken,

Zunge und verschiedene Gemüse waren kunstvoll arrangiert. Und es gab wieder anderen Wein. Er sagte: »Ich hätte Sie an das andere Tischende verbannen sollen, Sir Richard. Sie und diese Dame handeln wie Verschwörer.«

Er lachte dabei. Bolitho fiel auf, daß andere Gäste nickten und mitlachten, obwohl sie kein einziges Wort verstanden haben konnten. Es war ganz gut, daß die Soldaten im Feld oder die Matrosen auf See, die oft genug mit dem Leben zahlten, das hier nicht sehen konnten. »Ich habe gehört, Sie werden zunächst nach Antigua segeln?« Er winkte einem Diener zu, der ihm ein Stück Kapaun nachlegte. Das gab Bolitho Gelegenheit, zu Catherine hinüberzublicken. Der Schatten eines Schmerzes huschte über ihr Gesicht, als der Prinz das sagte. *Ich hätte es ihr selber sagen sollen, als ich es erfahren habe.*

»Ich werde dort mein Geschwader sammeln«, antwortete er, »und hoffe, daß ich die Gegend besser kennenlerne.«

Der Prinz tupfte sich sein Kinn ab und sagte ganz beiläufig: »Ich kannte Ihren verstorbenen Mann, Lady Catherine. Bei Tisch ein eifriger Mann.« Er musterte sie genau. »Skrupellos, ja manchmal sogar gefährlich.«

»Ich weiß!«

»Nun, wir alle haben unsere Schwächen. Selbst ich ...« Er führte das nicht weiter aus, sondern machte sich mit frischem Eifer über den Truthahn her.

Dann bemerkte er: »Die Wahl Ihres Kapitäns, Sir Richard.« Er schnippte nach einem Lakaien. »Tyacke, nicht wahr? Sie hätten jeden Kapitän haben können. Für solch eine Chance wäre mancher sogar zum Mörder geworden. Doch Sie haben, ohne zu zögern, Tyacke gewählt! Warum?«

»Er ist ein exzellenter Seemann und ein sehr erfahrener Navigator!«

»Aber er hat doch nur eine winzige Brigg befehligt!«

Überrascht bemerkte der Prinz, daß Catherine ihm eine Hand auf den Arm legte.

Sie sagte dabei leise: »Hat nicht auch Nelson Hardy als Flaggkapitän gewählt, der bis dahin auch nur eine winzige Brigg befehligt hatte?«

Er lachte lauthals. »*Touché*, Lady Catherine! Ich bin sehr beeindruckt.«

Erschreckt fuhr sie auf, als Bolithos Glas umfiel und der Wein wie rotes Blut in ihre Richtung floss. »Ich bitte um Verzeihung, Sir!« sagte Bolitho. Doch er meinte Catherine, und sie wußte es.

Das Licht von einem der gewaltigen Leuchter hatte ihn plötzlich geblendet. Und er hatte am Weinglas vorbeigegriffen. Niemandem schien es aufgefallen zu sein.

Der Prinz tätschelte ihre Hand, lächelte ihr süßlich zu: »Wir werden noch ein Glas trinken, während die Tücher ausgewechselt werden.« Er ließ seine Hand dort liegen, als er hinzusetzte: »Es gibt so vieles, das ich wissen möchte.«

»Über mich, Sir?« Sie schüttelte den Kopf und fühlte den Diamantanhänger warm auf ihrem Busen.

»Man spricht viel über Sie, Lady Catherine. Man bewundert Sie, ganz ohne Zweifel.«

»Doch geliebt werde ich nur von einem, Sir!«

Bolitho sah den Lakaien, der ein neues Glas vor ihn hingestellt hatte. »Danke.« Der Mann ließ fast das Tablett fallen. Wahrscheinlich dankte man ihm nie und sprach ihn nur höchst selten an.

Als er den Tisch entlang blickte, sah er Sillitoe, der ihn beobachtete. Er saß weit genug weg, um etwas zu hören, doch nahe genug, um zu erkennen, was der Prinz gerade tat. Was er so häufig und so routiniert tat.

»Meine Späher haben mir verraten, daß Sie eine gute Reiterin sind. Vielleicht wollen Sie in meiner Begleitung ausreiten, wenn Sir Richard auf See ist. Ich bewundere Pferde!«

Sie lächelte. Das Licht auf den hohen Wangenknochen und die Schatten darunter machten sie noch anziehender. »Das werde ich nicht tun, Sir!« Als er sich zu ihr lehnte, schüttelte sie den Kopf und lachte. »Nicht einmal mit Ihnen!«

Der Prinz schien überrascht und unsicher. »Warten wir es ab!« Dann wandte er sich Bolitho zu und sagte: »Jeder rechte Mann muß Sie beneiden.« Er war deutlich verletzt. Ein paar Plätze weiter lehnte sich eine Dame vor und sprach so laut, daß man sie hören konnte.

»Ich möchte gern wissen, Lady Catherine, und das haben Sie sicher schon viele nach dem Schiffsuntergang gefragt ...«

Catherine sah Bolitho an und hob leicht die Schultern. Mit solchen Fragen konnte sie umgehen. Seine Schwester Felicity hatte das nach ihrer Rückkehr auch gleich wissen wollen.

»Was möchten Sie gern erfahren, Madam?«

»So viele Männer in einem kleinen Boot.« Sie schaute sich um. Ihre Augen glänzten ein bißchen zu sehr. Offenbar hatte niemand sie vor des Prinzen Liebe zum Wein gewarnt. »Und Sie waren die einzige *Dame* zwischen ihnen.«

Catherine wartete. Für die Fragende gehörte Sophie offenbar nicht zu der Szene. Sie war ja auch nur eine Dienerin.

Kühl antwortete sie: »Diese Erfahrung möchte ich kein zweites Mal machen.«

Auf der anderen Seite des Tisches flüsterte ein bedrückt aussehender Mann mit dünnem Haar viel zu laut: »Das reicht, Kathleen!«

Seine viel jüngere Frau schüttelte den Kopf. »Frauen müssen ja manches tun. Aber das vor neugierigen Männern ...«

Bolitho unterbrach sie abrupt. »Warum fragen Sie nicht nach den Matrosen, Madam, die bei jedem Wetter auf See sind? Wie leben die? Warum halten sie solche Bedingungen aus? Ich werde es Ihnen sagen. Weil sie es müssen.« Er wandte sich Catherine zu. »Ich werde ihren Mut nie vergessen, und ich empfehle *Ihnen,* das auch nicht zu tun!«

Der Prinz nickte und flüsterte wie auf einer Bühne: »Ich nehme an, daß Lady Kathleen sich auch so ein Erlebnis wünscht.« Seine Blicke wurden eisig, als die Dame drüben seine Worte begriff.

Der Rest des Abends war eine einzige Prüfung in Langeweile und Unbehaglichkeiten. Der nächste Gang waren Perlhühner, Austernpastetchen und Hummerragout mit wieder anderem Wein dazu. Dann gab es eine Rhabarbertorte mit drei Gelees und ganz zum Schluß Käsekuchen. Bolitho wollte die Uhr aus seiner Tasche ziehen, doch seine Nachbarn hätten es als Unhöflichkeit deuten können.

Er sah, wie Catherine die Backen aufblies: »Ich esse bestimmt einen Monat lang nichts mehr!«

Endlich war alles vorüber. Nachdem die Damen sich zurückgezogen hatten, gab es Portwein und Cognac für die Herren. Und der Prinz hielt ihn wie erwartet bis zum Schluß bei sich fest. Ein Diener brachte seinen Hut und seinen Mantel, doch bevor er ihn überwerfen konnte, sagte der Prinz mit schwerer Zunge: »Möge das Glück

Sie begleiten, Admiral Bolitho!« Dann nahm er Catherines Hand und küßte sie – zu lange. Er schaute ihr in die dunklen Augen: »Ich habe noch nie einen Mann beneidet, Lady Catherine, auch nicht den König.« Noch einmal küßte er ihre Hand und hielt mit kräftigen Fingern ihren bloßen Arm. »Doch jetzt beneide ich Sir Richard!«

Schließlich saßen sie in der Kutsche, die eisernen Felgen ratterten über das Kopfsteinpflaster in den dunklen Straßen.

Er fühlte, wie sie sich an ihn lehnte. »Es tut mir leid wegen Antigua!«

»Ich ahnte so etwas!«

»Du warst wunderbar, Kate. Ich mußte mir manchmal auf die Zunge beißen!«

Sie rieb den Kopf an seiner Schulter. »Ich weiß. Dieser Kathleen, diesem Weib, hätte ich gern noch einiges sagen mögen.« Sie lachte bitter. »Bist du müde, Richard?« Sie berührte seinen Arm. »*Zu* müde?«

Er schob seine Hand unter ihren Mantel und streichelte ihre Brust.

»Ich wecke dich, wenn wir die Themse sehen. Dann werden wir ja wissen, wer müde ist.«

Der junge Matthew hörte sie lachen. Kutschen und berühmte Leute in Hülle und Fülle. Aber als man erfuhr, wessen Kutscher er war, hatte man auch ihn wie einen Helden behandelt. Wenn er doch nur wieder in Falmouth wäre. Dann könnte er die Geschichte bei Ferguson und Allday ein bißchen ausschmücken und erzählen, der Prinz von Wales habe persönlich mit ihm geredet.

Die Themse lag im Mondlicht wie blauer Stahl. Bolitho bewegte sich vorsichtig.

Er hörte sie flüstern: »Nein, ich schlafe nicht. Nimm deine Hand nicht weg. Ich werde bereit sein.«

Der Crossed Keys Inn war klein, aber bequem. Er drängte sich an die Straße, die von Plymouth nördlich nach Tavistock führte. Kutschen hielten hier selten, was aber niemanden überraschte. Bei seinen Spaziergängen in der Dunkelheit hatte James Tyacke entdeckt, daß an vielen Stellen der Weg kaum breit genug für einen Ackerwagen war, von einer vierspännigen Kutsche also ganz zu schweigen.

An diesem Abend saß er in einer Ecke des kleinen Raums und fragte sich, wie das Gasthaus sich trug. Meg, eine angenehme kleine Frau, betrieb es. Sie war Witwe wie so viele Besitzerinnen von Gasthöfen oder Bierschenken in den westlichen Grafschaften. Aus dem nahen St. Budeaux schienen wenige Dorfbewohner hierherzukommen. Tagsüber waren die meisten Besucher Landarbeiter, die sich Gott sei Dank an ihresgleichen hielten.

Er saß im Schatten des großen Kaminvorbaus und sah den tanzenden Flammen zu. Jetzt im April zeigten sich schon Knospen an den Bäumen, und auf den Feldern jubelten Vögel. Doch nachts war es immer noch kalt.

Bald würde es etwas zu essen geben, sicherlich wieder eine von Megs Kaninchenpasteten. Danach würde er wohl einen Spaziergang machen. Er sah sich im Raum um. Die Möbel waren sauber geschrubbt, an den Wänden hingen Bilder mit Jagdszenen und einige alte Blasinstrumente. Seine letzte Nacht hier. Er blickte auf die neue Uniformjacke, die auf der Bank gegenüber lag. Der Preis für Goldlitzen war seit seinem letzten Kauf erheblich gestiegen, dachte er. Gut, daß er eine stattliche Summe Prisengeld ausgezahlt bekommen hatte.

Plötzlich erinnerte er sich an ganz klare Bilder: Der Geschützmeister der *Larne* feuerte einen Schuß vor den Bug eines stinkenden Sklavenschiffs. Erschreckte schwarze Gesichter, nackte Frauen, die in ihrem Schmutz wie Tiere zusammengepfercht waren. Die Sklavenhändler selber, Portugiesen und Araber, zu jedem Geschäft und zu jeder Bestechung bereit. Als man sie ihm vorführte, erkannten sie ihre aussichtslose Lage. Für sie gab es nichts mehr zu handeln und niemanden mehr zu bestechen. Am Ende der Reise wartete auf sie der Strick in Freetown oder Kapstadt.

Die Spannung der Verfolgungsjagd. Die Rahen bis zum Splittern gebogen unter dem Druck der Leinwand.

Jetzt hatte Ozanne die Brigg. Tyacke kannte keinen besseren.

Wieder maß er seine neue Jacke, eine glänzende neue Epaulette auf der rechten Schulter. Irgendwie schien sie dort nicht hinzugehören, dachte er. Doch er war jetzt Kapitän, trotz seiner Jugend. Er fragte sich, ob Avery wohl Bolitho berichtet hatte, wie er Tyacke überzeugt hatte – durch Preisgabe des Geheimnisses?

Wenn nun Avery nichts davon gesagt hätte? *Hätte ich meine Meinung dann auch geändert? Oder säße ich immer noch auf der Larne in der Werft?*

Drei Männer waren eingetreten und setzten sich an einen Tisch in der entfernten Ecke. Meg schien sie zu kennen und brachte ihnen unaufgefordert drei Krüge Bier. Auf dem Weg zurück in die Küche blieb sie stehen und stocherte im Feuer. Falls Tyackes Gesicht sie erschreckt hatte, hatte sie sich davon nichts anmerken lassen. Vielleicht hatte sie in den früheren Jahren noch Schlimmeres gesehen.

»Morgen werden wir Sie also verlieren, Mr. Tyacke!«

»Ja«, sagte er nur und drehte sich von ihr weg.

»Ich hab Henry gesagt, er soll morgen ganz früh mit dem Wagen vor der Tür auf Sie warten!«

Morgen. Unsichere Wochen. Jetzt war es bald wieder so weit.

Seit Jahren war Tyacke nicht in England gewesen. Auf der Kutschfahrt von der Werft hierher erlebte er das Land wie ein durchreisender Fremder. Laden an Laden in der Stadt. Friseure, Hutmacher, Maler und Schnapsbrenner und mehr Gasthäuser und Pensionen, als er sich je hatte vorstellen können. Zahlreiche Marineoffiziere, aber auch Matrosen, die vermutlich Erlaubnis hatten, sich frei zu bewegen. Er erinnerte sich, wie ungläubig die Männer der *Larne* die Erlaubnis aufgenommen hatten, an Land gehen zu dürfen. Bolitho hatte sie ihnen gegeben. Nur ein einziger war nicht zurückgekehrt. Voller Rum war er in ein Hafenbecken gefallen und ertrunken.

Er hatte natürlich auch viele Frauen gesehen. Einige waren angenehm und schmuck gekleidet, vermutlich Frauen von Marine- oder Heeresoffizieren. Aber er sah auch andere, wie zum Beispiel Meg von Crossed Keys, die Männerarbeit leisteten, weil sie die ersetzen mußten, die vielleicht nie wiederkehren würden.

Er sagte: »Ich habe mich hier sehr wohl gefühlt. Vielleicht werde ich eines Tages wiederkommen.«

Sie drehte sich zu ihm um, und obwohl er sie genau beobachtete, konnte er in ihrem Blick keine Abscheu entdecken.

»Ich werde Ihnen gleich das Abendessen hinstellen, Sir!« Sie wußten beide, daß sie sich nie wiedersehen würden.

Er nippte an seinem Cognac. Ein sehr guter. Vielleicht kamen gelegentlich Schmuggler hierher. Doch dann kreisten seine Gedanken wieder um sein neues Kommando. Es war etwas gänzlich Neues für ihn.

Ursprünglich war das Schiff als eines der sechsten Klasse mit vierundsechzig Kanonen gebaut worden. Auf seine jetzige Größe war es reduziert worden, indem man das Oberdeck und die entsprechenden Kanonen weggenommen hatte. Doch die vierzig 24-Pfünder blieben, und vier 18-Pfünder wurden an Bug und Heck gelascht. Tyacke hatte jede Einzelheit des Schiffes studiert und kannte seinen Werdegang seit der Kiellegung auf der berühmten Werft von William Hartland in Rochester am Medway.

Er dachte über Bolithos Ansicht über den möglichen Krieg mit den Vereinigten Staaten nach und die Aufgaben seines Schiffes. Alle großen amerikanischen Fregatten trugen 24-Pfünder und waren den englischen Fregatten wie etwa der *Anemone* von der Feuerkraft her weit überlegen.

Doch noch wichtiger war der größere Aktionsradius seines neuen Schiffes. Ursprünglich hatte das Schiff über sechshundert Mann Besatzung gehabt, jetzt waren es nur noch zweihundertsiebzig, fünfundfünfzig Seesoldaten eingeschlossen.

Es war immer noch unterbemannt, doch das galt zur Zeit für jedes Schiff in einem oder nahe eines Hafens.

Er würde nur Unbekannte treffen. Wie lange würde er brauchen, ehe er sie alle kannte und ihren Wert, ihre Qualitäten richtig einschätzen konnte. Als Kommandant hatte er das Recht, von seinen Offizieren zu verlangen, was er wollte. Aber ihre Achtung mußte er sich erst verdienen, wie Bolitho ihm bewiesen hatte.

Wieder dachte er an das Schiff. Vierunddreißig Jahre alt, aus guter Kenteiche gebaut. Damals gab es solche Bäume noch reichlich. Für die neueren Schiffe waren einige Hölzer nicht genügend gelagert, und Spanten wurden häufig genug von Zimmerleuten nur gesägt und nicht jahrelang gebogen, um besondere Stärke zu bekommen. Manche waren aus Teakholz über Eiche gebaut worden, wie die Schiffe aus John Companys Werften, die meist aus Bombay kamen. Teak war wie Eisen, doch die Matrosen, die auf solchen Schiffen arbeiteten und kämpften, haßten Teakholz. Im Gegensatz zu Eichenholzsplittern konnten Teakholzsplitter einen Mann vergiften und ihn sehr viel langsamer und schmerzhafter töten als Kartätschenkugeln.

Tyacke nahm noch einen Schluck Cognac. Sein Schiff war in Dienst gestellt worden, als er noch in den Armen seiner Mutter lag.

Er lächelte weich. *Wir sind also zusammen alt geworden.* Sie war sogar in der Schlacht bei Abukir dabeigewesen. Und in anderen Schlachten. Am Chesapeake, bei den Saintes, vor Kopenhagen. Und als sie dann als Linienschiff zu klein war, hatte sie die Last und die Langeweile von Blockaden und Begleitschutz zur Genüge kennengelernt.

Sehr viele Kapitäne in vollem Rang würden sich sicher fragen, warum Sir Richard seine Flagge ausgerechnet auf einem umgebauten Schiff der dritten Klasse setzte. Gerade er könnte doch jedes Schiff verlangen. Er war ja nun Admiral mit allen Ehren. Was wohl Lady Catherine Somervell dazu meinte? Er sah sie immer noch neben sich, zuerst in den schmutzigen, triefendnassen Klamotten eines Seemanns und dann in dem gelben Kleid, das er aufgehoben hatte, seit das Mädchen seiner Wahl ihn abgewiesen hatte. Der Gedanke daran schmerzte nicht mehr. Ihm schien, als sei das alles einem anderen widerfahren.

Hatte er für das neue Kommando alles, was er brauchte? Er dachte wieder an Bolithos Geliebte. Nein, der Ausdruck mißfiel ihm. *Sie ist seine Lady.* Sie würde sicher dafür sorgen, daß es Bolitho an nichts mangelte, wenn er an Bord kam.

Er glaubte Essen zu riechen und spürte plötzlich großen Hunger. Es war vernünftig, heute abend sehr gut zu essen. Später würde er dazu viel zu verspannt und unruhig sein. Er lächelte und mußte an Bolitho denken, der ihm gestanden hatte, auch er sei immer noch nervös beim Antritt eines neuen Kommandos. *Doch vergessen Sie nie, die anderen zerbrechen sich den Kopf über den neuen Kommandanten noch mehr.*

Und dann John Allday, Bolithos »Eiche«. Ob der diesmal gern an Bord zurückkehrte?

Einer der Männer am Tisch in der Ecke setzte seinen Krug auf den Tisch und starrte auf die Tür. Seine Begleiter rannten in den nächsten Raum, in dem ein paar Landarbeiter ihren kräftigen Apfelwein tranken. Dann wußte Tyacke, was los war. Er hörte Schritte und Metallklappern.

Meg eilte herein, Bestecke in der Hand.

»Ein Preßkommando, Sir. Gewöhnlich kommen sie nicht bis hierher.« Sie lächelte ihn an. »Haben Sie keine Furcht. Ich sorge dafür, daß man Sie nicht belästigt.«

Er lehnte sich in den tiefen Schatten zurück. Es war eine undankbare Aufgabe, ein Preßkommando zu führen. Als junger Leutnant hatte er das nur einmal gemacht. Bettelnde Männer und lästernde Frauen. Obwohl die meisten Preßgangs ihrerseits wieder aus gepreßten Männern bestanden, kannten sie in der Ausübung ihrer Pflicht kein Erbarmen.

Hinter dem Gasthaus waren gedämpfte Stimmen zu hören. Wahrscheinlich hatte man einen der Männer, die eben weggerannt waren, ergriffen. Sein Begleiter kam zurück. Er zitterte, obwohl er glücklicherweise einen Schutzbrief bei sich getragen hatte, den er vorzeigen konnte.

Die Tür schlug auf, und ein junger Leutnant trat in den Raum.

»Aufstehen zur Prüfung!« befahl er knapp und laut. Dann fiel ihm offensichtlich auf, daß er die Männer ja bereits geprüft hatte, und er wandte sich an den einzelnen Mann im Schatten des Kamins.

»Und du. Hörst du mich? Auf – im Namen des Königs!«

Tyacke bewegte sich nicht, sondern schubste nur mit dem Fuß die Bank ins helle Kerzenlicht.

Der Leutnant sah mit offenem Mund auf die glitzernde Goldlitze und stotterte: »Das hab ich nicht gewußt, Sir. Es kommen sonst nie Offiziere hierher.«

Ruhig antwortete Tyacke: »Genau deswegen bin ich hier. Um nicht von irgendeinem arroganten Weichling, der sich in des Königs Rock versteckt, angebrüllt zu werden. Er erhob sich. Meg, die zwei bewaffneten Matrosen in der Tür und der Mann, den sie eben überprüft hatten, standen stocksteif wie auf einer Schmierenbühne.

Langsam drehte sich Tyacke um und fragte: »Ihren Namen, Leutnant?«

Doch der junge Offizier war nicht in der Lage zu sprechen. Er starrte wie gebannt auf Tyackes schreckliche Narbe.

Dann murmelte er leise: »Laroche, Sir!«

»Darf ich erfahren, welches Schiff?«

»Die *Indomitable*, Sir!«

»Dann sehen wir uns morgen, Mr. Laroche. Ich bin Kapitän James Tyacke.«

Plötzlich stand er ganz allein im Raum.

Meg kam eilig mit einem dampfenden Suppentopf zurück, um den sie ein Tuch gewickelt hatte.

»Es tut mir sehr leid, Sir!«

Tyacke berührte ihren Arm. »Das macht nichts. Wir müssen alle mal anfangen.«

Morgen würde es an Bord jeder wissen. Mein Schiff, dachte er. Die *Indomitable*.

Ihm fiel Bolitho ein, und die Gedanken machten ihn ruhiger.

Die sind viel aufgeregter Ihretwegen.

Meg ließ ihn beim Essen allein, stand nur einmal an der Tür, um ihn zu beobachten. Wie war er wohl zu dieser Narbe gekommen? Und konnte ein so gutaussehender Mann das je akzeptieren?

Leise schloß sie die Tür. Als er schon längst gegangen war, dachte sie immer noch an ihn.

V Die *Indomitable*

Fuhrmann Henry ruckte leicht an der Leine, als die Räder über die ersten Pflastersteine der Werft klapperten.

»Da draußen liegt sie vor Anker, Sir!« rief er. Er musterte das ausgeprägte Profil des Passagiers und verstand nicht, wie jemand freiwillig auf See gehen konnte, ob nun als Kapitän oder einfacher Matrose.

Tyacke blickte über das glänzende Wasser und war von seiner eigenen Ruhe überrascht. Nein, das war keine Ruhe. Er spürte überhaupt nichts.

Er schaute zur Mauer hinüber und war beruhigt. Die *Larne* hatte ihren Ankergrund verlassen, sicher um die Arbeiten im Rigg beenden zu lassen. Er fragte sich, ob die drüben von seiner Anwesenheit wußten. Vielleicht beobachtete ihn just in diesem Augenblick jemand von Bord mit dem Teleskop.

»Da hinten gibt es Stufen«, sagte er.

»Ich weiß, Sir. Ich kümmere mich mal um ein Boot für Sie!«

Er wird es bestimmt finden, dachte er. Die Bootsgasten warteten sicher schon seit dem Morgengrauen. Tyacke hatte das selber oft genug getan. Er hatte dabei immer versucht, sich den neuen Herrn und Meister vorzustellen. Denn der Mann würde das Leben jedes einzelnen an Bord bestimmen – das des Ersten Offiziers genauso wie das des jüngsten Schiffsjungen. Er könnte jeden befördern, degradieren, auspeitschen oder sogar hängen lassen, der seine Befehle nicht strikt befolgte.

Tyacke fröstelte leicht, doch den Bootsmantel wollte er sich nicht umhängen. Über der See glänzte ein schöner Morgen, und die Wellen trugen weiße Kämme. Doch nicht die kühle Luft ließ ihn zittern. Er fürchtete sich einfach vor den nächsten Augenblicken dieses besonderen Tages.

Riemen schlugen ins Wasser. Ein Boot hatte sich von einer Ankerboje gelöst. Seine Ankunft war also bemerkt worden.

»Danke, Henry!« Er drückte dem Mann ein paar Münzen in die Hand und musterte dann die große Seekiste mit den Messingbeschlägen. Seit seine Verletzung ausgeheilt war, hatte sie ihn begleitet. Sie barg seine ganze kleine Welt.

Ausgeheilt? Ganz bestimmt nicht. Jeden Tag wurde er daran erinnert. Er sah sich in den Gesichtern anderer Leute gespiegelt. Schrecken und Mitleid, die er dort jedesmal entdeckte, schmerzten ihn immer wieder.

Die ganze Nacht über hatte er alles wiederholt, was

ihm zur *Indomitable* eingefallen war. Sein Kopf war jetzt bis zum Bersten voll, würde platzen, wenn er nicht Ruhe fand. Alle Offiziere waren während der Werftzeit an Bord geblieben, auch der unglückliche Laroche, der so tölpelhaft in das Gasthaus gestürmt war. Der erste Zusammenprall. Weitere würden folgen.

Er musterte jetzt das Schiff da draußen vor Anker. Ohne ihre ursprünglichen Toppaufbauten sah sie auf diese Entfernung aus wie jede andere Fregatte. Wie zum Beispiel die *Valkyrie,* deren oberes Kanonendeck höher lag als das von Linienschiffen der fünften und sechsten Klasse. Dadurch konnte sie mit größter Wirkung feuern.

Kritisch beobachtete er jetzt das näher kommende Boot. Die Riemen hoben und senkten sich wie Flügel. Wahrscheinlich wäre selbst Allday damit zufrieden.

Er drehte sich um, wollte sprechen, doch die kleine Kutsche war bereits verschwunden. Nur die Seekiste stand noch da. In engem Bogen näherte sich das Boot, und der Bugmann stand bereit, mit dem Haken den Ring an der Mauer zu fangen.

Nach einer ganzen Ewigkeit hastete ein junger Leutnant die Treppe empor und schwenkte seinen Hut mit große Gebärde.

»Protheroe, Sir. Zu Ihren Diensten!«

»Ja, richtig, der Vierte Offizier.« Er beobachtete die Augenbrauen des jungen Mannes, die sich vor Überraschung hoben. Hatte er sich etwa geirrt?

»Ja, richtig, natürlich, Sir!«

Tyacke drehte sich bewußt so, daß der andere die verbrannte Seite seines Gesichts entdecken mußte. Beim Umdrehen sah er dann, wie blaß Protheroe geworden war. Doch er beherrschte seine Stimme. Die Befehle waren knapp und scharf. Zwei Seeleute eilten zur Seekiste.

Als sie an ihm vorbeihasteten, vermieden sie seinen Blick mit niedergeschlagenen Augen. Sicherlich hatte Laroche ihnen Fürchterliches über ihren neuen Kommandanten erzählt.

Protheroe ließ die Männer, die die Kiste ins Boot hoben, nicht aus den Augen. Wahrscheinlich hatte er Angst, daß sie sie ins Wasser fallen lassen würden, dachte Tyacke. Also war der junge Mann noch nicht lange Offizier.

»Können wir weitermachen, Mr. Protheroe?«

Ungläubig schaute der Leutnant sich um. »Ich suche Ihren Bootssteuerer, Sir!«

Tyacke lächelte leicht.

»Ich fürchte, den suchen Sie beim ehemaligen Kommandanten einer Brigg vergebens!«

»Natürlich, Sir!« Er trat zur Seite, damit Tyacke die tangbewachsenen Stufen hinabgehen konnte.

Wieder die heimlichen Blicke der Mannschaft. Doch jeder sah schnell weg, wenn er ihn anschaute. Tyacke nahm im Heck Platz und hielt seinen Degen gegen den Schenkel gepreßt.

»Haken los. Ablegen! Riemen klar!«

Tyacke sah, wie der Streifen wirbelnden Wassers breiter wurde. *Ich breche jetzt auf. Wohin bloß, in Gottes Namen?*

»Rudert an – zugleich!«

»Wie lange sind Sie schon auf der *Indomitable?*« fragte er.

»Ein Jahr, Sir. Ich kam an Bord, als sie noch außer Dienst gestellt war – kurz vor Ende der Reparaturen.« Unter Tyackes Blicken wurde er unruhig. »Davor war ich als Midshipman Signalgast auf der *Crusader,* zweiunddreißig Kanonen.«

Tyacke sah hinter den breiten Schultern des Schlagmanns die Masten und das Rigg aufragen. Es schien, als tauchten sie vom Grund der See auf, um ihn zu grüßen. Nun konnte er auch den Unterschied erkennen. Hundertachtzig Fuß Länge über alles, etwa vierzehnhundert Tonnen – nur ihre Breite verriet, daß sie einst als Linienschiff gebaut worden war. An den Segeln hatte sich wenig geändert, dachte er. Mit achterlichem Wind würde sie flink sein wie ein Reh.

Das helle Sonnenlicht wurde von Teleskopen reflektiert. Er wußte, daß nun jeder an Bord auf seine Station hastete.

Was für ein Mensch war wohl der Erste Offizier? Hatte er sich nach Abschluß der Reparaturarbeiten das Kommando über dieses mächtige Schiff erhofft? Der letzte Kommandant der *Indomitable* war schon Monate vorher von Bord gegangen. Der Erste Offizier sollte so lange das Kommando übernehmen, bis die Lordschaften der Admiralität endlich ihren nächsten Einsatz beschlossen hatten. Doch die konnten sich ewig nicht einigen. Er packte seinen Degen fester. Sir Richard Bolitho hatte die Entscheidung herbeigeführt. Mit welchen Worten konnte er sich denken: *So soll es geschehen.*

»Gehen Sie an Backbord längsseits, Mr. Protheroe.« Seine Stimme klang scharf, obwohl ihm das nicht auffiel.

Das lange Bugspriet stach über ihnen wie eine Lanze in die Luft, und er sah die Galionsfigur unter der Bugspitze kauern. *Kauern* war der richtige Ausdruck. Ein Löwe, der bereit war zum Angriff, zwei Tatzen in der Luft. Eine schöne Arbeit dachte Tyacke, aber es war nicht die ursprüngliche Galionsfigur, da sie für das verkleinerte Schiff zu groß gewesen wäre. Nur die Augen und das Maul glänzten rot, alles andere schimmerte in teurem Gold. Vielleicht waren die Farben ein Geschenk der Schiffbauer, die an ihr gearbeitet hatten.

»Machen Sie weiter, Mr. Protheroe.« Plötzlich hatte er es eilig. Er spürte einen Knoten in seinem Magen, als die Gig auf die Großrüsten und die Reelingspforte zudrehte. Dort glänzten die roten Uniformen der Seesoldaten, *meiner Seesoldaten.*

Er dachte an Adam Bolithos Fregatte *Anemone.* Neben diesem Schiff wurde sie klein aussehen.

Seinem geübten Blick entging nichts. Schwarzgrün der Rumpf, der wie Glas über den weißmähnigen Wellen glänzte. Im neuen Rigg waren Wanten und Stagen frisch geschwärzt. Alle Segel waren sauber aufgetucht, zu diesem wichtigen Ereignis wahrscheinlich von den Maaten höchstpersönlich.

Für uns alle, schien eine Stimme zu sagen.

Er würde sich seinen eigenen Bootssteuerer suchen, einen zweiten Allday, wenn es denn einen gäbe. In Augenblicken wie diesem wäre er mehr als nützlich.

Das Beiboot hatte eingehakt mit Riemen auf, die Matrosen starrten unbewegt genau nach achtern an ihrem neuen Kommandanten vorbei.

Tyacke erhob sich, spürte die heftigen Bewegungen des Bootes und wartete auf den günstigsten Augenblick, um an Bord zu gehen.

»Danke, Mr. Protheroe. Ich bin Ihnen sehr verbunden.«

Dann packte er die Handläufe und stieg auf eine kleine Plattform, ehe die See ihn wieder nach unten zerren konnte.

Die Zeit dehnte sich wie die Minuten, als er von der *Larne* zur wartenden Kutsche geschritten war. Als sein Kopf in Deckshöhe war, ließ ihn plötzlicher Lärm fast taub werden. Die Seesoldaten präsentierten zackig ihre Musketen mit aufgepflanzten Bajonetten und ihr Offizier seinen Säbel. Die Pfiffe der Gehilfen des Bootsmanns schrillten, Trommeln wirbelten immer lauter – und dann herrschte Stille.

Tyacke zog seinen Hut und grüßte zum Achterdeck, an dessen Reling die Hängematten sauber eingerollt angeschlagen waren. Er sah Rad und Kompaßhäuschen ungeschützt. Architekten und Zimmerleute waren immer schon zufrieden, wenn gut funktionierte, was sie entwickelt und gebaut hatten. Nie dachten sie an die kämpfenden Männer, leichtes Ziel feindlicher Scharfschützen. Nur die eingerollten Hängematten boten etwas Schutz.

Ein Leutnant mit vierschrötigem Gesicht trat aus der Reihe der angetretenen blau-weiß Uniformierten, der Unteroffiziere und der Midshipmen, von denen zwei so jung erschienen, daß Tyacke sich fragte, wer ihnen wohl erlaubt hatte, überhaupt ihr Zuhause zu verlassen.

»Ich bin Scarlett, der Dienstälteste hier.« Er hielt inne und fügte dann hinzu: »Willkommen an Bord, Sir!«

Ein ernstes Gesicht. Verläßlich? Vielleicht.

»Danke, Mr. Scarlett.« Er folgte dem Ersten Offizier, vorbei an den Angetretenen, die nach Rang geordnet standen. Selbst Protheroe war es gelungen, während der kurzen Zeremonie an der Relingspforte zu seinem Platz in der Reihe zu schlüpfen.

Vier Leutnants, einschließlich des glücklosen Laroche. Ihre Blicke trafen sich, und Tyacke fragte kühl: »Wie viele Männer haben Sie pressen können, Mr. Laroche?«

»Drei, Sir!« stotterte er. Er ließ seinen Kopf hängen, als erwarte er den Sturz des Großmastes auf seinen Hinterkopf.

»Wir werden viel mehr finden. Ich wage zu behaupten, daß gestern nacht ganz Plymouth wußte, daß Sie auf Suche waren.« Er schritt weiter und ließ den Dritten Offizier verwirrt zurück.

»Dies ist Isaac York, Sir, unser Master«, sagte jetzt Scarlett.

Ein Könner mit interessantem Gesicht. Es würde den Segler sogar verraten, wenn der Mann als Priester verkleidet wäre.

»Wie lange sind Sie schon Master, Mr. York?« fragte Tyacke.

York sah jünger aus als alle Master, die er bisher getroffen hatte.

»Ein Jahr, Sir. Davor war ich vier Jahre lang auf diesem Schiff Gehilfe des Masters.«

Tyacke nickte zufrieden. Dieser Mann wußte, wie das Schiff reagieren würde – unter allen Bedingungen. Vom Gesicht her schien er dreißig Jahre alt zu sein, doch sein sauber geschnittenes Haar war bereits schiefergrau.

Sie schritten jetzt an die Reling des Achterdecks. Mochten die Midshipmen warten.

Tyacke fühlte in seiner Jacke nach seiner Ernennungsurkunde. Wie üblich und befohlen, würde er seine Kommandierung selber vorlesen.

»Lassen Sie die Männer sich hier sammeln, Mr. Scarlett.« Er hielt inne und sah, wie der Erste Offizier sofort unsicher reagierte. »Der Mann da bei dem Boot ...«

Scarlett entspannte sich nur leicht. »Das ist Troughton. Er ist hier als Koch. Ist irgendwas nicht in Ordnung mit ihm, Sir?«

»Lassen Sie ihn zu mir kommen.«

Ein Midshipman huschte davon, um ihn zu holen. Und die Blicke aller Männer folgten dem Matrosen, der in weißer Schürze mit seinem Holzbein über das Deck humpelte.

»Wenn Sie damit nicht einverstanden sein sollten, Sir ...« Scarlett schien auf alles vorbereitet.

Tyacke starrte auf den humpelnden Mann. Er hatte gespürt, daß einer ihn ganz besonders anstarrte, als er an Bord gekommen war. *Wie in Gottes Namen* ... Es war absolut still, als er auf den Koch zuging und ihm beide Hände auf die schmalen Schultern legte.

»Lieber Gott, ich dachte, Sie sind tot, Troughton.«

Der Mann musterte sein Gesicht genau und ganz besonders die Narben. Dann schaute er zu seinem Holzbein hinunter und sagte leise: »Die wollten an dem Tag uns beide erledigen, Sir. Ich bin froh, daß Sie hier auf die alte *Indom* gekommen sind. Willkommen an Bord!«

Sie schüttelten sich sehr feierlich die Hand. Sie hat also auch einen Kosenamen, dachte Tyacke. Es war wie ein Triumph. Noch einer hatte jenen schrecklichen Tag überlebt. Ein junger Seemann hatte mit einer Spake eine Kanone ausrichten wollen. Eigentlich hätte er tot sein müssen. Tyacke hatte angenommen, er wäre mit den Leichen über Bord geworfen worden. Er selber war damals fast taub gewesen und hatte nichts mehr sehen können, nur Schreie hatte er gehört, seine eigenen.

Als die Besatzung sich achtern sammelte und er seine Urkunde entrollte, sah Tyacke, wie die Männer sich zuflüsterten. Die das eben gesehen hatten wollten es denen beschreiben, die nicht dabeigewesen waren. Der Kommandant mit dem Narbengesicht und der einbeinige Koch.

Die Offiziere, die hinter ihm standen, waren fast alle zu jung, um davon zu wissen. Doch York, der Master, und der Erste Offizier wußten sehr genau, was das eben bedeutet hatte.

Und als Tyacke mit dem Verlesen begann, lehnten sich beide vor. Es schien, als gäbe der Mann mit dem geraden Rücken der Formalität neuen Sinn und neuen Inhalt.

Die Urkunde war ausgestellt auf James Tyacke, Hochwohlgeboren. Sie befahl ihn an Bord der *Indomitable* an diesem Apriltag 1811. Nicht sehr weit weg von dem Platz, an dem Drake, der Überlieferung nach, zuerst sein Spiel mit Kugeln auf dem Gras beendet hatte und die eigene Flotte und der spanische Gegner warten mußte.

Wir wünschen und erwarten, daß Sie sofort an Bord gehen und die Befehlsgewalt und das Kommando als Kapitän übernehmen. Sie werden die Offiziere der Indomitable und die Mannschaften streng leiten und führen ... Bei diesen Worten schaute Tyacke in die Menge der Gesichter unten. Die alte *Indom*. Aber der einbeinige Koch war nirgendwo zu sehen. Hatte er die Begegnung nur geträumt? Vielleicht war Troughton lediglich eine Erscheinung gewesen, die ihm die notwendige Kraft geben wollte.

Schließlich war das alles vorbei. Es hatte mit der üblichen Warnung geendet. Eher mit einer Drohung: *Von diesen Vorschriften werden weder Sie noch einer Ihrer Männer abweichen – unter Androhung von Strafe und auf eigene Gefahr.*

Er rollte die Urkunde zusammen und rief: »Gott schütze den König!«

Kein Jubeln, kein Laut war zu hören. Zu jeder anderen Gelegenheit hätte ihn solche Stille erdrückt.

Er setzte den Hut wieder auf und sah nach oben. An der Großmaststenge würde bald zum ersten Mal Sir Richard Bolithos Flagge auswehen.

»Lassen Sie die Männer wegtreten, Mr. Scarlett. Und dann möchte ich in einer Stunde gern alle Offiziere in meiner Kajüte begrüßen – bitte.«

Die Leute da unten unterhalb der Reling dachten nur an ihre eigene Zukunft und nicht an die des Schiffes. *Noch nicht.*

Und trotz der Stille fühlte er sich erhaben und erleichtert – wie sonst selten. Dies hier war nicht seine geliebte *Larne,* sondern ein neuer Anfang – für ihn und für das Schiff.

Leutnant Matthew Scarlett ging nach achtern und musterte dabei das Schiff. War alles sauber? Waren die Netze für die Hängematten leer, waren alle Leinen bis zum nächsten Morgen aufgeschossen? Die Luft, die durch offene Luken in sein Gesicht wehte, war kalt. Das Schiff ruckte für seine Größe sehr unruhig an der Ankerleine.

Er hatte gehört, wie der Master während der Hundewache einige der »jungen Herren« unterrichtete. »Wenn die Möwen nachts niedrig über die Felsen fliegen, haben wir am nächsten Tag schlechtes Wetter – egal, was neunmalkluge Matrosen Ihnen sonst sagen.« Die beiden jüngsten Midshipmen hatten sich zweifelnd angeblickt. Aber die Möwen voraus waren niedrig geflogen, gerade als sich die Nacht über das ankernde Schiff senken wollte. Isaac York irrte sich selten.

Das doppelte Steuerrad war natürlich unbesetzt. Weiter hinten stand ein Posten der Seesoldaten im Schatten. Vor ihm bewegte sich eine hängende Laterne. Die *Indomitable* war so umgebaut worden, daß sie achtern jetzt zwei große Kajüten enthielt – eine für den Kapitän und eine zweite für den Befehlshaber einer Flottille oder eines

Geschwaders. Ihm würde in jedem Fall eine der beiden zustehen. Er nickte dem aufmerksamen Posten zu und griff nach der Klinke.

Der Posten knallte den Kolben auf die Planken und brüllte: »Der Erste Offizier, Sir!«

»Treten Sie ein!«

Scarlett schloß hinter sich die Tür und sah, daß Tyackes Abendessen unberührt auf einem Tablett stand. Der Kaffee, um den er gebeten hatte, mußte mittlerweile eiskalt sein. Der Tisch quoll über von Büchern, Folianten in Leinwand und von Blättern mit eigenen Aufzeichnungen des Kommandanten.

Scarlett dachte zurück. Kurz nach dem Verlesen der Urkunde hatten sich hier alle Offiziere versammelt. War das erst heute morgen geschehen? Seitdem hatte sich Tyacke ohne Pause in die Angelegenheiten des Schiffes vertieft.

»Sie haben nichts gegessen, Sir. Soll ich Ihnen etwas kommen lassen?«

Tyacke sah ihn jetzt zum ersten Mal an. »Sie waren bei Trafalgar dabei, stimmt's?«

Scarlett nickte, verblüfft über die Direktheit.

»Ja, Sir. Ich war in der Luv-Linie von Lord Nelsons Schlachtordnung. Auf der *Spartiate,* vierundsiebzig Kanonen. Kommandant war Kapitän Sir Francis Laforey.«

»Sind Sie Nelson je begegnet?«

»Nein, Sir. Wir sahen ihn oft genug auf seinem Flaggschiff. Aber nur wenige von uns trafen ihn. Als er fiel, weinten viele von uns. Es schien, als hätten wir ihn ein ganzes Leben lang gekannt.«

»Ich verstehe.«

Scarlett sah, wie Tyacke in einem anderen Buch blätterte. »Sind *Sie* ihm je begegnet, Sir?«

Tyacke sah hoch. Seine Augen glänzten blau im Licht der schwankenden Laternen.

»Auch ich habe ihn nur aus großer Entfernung gesehen.« Er fuhr sich über das zernarbte Gesicht, sein Blick wurde plötzlich hart. »Vor Abukir.«

Scarlett wartete. Da also war es geschehen.

Abrupt sagte Tyacke: »Wie ich sehe, hat der Gehilfe des Zahlmeisters neben seinen eigenen Aufgaben auch die des Schiffsschreibers erledigt.«

»Ja, Sir. Wir sind sehr knapp mit Leuten, da dachte ich ...«

Tyacke schloß das Buch. »Zahlmeister und ihre Gehilfen braucht man immer, Mr. Scarlett. Aber es ist gelegentlich riskant, wenn man beiden in Schiffsangelegenheiten zu viele Freiheiten läßt.« Er hob das Buch zur Seite und öffnete ein anderes, in dem eine Feder als Lesezeichen steckte. »Stellen Sie dafür einen verläßlichen Midshipman ab, bis die Mannschaft vollzählig ist.«

»Ich werde den Zahlmeister fragen, ob ...«

Tyacke musterte ihn kühl. »Nein, *sagen* Sie Mr. Viney, was Sie vorhaben.« Er unterbrach sich. »Ich habe mir auch das Strafbuch angesehen.«

Scarlett nahm sich zusammen. Die Art, wie ihn der neue Kommandant behandelte, gefiel ihm immer weniger.

»Sir?«

»Dieser Fullerton. Drei Dutzend Hiebe, weil er einem Messekameraden irgendeine Kleinigkeit gestohlen hat. Ist das nicht ein bißchen zu hart?«

»Es war meine Entscheidung, Sir. Es war hart. Aber die Regeln unter Deck sind noch härter als die Kriegsartikel. Seine Messekameraden hätten ihn sonst über Bord gehen lassen.« Er erwartete eine Entgegnung, doch Tyacke lächelte plötzlich.

»Ich hätte ihn mit vier Dutzend bestraft.« Er sah sich um, und Scarlett betrachtete die zerstörte Seite seines Gesichts. *Er betrachtet mich als sein Kommandant, aber innerlich zuckt er sicher unter jedem Blick zusammen.*

Tyacke sagte: »Ich werde keine ungerechten oder brutalen Strafen dulden. Aber auf meinem Schiff wird Disziplin herrschen, und ich werde meine Offiziere immer unterstützen, es sei denn ...« Er ließ den Satz unvollendet.

Er schob etwas in Papier eingewickeltes über den Kajütboden, was sich als eine Flasche Brandy entpuppte.

»Besorgen Sie zwei Gläser!«

Er öffnete einen Schrank und entdeckte viele andere gut gestaute Flaschen. Er hatte beobachtet, wie gestern der Schrank an Bord gehievt worden war.

Vorsichtig bemerkte er: »Ein sehr guter Brandy, Sir!«

»Von einer Dame.« Wer außer Lady Catherine Somervell hätte so etwas getan? Oder auch nur daran gedacht?

Schweigend tranken sie. Das Schiff stöhnte, und der Wind eines Regenschauers ließ die Fallen knallen.

»Wir werden mittags mit der Flut auslaufen. Wir werden uns von Land freisegeln und Kurs auf Falmouth nehmen. Dort wird Sir Richard Bolitho seine Flagge auf diesem Schiff setzen. Ich habe keinen Zweifel, daß Lady Catherine Somervell ihn an Bord begleiten wird.« Er fühlte Scarletts Überraschung mehr, als daß er sie sah. »Sorgen Sie dafür, daß die Männer anständig aussehen und daß ein Bootsmannsstuhl gerigbt ist, um ihr an Bord zu helfen.«

»Was ich bisher über die Dame gehört habe, Sir ...« versuchte er sich vorzutasten. Es schien ihm, als ob Tyacke ihn gleich anpfeifen würde. Er fuhrt fort: »Also, sie wird sicher ohne Hilfe an Bord steigen.« Jetzt nickte Tyacke. Er blickte abwesend, schien einen Augenblick lang ein anderer Mann zu sein.

»Das könnte sie wirklich.« Er deutete auf die Flasche. »Etwas ganz anderes. Ab morgen trägt dieses Schiff die Weiße Kriegsflagge und den entsprechenden Wimpel im Mast.« Er nahm das Glas und starrte hinein. »Ich weiß, daß Sir Richard Bolitho jetzt Admiral mit roter Flagge ist. Soweit ich weiß, ist er auch immer unter der Roten Kriegsflagge gesegelt. Aber die Lords der Admiralität haben geruht zu entscheiden, daß wir im Falle eines Falles unter der Weißen Flagge kämpfen werden.«

Scarlett wich seinem Blick aus. »Wie vor Trafalgar, Sir!«

»Ja.«

»Was haben Sie wegen Ihres Bootssteuerers entschieden?«

»Denken Sie an eine bestimmte Person?«

»Wir haben einen Stückführer, Fairbrother. Ein guter Mann. Wenn er Ihnen nicht gefällt, finde ich jemand anders.«

»Ich möchte ihn nach dem Frühstück sehen!«

Regen prasselte gegen die großen Heckfenster. »Morgen wird es kräftig blasen, Sir!«

»Um so besser. Ich habe mir Ihre Wacheinteilung und die Mannschaftsaufteilung angesehen.« Er spürte sofort Scarletts Furcht. Entweder hatte er etwas gegen Kritik, oder ihm war in der Vergangenheit übel mitgespielt worden. »Das haben Sie gut gemacht. Nicht zu viele Anfänger in der einen und nicht zu viele erfahrene Männer in der anderen Wache. Aber wenn wir im Kanal stehen und nach Westen segeln, möchte ich alle Mann zu Segel- und Kanonenmanövern sehen. Nur gute Leute werden uns schützen – wie eh und je.« Er stand auf und ging an die Fenster, an denen jetzt Gischt herabrann.

»Wir haben acht Midshipmen. Wechseln Sie sie öfter auf ihren Posten aus. Lassen Sie sie möglichst eng mit den Gehilfen des Masters zusammenarbeiten. Es reicht nicht, wenn sie grüßen können wie ein Admiral auf Halbsold oder wenn sie in der Messe perfekte Tischmanieren zeigen. In bezug auf die Mannschaften sind sie ja schon heute Offiziere des Königs. Hoffen wir bei Gott, daß sie das auch wirklich sind. Wer ist eigentlich für die Signale verantwortlich?«

»Mr. Midshipman Blythe, Sir!« Scarlett war überrascht, wie schnell der Kommandant von einem zum anderen Thema wechselte. »Er steht kurz vor dem Leutnantsexamen, Sir!«

»Taugt er was?« Er sah, wie sein Erster Offizier bei dieser direkten Frage zusammenzuckte. Sanfter fügte er hinzu: »Sie machen nichts falsch, Mr. Scarlett. Ihre Loyalität gilt mir und dem Schiff – in dieser Reihenfolge. Und nicht den Herren Ihrer Messe.«

Scarlett lächelte: »Er erfüllt seine Pflichten gut, Sir. Manchmal scheint mir, daß er sich aufbläht, je näher das Examen rückt.«

»Sehr gut. Noch etwas. Vergessen Sie nicht, auch wenn Sir Richard Bolithos Flagge ausweht, bin ich immer noch Ihr Kommandant. Sprechen Sie mich bitte jederzeit an. Das ist besser, als alles in sich hineinzufressen und dann eines Tages zu platzen.« Er sah in Scarletts offenem ernsten Gesicht, wie seine Worte ankamen. »Sie können jetzt gehen. Ich bin sicher, daß die Messe gespannt auf Ihren Bericht wartet!« Er sagte das ohne Spott.

Dann wurde ihm klar, daß Scarlett immer noch vor ihm stand und seinen Dreispitz drehte.

»Liegt noch etwas an, Mr. Scarlett?«

»Nun, Sir ...« Scarlett zögerte. »Da wir alle auf diesem Schiff zusammengehören, im Kampf und auch sonst, darf ich da etwas fragen?«

»Wenn es vernünftig ist?«

»Sir Richard Bolitho? Was für ein Mann ist er wirklich?«

Einen Augenblick schien es, als habe er dem Kommandanten mit der Frage zuviel zugemutet. Tyackes Gefühle waren gemischt, schienen sich zu bekämpfen. Er schritt in der großen Kajüte auf und ab und berührte mit dem Kopf fast die Balken.

»Wir sprachen von Lord Nelson, einem mutigen und begeisternden Führer. Ich hätte ihn gern getroffen. Aber unter ihm zu dienen – nein, lieber nicht.«

Er spürte, wie Scarlett ihn mit Blicken verfolgte, voller Ernst wartete. »Sir Richard Bolitho auf der anderen Seite ...« Er zögerte, dachte an den Brandy und den Wein, den Lady Catherine Somervell ihm an Bord geschickt hatte. Er ärgerte sich plötzlich, daß er über ihre besondere Beziehung reden sollte. *Aber ich habe um sein Vertrauen gebeten.* Leise sagte er: »Ich will Ihnen nur dies antworten, Mr. Scarlett. Ich würde unter keinem anderen Mann dienen. Denn genau das ist er, ein ganzer Mann.« Er berührte sein Gesicht, ohne es zu bemerken. »Er gab mir meinen Stolz wieder. Und neue Hoffnung.«

»Danke, Sir.« Scarlett war an der Tür. Später war ihm klar, daß der Kapitän ihn wahrscheinlich gar nicht gehört hatte.

James Tyacke sah sich in seiner großen Kajüte um, ehe er sein Gesicht in dem Spiegel, der über seiner Seekiste hing, musterte.

Auf dem Schiff war es jetzt ruhiger geworden nach all dem Lärm und der Hast der Vorbereitung. Pfeifen trillerten zwar noch, und gelegentlich hörte er auch noch Kommandorufe, doch im großen und ganzen waren sie seeklar.

Tyacke trat ans Heckfenster und rieb mit seinem Ärmel über das beschlagene Glas.

Es war böig. Weiße Schaumkronen ritten auf den Wellen. Das nächste Land war nur ein verwaschener Streifen Grün.

Aus der Ferne klang das Klacken der Gangspill, das Klacken der Pallen. Die Männer warfen ihr ganzes Gewicht gegen die Spaken. Doch seine Kajüte hier unten war wie ein friedlicher Hafen, ein Schutzwall zwischen ihm und dem Schiff – ganz anders als auf der *Larne*. Dort konnte keiner dem anderen ausweichen.

Jeden Augenblick konnte Scarlett wieder erscheinen und melden, daß das Schiff seeklar war. Sicherlich wartete er neugierig darauf, wie der neue Kommandant seinen ersten Tag auf See meistern würde.

Tyacke war beim ersten Morgendämmern schon an Deck gewesen, hatte den Plymouth Sound betrachtet, über den viele kleine Wellen in unendlicher Folge zogen.

Er hatte Isaac York, den Master, mit zwei Gehilfen am Kompaßhäuschen vorgefunden. Die Gehilfen verschwanden lautlos, als sie ihren neuen Kommandanten schon so früh auf den Beinen sahen. Sie nahmen sicher an, er sei viel zu aufgeregt und nicht in der Lage, sich von den hastenden Matrosen unter und auf Deck fernzuhalten.

»Wie steht der Wind, Mr. York?«

York sah nach oben in den Mast. »Ziemlich stetig, Sir. Ost bei Nord. Er wird auffrischen, wenn wir frei von Land sind.«

Eine verläßliche Antwort. Dieser Berufsseemann wußte es zu würdigen, wenn sein Kommandant ihn um Rat fragte.

In einem fast freundschaftlichen Tonfall sagte er dann: »Die *Indom* segelt sehr gut, Sir. Ich kenne keine bessere. Sie läuft immer noch hoch am Wind mit nichts als ein paar Sturmsegeln. Das schaffen nicht allzu viele Fregatten.« Er blinzelte zu den kleinen affenähnlichen Figuren nach oben, die hoch über Deck arbeiteten. »Mit soviel Druck auf den Segeln kann sie sich selber verholen.« Dieser Mann war stolz auf sein Schiff und darauf, daß er ihr Master geworden war.

Tyacke sah auf seine Uhr. Gleich war es soweit. Er hörte auf das Klacken der Gangspill und konnte sich die arbeitenden Männer vorstellen, die sich alle Mühe geben mußten, um das Schiff kurzstag zu holen. Über seinem Kopf stampften Stiefel. Die Seesoldaten waren Teil der Achterdeckswache und bereiteten sich darauf vor, die Segel am Kreuzmast und den großen Besan auf Befehl zu setzen. Die Matrosen behaupteten verächtlich, die Marinesoldaten hätten diese Aufgabe bekommen, weil der Kreuzmast so einfach geriggt war, daß selbst sie die Kommandos ausführen konnten.

Jetzt liefen noch mehr Männer über Deck. Tyacke versuchte jeden Laut zu erkennen. Die Boote wurden in ihre Stells gehievt. Die Barkasse war an Land gerudert worden. An ihre Stelle war eine große grüne Barke gelascht worden, die allein dem Admiral zustand. Er dachte an die Flagge, die an diesem Morgen geheißt worden war. Die Weiße Kriegsflagge wehte im Wind aus. Nelson war vor Trafalgar der erste gewesen, der unter dieser Flagge eine Schlacht geschlagen hatte. Im Rauch und Haß einer Seeschlacht war es absolut lebensnotwendig, daß jeder einzelne Kommandant Freund und Feind schnell unterscheiden konnte. Die rote Kriegsflagge, ja selbst die blaue wäre vor Trafalgar viel zu gefährlich gewesen. Franzosen und Spanier zeigten Flaggen mit ähnlichen Farben. Schiffe konnten also leicht verwechselt und Signale nicht sofort beantwortet werden.

Er wußte, daß Scarlett kam, noch ehe der Posten seine Meldung bellte. Er verglich seinen Ersten mit den beiden Offizieren der Seesoldaten, Hauptmann Cedric du Cann und dessen Leutnant David Merrick. Sie würden beide niemals einen Befehl in Frage stellen, ganz egal was geschah. Vielleicht waren sie die Glücklicheren. Vorstellungskraft konnte riskant sein.

»Treten Sie ein!« rief er.

Scarlett hatte den Hut unter den Arm geklemmt, als er die Tür öffnete.

»Der Anker ist gleich auf und nieder, Sir!«

»Ich komme an Deck!«

Scarlett beobachtete ihn. »Der Master hat einen Kurs in Luv von Nare Head ausgelegt, Sir!«

»Ich weiß.«

Scarlett selber war nach einer langen Nacht in der Messe an Deck gestiegen. Er hatte sich so lange gegen Spekulationen und Gerüchte gewehrt, bis die anderen müde geworden waren. Nur James Viney, der Zahlmeister, hatte ihn immer wieder nach der Entscheidung des Kapitäns über seinen Gehilfen gefragt. Scarlett machte sich schließlich Gedanken darüber, ob der Zahlmeister etwas zu verbergen hatte. Man hörte ja immer wieder, daß jedes zweite Gasthaus oder Quartier in Hafenstädten von Zahlmeistern auf Kosten des Landes betrieben oder versorgt wurde.

Als er dann an Deck getreten war, brannte noch Licht

in der Kajüte des Kommandanten. Ruhte oder schlief er nie? Konnte er das vielleicht gar nicht?

Tyacke ging voraus, stieg den Niedergang empor auf das zugige Achterdeck. Mit einem langen Blick nahm er alles auf. Seeleute standen an Brassen und Fallen, die Toppgasten waren schon oben auf den Rahen und sahen vor dem Himmel wie Zwerge aus.

Drei Mann am Rad; York ging kein Risiko ein. Die Leutnants wie kleine blauweiße Inseln am Fuß jedes Mastes. Alle sahen zu ihm hin, als er jetzt auf die Achterdecksreling zuschritt.

Er hörte die Gangspill und das ferne Zirpen einer Geige. Das hatte er unten in seiner Kajüte nicht hören können.

Midshipman Blythe, verantwortlicher Signalgast mit seiner kleinen Mannschaft, beobachtete den Kapitän ernst und gespannt.

Tyacke nickte ihm zu. Er konnte sich in der Tat vorstellen, daß der junge Mann mächtig eingebildet war.

Er sah nach achtern. Da standen die beiden Offiziere der Seesoldaten mit einigen ihrer Männer. Ihre roten Röcke glänzten in der wehenden Gischt. York stand am Rad neben seinen Männern, doch er sah zu ihm hinüber und hob grüßend die Hand an den Hut.

»Alles klar, Sir!«

Tyacke sah eine gedrungene Figur in blauer Jacke mit einem Rohrstock an den Backbordkanonen vorbeigehen. Das konnte nur Sam Hockenhull sein, der Bootsmann, der seine Neuen musterte. Männer, die sicherlich krank vor Sorge waren, weil sie, ihren Lieben entrissen, nicht wußten, wohin die Reise führte und wie lange sie dauern würde. Hinter Hockenhull sah er eine erhobene

Tatze des Löwen im Bug. Und noch weiter weg die verwaschene Silhouette von Plymouth und etwas, das wie ein Kirchturm aussah.

Er ging über das Deck, fühlte die Blicke, haßte sie.

»Da sind zwei Lastkähne an Steuerbord, Mr. York.«

Der Master lächelte nicht. »Ja, Sir. Die habe ich im Auge!«

Tyacke sah ihn an. »Ich hab gehört, wenn man einen vollbeladenen Lastkahn rammt, ist es wie Stranden auf einem Riff.«

Jetzt grinste York. »Ich möchte das lieber nicht rausfinden, Sir!«

»Der Anker bricht gleich aus, Sir!«

Tyacke faltete die Arme vor der Brust. »Bringen Sie das Schiff in Fahrt, wenn ich bitten darf!«

»Klar bei Gangspill!«

Pfeifen schrillten mehr als vorher. Bei den Matrosen hießen sie die »Nachtigallen von Spithead«.

»Vorsegel los!«

Bootsmann Hockenhull stach mit dem Stock in die Luft. »Du da – schneller. Notieren Sie den Mann, Mr. Sloper.«

»Toppsegel los!« Das war Scarlett. Seine kräftige Stimme klang durch das Sprachrohr viel lauter. Er wischte sich Gischt aus den Augen.

»An die Brassen! Mr. Laroche, stellen Sie mehr Männer an die Luvbrassen, wenn sie Fahrt aufnimmt.«

Tyacke beschattete die Augen mit der Hand und sah, wie die Vorsegel schlugen und knallten, bis sie beherrscht wurden. Dann sah er nach oben in die Rahen. Die lohfarbenen Toppsegel waren überhaupt noch nicht unser Kontrolle. Der Wind fuhr in sie, als wolle er die Männer an ihnen nach unten auf Deck stürzen lassen.

Tyacke sah die Rah des mächtigen Großsegels. Es war immer noch aufgetucht. Vom Achterdeck aus sah die Rah zweimal so lang aus wie die der *Larne;* Sklavenhändler waren an ihr aufgehängt worden.

»Anker ist frei, Sir!«

Endlich frei lehnte sich die *Indomitable* unter dem Druck von Segeln und Ruder über. Die See strömte fast in die Kanonenpforten in Lee, als sie wendete. Die Leinwand donnerte, als Vor- und Hauptsegel dichtgeholt wurden. Ein paar Männer verloren Halt an Deck und schlugen hin, bis man sie wieder an die steifen Brassen gezerrt hatte, freundlich oder mit Hieben.

Tyacke sah, wie die beiden Lastkähne vorbeiglitten, als ob sie und nicht die *Indomitable* sich bewegten.

Er hörte Fallen quietschen und sah, wie an der Gaffel die neue Weiße Flagge auswehte, weiß vor einem ärgerlich grauen Himmel.

»Auf Kurs bleiben. Südwest bei Süd liegt an!«

Er stieg das schräge Deck empor. Um ihn herum liefen Männer geschäftig über die nassen Planken.

»Sie läuft prächtig, Sir. Voll und bei!«

»Wenn wir den Point passiert haben, setzen wir den Besan, Mr. Scarlett.« Er mußte brüllen, um über dem tosenden Lärm von Rigg und Leinwand und dem Knallen und Ächzen von Fallen und Wanten gehört zu werden. Jeder Zoll des stehenden und laufenden Gutes nahm den Druck und hielt ihn.

Scarlett tippte grüßend an den Hut. »Jawohl, Sir!« Er wischte sich über das Gesicht. »Da wünscht uns jemand Gutes!«

Tyacke ging nach drüben zu den Finknetzen und starrte über das unruhige Wasser. Da lag die *Larne* – jetzt vor Anker. Aber das war's nicht. Jede Rah war bemannt, und in den Wanten sammelten sich winkende und rufende Matrosen. Selbst aller Lärm der *Indomitable* konnte die Grüße von drüben nicht übertönen.

Verblüfft blickte sich Scarlett um, als Tyacke seinen Hut abnahm und langsam mit ihm hinüberwinkte.

Er sah die unverletzte Seite von Tyackes Gesicht. Und er fühlte so etwas wie Mitleid, als er erkannte, was er hier miterlebte.

Es war ein letzter Abschied.

VI Das St. Georgs-Kreuz

Bolitho legte ihr den Arm um die Schultern und sagte: »Weiter nicht, Kate! Der Pfad ist gefährlich – selbst bei so hellem Mondlicht.«

Sie standen nebeneinander auf dem steinigen Pfad, der vom Pendennis Point herüberführte, und blickten über die See. Sie glänzte hell wie schmelzendes Silber. Die Sterne schienen dagegen fern und unbedeutend.

Seit ihrer Rückkehr aus London waren sie jeden Tag ausgeritten und hatten lange Spaziergänge gemacht. Sie genossen jeden Augenblick und jede gemeinsame Stunde, ohne über die Zukunft zu sprechen.

Die Hügel waren von Glockenblumen bedeckt und leuchtendem, gelben Stechginster.

Wie lange noch? Vielleicht drei Tage. Höchstens drei Tage.

Als ob sie seine Gedanken gelesen habe, sagte sie leise: »Morgen wird deine *Indomitable* hier vor Anker gehen!«

»Ja. Ich hoffe, daß sich James Tyacke inzwischen an seine neue Aufgabe gewöhnt hat.«

Sie drehte sich leicht zu ihm und schaute ihn an. Ihr

Haar glänzte, als sie die Kämme herauszog und es über die Schultern fallen ließ.

»Werden wir uns je daran gewöhnen, Liebster?« Sie schüttelte den Kopf, ärgerlich über sich selbst. »Vergib mir. Es ist nicht leicht. Für keinen von uns. Ich werde dich immer vermissen!« Sie hielt inne, konnte kaum weitersprechen. »Es mag Abschiede geben, aber wir werden niemals getrennt sein.«

Winzige Lichter blinkten auf dem Wasser wie sinkende Sterne.

»Fischer an ihren Fangkörben!« sagte Bolitho. Er versuchte zu lächeln. »Oder Zollmöpse, die auf andere Beute warten.«

»Du erinnerst dich an das, was wir uns versprochen haben?« Sie trug eine Stola, die auf ihre Arme gerutscht war. Jetzt glänzten die nackten Schultern im hellen Mondlicht.

»Keine einzige Minute zu verlieren, Kate. Aber das war damals. Heute ist heute. Ich möchte nie wieder von dir getrennt werden. Wenn das hier vorbei ist ...«

Sie legte ihm einen Finger auf die Lippen. Sie waren kühl in der Nachtluft. »Ich bin so stolz auf dich, denn nur du bist für diese Aufgabe geeignet. Nur du hast genügend Erfahrung und Erfolg. Du wirst allen, die unter deinem Kommando stehen, Mut machen. Haben Ihre Lordschaften dir eigentlich alles gegeben, was du haben wolltest?«

Er streichelte ihre Schultern. Ihre Glätte und ihre Kraft erregten ihn wie immer.

»Nicht mehr, als sie bieten können. Neben der *Indomitable* und der *Valkyrie* habe ich noch sechs weitere Fregatten, einschließlich der *Anemone,* an der in Plymouth noch die Reparaturen durchgeführt werden müssen. Und zusätzlich drei Briggs. Keine Flotte, aber immerhin ein bewegliches Geschwader, mit dem man rechnen muß.« Gott sei Dank war die *Larne* auf ihre Sklavenschiff-Jagden zurückbeordert worden. Für Tyacke wäre es eine schlimme Qual gewesen, sie Tag für Tag in der Nähe zu haben.

Er dachte jetzt an George Avery. Er war nicht im Haus geblieben, sondern in das Gasthaus nach Fallowfield gezogen, wo Allday vor dem Anbordgehen sicher zusehends unruhiger wurde. Denn der Zeitpunkt des Abschieds war nun klar. Es würde Allday vielleicht helfen, wenn er mit jemandem über das Schiff und sein Ziel sprechen könnte. Und es würde dem Flaggleutnant auch guttun, endlich zu akzeptieren, daß seine Schwester tot war und er nichts hatte tun können, um sie zu retten.

Plötzlich sagte Catherine: »Richard, machst du dir Sorgen wegen deiner Tochter?«

Bolitho blieb mit dem Schuh an einem losen Stein hängen und spürte ihren schnellen Griff, mit dem sie ihn stützte. »Ich habe vor dir keine Geheimnisse, Kate!« Er zögerte. »In zwei Monaten wird sie neun Jahre alt. Aber ich kenne sie nicht und sie mich nicht. Ihre Mutter hat eine Puppe aus ihr gemacht. Sie ist überhaupt kein richtiges Kind.«

Davon kam er nie los, von diesem Gefühl von Schuld und Verantwortung. Kate hatte wahrlich keinen Grund, ihn darum zu beneiden.

Er antwortete, als könne er ihre Gedanken lesen: »Ich liebe nur dich!«

Kate sah ihm gerade ins Gesicht. »Ich werde nie vergessen, was du meinetwegen aufgegeben hast.« Sie nahm seinen Kopf in ihre Hände, als er protestieren wollte. »Nein, nein, Richard, hör mir genau zu. Unserer Liebe wegen ist man mit dir nach Belieben umgesprungen. Von dir verlangte England alles, statt seinen mutigsten und einfühlsamsten Offizier zu achten und zu ehren.« Sie hielt inne. »Den Mann, der vergaß, seiner Liebsten zu sagen, daß man ihn zum Admiral gemacht hat.«

»Du wirst mir wohl nie erlauben, das zu vergessen.« Er sah jetzt die dunklen Schatten auf den Hügeln. »Man wird uns sicher gleich suchen. Laß uns jetzt am besten nach Hause zurückkehren.«

Sie legte ihre Arme um seine Mitte. »Nach Hause.« Ein einziger Satz konnte so guttun.

Das strenge Gebäude wirkte vor dem makellosen Himmel nicht freundlicher. Im Häuschen daneben brannte Licht. Ferguson, Bolithos Verwalter, war sicher noch wach, arbeitete an den Büchern oder bereitete irgend etwas für den Abschied seines Freundes Allday vor.

Ein alter Hund schlief auf dem Hof. Er war gänzlich taub und taugte nicht mehr zum Wachhund. Aber er gehörte hierher wie die verkrüppelten und verletzten Männer, die jetzt auf dem Besitz arbeiteten, nachdem die See sie an Land geworfen hatte.

Es war schon seltsam, daß im großen Kamin keine Flamme flackerte. Der Sommer war doch schon sehr nahe. Catherine packte seinen Arm fester. Sie würden den Sommer nicht zusammen verbringen. Da lag der schwere Teppich vor der leeren Feuerstelle. Auf ihm hatten sich zwei junge Menschen gefunden, die annehmen mußten, daß sie alles, was sie liebten, verloren hatten. Dort hatten sie sich geliebt. Und vielleicht würde man sie deswegen immer noch verdammen.

Sie hatte Richards Unruhe gespürt, als er von Adams *Anemone* berichtete, die immer noch in Plymouth lag. Das Geheimnis war schwer zu bewahren.

Sie blickte über ihre Schulter auf die See, die hinter

dem Fenster im Mondlicht glänzte. *Der Feind.* Sie spürte, wie sie von den Männern auf den Gemälden im Treppenhaus beobachtet wurde. Sie alle hatten das Haus einmal verlassen, um nie wiederzukehren. Sie dachte an ihr eigenes Porträt, das sich Richard von ihr wünschte. Ob er wohl auch eines von seinem Bruder Hugh haben wollte? Doch ihn danach zu fragen, dazu war jetzt nicht der geeignete Zeitpunkt. Ihr Mann würde bald gegen die Amerikaner segeln. Bei dem gespannten Verhältnis zwischen beiden Ländern würde niemand nachgeben. Dafür stand zuviel auf dem Spiel.

Zusammen schritten sie an das große offene Fenster und lauschten in die Stille. Sie hörten eine Eule, und Richard meinte: »Die Mäuse sind heute nacht besser auf der Hut!«

Morgen würde das Schiff kommen. Und er wäre sofort einbezogen in das Leben an Bord, wäre aber bedrückt wegen der bevorstehenden Trennung.

Sie sagte: »Der gute Bryan hat uns Wein ans Bett gestellt.«

Er nahm sie in die Arme und fühlte, wie sie sich anspannte. »Er ahnt eben etwas!«

»Ahnt was?«

»Daß ich dich begehre, liebste Kate. Daß ich dich jetzt brauche!«

Sie ließ sich von ihm auf den Mund küssen, den Hals, die nackten Schultern. In dem geheimnisvollen Licht sah sie, wie seine Hände über ihr Gewand glitten, bis sie nicht mehr warten konnte.

Dann stand sie nackt wie eine Silberstatue vor ihm, ihre schönen Brüste hoben und senkten sich, und sie hielt ihn mit ausgestreckten Armen von sich ab.

»Zieh dich aus, Richard.« Dann lag sie im Mondlicht

und zog ihn zu sich herunter. Als er sie umarmen wollte, sagte sie: »Du weißt Liebster, daß man mich eine Hure nennt ...«

»Ich werde jeden töten, der ...«

Sie kniete neben ihm und tastete zärtlich jede Narbe auf seinem Körper ab, auch die tiefe auf seiner Stirn.

Dann küßte sie ihn, aber nicht zärtlich, sondern mit einer Wildheit, die er bei ihr selten erlebt hatte. Wieder versuchte er, sie zu umarmen, und wieder versagte sie ihm das. »Ich werde dich peinigen, Liebster. Du bist mir ganz und gar ausgeliefert in dieser Nacht.«

Bolitho fühlte ihre Hände erst zärtlich, dann fordernder. Sie küßte ihn, und ihre Zunge erkundete seinen Körper, so wie er oft den ihren geliebkost hatte.

Dann löste sie sich von ihm, und er fühlte, wie ihre Brüste über seine Haut strichen, ihn immer mehr erregten.

Und dann war sie ganz plötzlich über ihm, hielt ihn mit gespreizten Schenkeln fest und sah ihm ins Gesicht. »Ich habe dich genug geneckt. Jetzt kriegst du deine Belohnung.« Er bewegte sich, um sie zu umarmen, doch sie spielte Widerstand, ihre nackten Körper glänzten im Mondlicht. Und dann ein leiser Schrei, als er in sie eindrang.

Als der Morgen sein erstes Licht über den Himmel streichen ließe, schliefen sie noch immer eng umschlungen in dem großen Bett. Unberührt stand der Wein da. Die Eule war längst verstummt.

Später dann öffnete sie ihre Augen, sah sein Profil, das jetzt im Schlaf so jung erschien.

Wieder liefen ihre Fingerspitzen über seinen Körper. Sie wollte ihn nicht wecken, wollte aber auch nicht aufhören. Sie berührte sich selbst und lächelte in sich hinein. *Hure, Liebende, Geliebte: Ich bin alles für dich, wenn du es so willst.*

Wieder liebkoste sie ihn und wartete mit klopfendem Herzen auf seine Reaktion.

Es war, als habe sie ihre Gedanken laut gesprochen. Im nächsten Augenblick hielt er sie fest wie eine Gefangene.

»Du bist schamlos, Kate!« Dann küßte er sie leidenschaftlich und erstickte ihr Stöhnen, als er sie ohne Zögern nahm.

Unten im Hof sah Ferguson zu den offenen Fenstern hoch. Die Vorhänge blähten sich in der Morgenbrise von Land.

Auch jetzt mußte er wieder daran denken, wie ihn vor vielen Jahren das Preßkommando mitgeschleift hatte. Immer wenn er solche Kommandos durch die Straßen marschieren sah, dachte er an seine eigenen Erfahrungen zurück. Die Schlacht bei den Saintes. Dort hatte er den Arm verloren und Bolithos erster Bootssteuerer sein Leben, als er den Rücken seines Kommandanten freihielt. Danach war die kleine Mannschaft um Bolitho gewachsen. Allday, auch ein gepreßter Mann, war neuer Bootssteuerer geworden. Und der würde genau wie Bolitho bald wieder auf See sein.

Er hörte ein kurzes Lachen von Lady Catherine. Oder war das ein Weinen? Das berührte ihn sehr, mehr als je zuvor.

John Allday sah sich im Flur des Gasthauses The Old Hyperion um und sagte: »Also morgen wird die *Indomitable* hier vor Anker gehen!«

Nachdenklich beobachtete ihn Leutnant George Avery. Dies war ein anderer Allday als der, den er aus dem Qualm der Schlacht kannte, auch ein anderer als der, der Sir Richard Bolitho in seinen Armen gehalten hatte, als Splitter ihn niedergestreckt hatten. Er war auch nicht mehr der große zärtliche Mann, den er zur Hochzeit hier in Fallowfield am Helford River gesehen hatte.

Sein neues Leben bereitete ihm wohl noch immer einige Unruhe. Avery konnte das gut nachfühlen. Alles war hier so ungewöhnlich friedlich. Er hörte Unis, Alldays Frau, nebenan mit einem Pflüger sprechen. Und Schritte und das dumpfe Aufsetzen des Holzbeins verrieten, daß ihr Bruder John ein frisches Fäßchen Bier zapfbereit machte.

Ein freundlicher Ort. Er war dankbar, hier nach Ethels Tod aufgenommen worden zu sein. Er hatte besser geschlafen und gegessen als je zuvor. Und Unis war ihm mit herzlicher Freundschaft begegnet.

»Ja, das hört man von der Küstenwache!« antwortete er. Wieder sah er, daß ganz unterschiedliche Gefühle in Alldays Gesicht miteinander kämpften. Er mußte aufbrechen. Und er wollte bleiben. Es machte ihm nichts mehr aus, mit einem Offizier am gleichen Tisch zu sitzen. *Er ist einer von uns.* Das war Bolithos Einfluß, sein Vorbild. *Meine kleine Mannschaft.* Allday blies einen Fidibus aus und legte seine Pfeife auf den Tisch, versuchte sich zu erklären.

»Sehen Sie, Sir, es ist alles so ganz anders. Die Leute hier reden über ihre Bauernhöfe und über Viehverkäufe und Getreidepreise.« Er schüttelte seinen struppigen Kopf. »Ich dachte, ich könnte mich daran gewöhnen und mich an Land zurückziehen!« Er starrte auf das naturgetreue Modell der alten *Hyperion,* das er Unis geschenkt hatte. Auf der *Hyperion* war ihr erster Mann gefallen. »Aber irgendwie geht das noch nicht, Sir!«

Avery hörte, wie das Pony mit dem Karren in den Hof geführt wurde. Es war an der Zeit, nach Falmouth aufzubrechen, wo er sicher schon bald gebraucht wurde. Er erinnerte sich an Tyackes heftige Reaktion und fragte sich, wie er sich wohl diesmal verhalten würde, wenn sie sich wiedersahen.

»Und dann treffen sich hier auch noch die ehemaligen Teerjacken«, hörte er jetzt Allday, kein einziger heiler Mann unter ihnen. Aber so wie sie reden, war jeder Kommandant ein Heiliger und jeder Tag auf See die reinste Freude!« Dann grinste er: »Ich wette, daß die das damals ganz bestimmt nicht gedacht haben.«

Unis kam in den Flur. »Bitte nicht meinetwegen aufstehen, Mr. Avery!«

Doch er blieb stehen. Sie war eine prächtige kleine Frau, so unkompliziert und natürlich wie das ganze Land um sie herum. Sie hatte wahrscheinlich noch nie erlebt, daß ein Offizier vor ihr aufstand. Oder sonst jemand.

Er sagte: »Ich breche auf, Mrs. Allday.« Selbst das klang seltsam, dachte er. Er sah, wie beide schnelle Blicke wechselten, der große, schlottrige Seemann und die Frau, die er nie zu finden erwartet hatte. Die Blicke verrieten alles. Plötzliche Furcht, aber auch Mut. Sie wußten, was der Abschied bedeuten konnte.

Sie sagte: »Du begleitest Mr. Avery, John. Sag Lady Catherine Somervell meine besten Grüße.« Sie sah Avery entschlossen an. »Eine schöne Frau, das ist sie weiß Gott. Sie ist immer sehr herzlich zu mir.«

Zögernd meinte Allday: »Also, wenn du mich nicht mehr brauchst, Unis ...«

Sie kreuzte die Arme vor der Brust, so als wolle sie ihn anfauchen. »Ich weiß, daß du darauf brennst, Sir Richard zu treffen, also hau ab. Komm aber heute abend wieder.« Dann küßte sie ihn, wobei sie sich auf die Zehenspitzen stellen mußte, um seinen Mund zu erreichen. »Du bist wie ein Bär, dem der Kopf schmerzt, John Allday!«

Ganz impulsiv sagte Avery: »Ich war sehr glücklich hier.« Er sagte das so ungekünstelt, daß sie sich verlegen die Augen wischte.

»Sie sind hier immer willkommen, bis Sie selber ein richtiges Zuhause haben.«

»Oh ja. Danke, Mrs. Allday.«

Er sah ihre Hand auf seinem Ärmel und hörte sie sagen: »Sie reden ja nicht viel, und ich will meine Nase auch nicht in alles reinstecken, aber Sie haben ganz schön viele Sorgen mit sich rumgeschleppt in den letzten Jahren, das merke ich.« Dann kniff sie ihn sanft in den Arm. »Und damit meine ich nicht den Verlust Ihrer Schwester, so schlimm der auch ist.«

Er ergriff ihre Hand und küßte sie. Sie roch nach Früchten und Mehl.

Dann stand sie neben ihrem Bruder und sah Allday zu, wie er die Kisten des Leutnants auf das Wägelchen hob.

Als das Pony aus dem Schatten des Gasthauses über den Hof in das helle Licht des Apriltages trottete, sagte sie beklommen: »Oh, John, warum muß das alles bloß so sein?«

Ihr Bruder fragte sich, wen sie mit diesem John wohl meinte: ihn oder ihren Mann?

Leise fragte er: »Hast du ihm schon was gesagt?«

Sie schüttelte den Kopf. »Das wäre nicht fair. Und auch nicht richtig.« Sie legte eine Hand auf ihre Schürze. »Er hat genug, um das er sich kümmern muß, wenn es gegen die Yankees geht. Ich will nicht, daß er sich auch noch meinetwegen Sorgen macht.« Sie lächelte. »Außerdem bin ich mir ja noch nicht ganz sicher. Für ein eigenes Baby bin ich ziemlich spät dran!«

Ihr Bruder legte ihr den Arm um die Schulter. »Du bist ein tapferes Mädchen!«

Unis legte die Hand über die Augen, aber das Wägelchen war hinter der Hecke verschwunden. Mauersegler schossen wie Pfeile durch die Luft.

Und plötzlich sagte sie: »Mein Gott, John. Ich werde ihn sehr vermissen!«

Doch da sah er schon ihre Entschlossenheit und war stolz auf sie.

»Aber ich werde mich nicht gehenlassen.« Sie dachte an den Leutnant mit dem ernsten Gesicht und den dunklen Augen. Allday hatte ihr erzählt, daß Avery ihm ihre Briefe vorzulesen pflegte. Das berührte sie tief, und jetzt noch mehr, da sie ihn besser kannte. Hinter seiner Trauer gab es eine Frau, davon war sie überzeugt. Vielleicht hatte er sich beim Vorlesen der Briefe vorgestellt, sie seien an ihn selber gerichtet.

In der Gaststube rief man nach ihr. Doch John hielt sie zurück. »Träum ein bißchen«, sagte er. »Ich gehe rein.«

Sie lächelte. Es war wie Sonnenlicht, das durch eine dunkle Wolke brach. »Nein, um den kümmere ich mich. Geh du und hacke Holz.« Sie sah die leere Landstraße hinauf. »Heute nacht weht es kalt vom Fluß herauf.«

Dann straffte sie ihre Schultern und ging nach drinnen.

Der Mann, dem fast alle ihre Gedanken galten, saß hinten auf dem Wägelchen, ließ ein Bein über der schmalen Straße baumeln und beobachtete die vorüberziehende Landschaft. Er wußte, daß der Abschied schwer sein würde. Hunde trieben Schafe auf einem Feld zusammen. Er dachte zurück an die ferne Vergangenheit, als er noch selber für Schafherden verantwortlich gewesen war. Die *Phalarope* hatte ein Preßkommando bei Pendower an Land geschickt und ein paar Männer aufgebracht, die sich von allen fernhielten. *Mich eingeschlossen.* Damals wußte niemand, daß der junge Kommandant der Fregatte ein Einheimischer war, einer, der in Falmouth geboren und aufgewachsen war und dann zur See geschickt wurde wie vor ihm alle Bolithos. Inzwischen waren Jahren vergangen. Der junge Adam war jetzt selber schon der erfolgreiche Kommandant einer Fregatte. Er seufzte und dachte an seinen Sohn. Der hatte den Dienst in der Marine quittiert, um sich im Land der Verheißung, in Amerika, niederzulassen. Noch immer schmerzte ihn das. Und das würde es weiter. Denn so handelte man nicht und so verließ man niemanden, der einen als Bootsteuerer ausgewählt hatte.

Und jetzt war Sir Richard Bolitho richtiger Admiral. *Und ich bin der Bootssteuerer eines Admirals, so wie ich es ihm damals versprochen hatte.* Die Flagge am Großmast. Wie schnell die Zeit doch vergangen war, wohin waren die Jahre bloß entschwunden?

Auch Avery genoß die Landschaft. Er dachte an Unis' Bemerkung zurück. Viele Sorgen! Woher wußte sie das?

Zwei Landarbeiter, die ihnen entgegentrotteten, winkten und riefen: »Macht den Brüdern die Hölle richtig heiß!«

Avery hob grüßend den Hut, erinnerte sich an Bolithos bittere Worte, als sie in Plymouth an Bord der unglückseligen *Valkyrie* gegangen waren.

Was kümmerte es diese Leute, gegen wen sie kämpften? Holländer, Franzosen oder Spanier, ihnen war das sicher alles gleichgültig. Solange sie satt waren und nicht zur See gehen mußten oder hinter einer Trommel zu marschieren hatten, bedeutete ihnen das alles gar nichts. Er lächelte dünn. *Ich werde zynisch wie Sir Richard.* Um auf andere Gedanken zu kommen, drehte er sich zu seinem Gefährten um. »Sie haben eine wunderbare Frau, Allday. Ich beneide Sie!«

»Dann müssen wir dagegen etwas tun, nicht wahr, Sir?«

Avery lächelte. Daß es in der strikten Hierarchie und bei den ehernen Regeln der Marine solche Vertraulichkeiten geben würde, hatte er bisher nicht für möglich gehalten.

»Fällt Ihnen der Abschied schwer, Sir?« fragte Allday.

Avery dachte nach und erinnerte sich dabei an die letzte verzweifelte Umarmung seiner Schwester. *Wenn ich das alles bloß geahnt hätte.*

Er schüttelte den Kopf. »Nein. Es gibt niemanden, den ich zurücklasse!«

Allday sah ihn sich an. Die meisten Leute würden glauben, Avery besäße alles, was sich ein Mann nur wünschen konnte. Er war Adjutant des berühmtesten englischen Seemanns, konnte unter Umständen befördert werden und Prisengelder einheimsen, die anderen verwehrt wären. Doch das alles traf auf ihn nicht zu: Er besaß nichts.

Er war von dieser Entdeckung überrascht – und gleichzeitig traurig über sie. »Vielleicht sind Sie wieder so freundlich, Sir, und schreiben einen Brief für mich, wenn wir ankerauf gegangen sind?«

Ihn traf Averys klarer Blick. So sah ein Mann aus, der nach der Rettungsleine griff.

»Es wird mir eine Ehre sein!« sagte er und hätte beinahe hinzugefügt, *alter Freund.*

Lady Catherine Somervell ging gerade über den Hof mit einem Blumenstrauß im Arm, als sie ankamen. Sie beobachtete die beiden, als sie vom Wägelchen kletterten. »Sie sind's, Mr. Avery, und natürlich John Allday! Zwei so wichtige Besucher habe ich gar nicht erwartet!« Sie reichte Avery die Hand. Der nahm sie, aber nicht wie Sillitoe, dachte sie, oder wie der Prinzregent. Er küßte ihre Hand, und sie spürte sein Zögern. Irgend etwas machte ihn immer noch unsicher. Vielleicht betraf es sie und ihre Beziehung zu Bolitho. Wahrscheinlich würde sie das nie herausfinden.

Sie begrüßte Allday herzlich. »Also, John Allday, ich schwöre, Sie haben ein bißchen zugenommen. Gutes Essen und die Liebe wirken Wunder auf Leib und Seele eines Mannes.«

Zögernd meinte Allday: »Ich muß zurück, Mylady. Aber morgen ...«

»Ach ja, morgen«, sagte sie. »Wir müssen das Beste daraus machen.«

Bolitho beobachtete sie oben aus einem Fenster. Seine Kate ging zwischen zwei Uniformierten. Sie sah so gelöst aus zwischen ihnen, so als ob sie nirgendwo anders hingehörte. Er dachte an sie und die letzte Nacht zurück: diese klammernde Sehnsucht, die sie beide aneinanderband. Liebe, Leidenschaft und die stumme Angst vor der Trennung.

Ein Sonnenstrahl fiel in der leichten Landbrise durch die Blätter eines Baumes, und seine Hand fuhr vor sein Gesicht, als sei er getroffen worden. Er hielt eine Hand über das Auge, schaute noch einmal, und nach ein paar Sekunden war sein Blick wieder klar und scharf. Das lag sicher an den Tropfen, die der Arzt ihm gegeben hatte. Unter dem Fenster bewegte sich Kate zwischen den beiden wichtigsten Männern in seinem Leben. Sie war so groß wie Avery und vielleicht etwas größer als Allday.

Sie mußte seinen Blick gespürt haben. Sie sah hoch und blickte ihn forschend an, als ahne sie, was gerade geschehen war.

Sie hielt den Strauß hoch und blies ihm einen Kuß zu.

Doch er hörte nur wie aus einer Brise ihre Stimme: *Verlass mich nicht.*

Kapitän James Tyacke stand an der Achterdecksreling und beobachtete die Männer. Für jede Landratte hätte ihr Durcheinander reines Chaos bedeutet. Er legte eine sonnenbraune Hand auf die Reling und war überrascht, daß sie nicht zitterte. Eigentlich hätte er am ganzen Leib vor Aufregung beben müssen. Er war natürlich nicht unerfahren. Aber er mußte schnell herausfinden, was sein Schiff und die ihm noch fremde Mannschaft wirklich leisten konnten.

Kurz nachdem die *Indomitable* ankerauf gegangen war und den Sund gut hinter sich gelassen hatte, frischte der Wind etwas auf. Und als ihr neuer südwestlicher Kurs kanalabwärts anlag, flog Gischt über den Bug und machte sogar die oberen Rahen naß. Auf ihnen wurden verwirrte und unerfahrene Männer von einer Aufgabe zur anderen gezerrt und gescheucht.

Leutnant Scarlett hatte erklärt: »Uns fehlen dreißig Mann, Sir!«

Tyacke hatte ihn nur kurz angeschaut. »In einem Gefecht auf See können wir dreißig Mann in ein paar Minuten verlieren.«

»Ich weiß, Sir!«

Scharf hatte Tyacke darauf geantwortet: »Ich weiß,

daß Sie es wissen, aber die meisten hier an Bord ahnen das nicht mal. Schicken Sie also die Männer nach oben, und setzen Sie alle Segel!«

Als Wind und achterliche See kräftiger wurden, schien die *Indomitable* trotz ihrer Größe von Wellenkamm zu Wellenkamm zu springen wie der Löwe am Bug. Gischt und wehendes Wasser rannen wie tropischer Regen von den Segeln. Tyacke hatte den Master beobachtet, dessen schiefergraues Haar im Wind wehte. Er stand mit gekreuzten Armen da und beobachtete die Rudergänger und seine Gehilfen. Er merkte, daß der Kommandant ihn beobachtete und antwortete mit blitzenden Augen: »Das steht sie gut durch, Sir!«

Tyacke sah auch Scarlett und Daubeny, den Zweiten Offizier. Beide klammerten sich an Stagen und schauten zu ihm hinüber. »Leesegel setzen, Mr. Scarlett!« befahl er.

Wie gewaltige Ohren wurden die Leesegel schließlich von den Rahen aus gesetzt. Die Männer rutschten und klammerten sich haltsuchend fest.

Jetzt, da die Rahen ins Kreuz gebraßt standen und die Segel aufgetucht waren, zirkelten Möwen lautschreiend um das Schiff, nach Abfällen spähend. Er war überrascht, was sie geleistet hatten, jeder einzelne von ihnen auf die eine oder andere Weise. Jedes Rundholz hatte gehalten, obwohl die Großrah sich unter dem gewaltigen Druck des Windes gekrümmnt hatte wie ein Kampfbogen. Hier und da war mal Tauwerk gerissen mit einem Knall, der an Musketenschüsse denken ließ. Doch das war bei neuen Fallen oder Schoten und Brassen nichts Ungewöhnliches. Das Rigg, das bereits gedehnt war und einige Reisen hinter sich hatte, hatte all dem Druck klaglos standgehalten. Nur die flappende Leinwand hatte geknallt und gedonnert.

Tyacke ging zur Heckreling und zurück. Warum war die *Indomitable* so ganz anders als andere Schiffe? Er dachte zurück. Es war ihre Kraft, mit der sie selbst bei einem halben Sturm noch durch die Seen jagte. Der Lärm, der jeder unerfahrenen Landratte Angst und Schrecken einjagte, war überwältigend. Mit jedem Eintauchen in die nächste sonnenbeschienene Wolke von Schaum schien er noch anzusteigen. Ähnlich klang nur ein ausgewachsener Sturm, der durch dichte Wälder raste, alles einschüchterte und sich dann zu schrillem Triumphgeheul steigerte. Isaac York behauptete, er habe als Master fünfzehn Knoten geloggt. Bei solchem Wetter hätten die meisten anderen Schiffe eher Segel gekürzt. Oder bei Unterbemannung eher mit gerefften Toppsegeln beigedreht gelegen, bis der Spuk vorbei war.

Als sie sich dem Land näherten, hatte Tyacke den Ersten Offizier am Ärmel berührt. Er war sich ganz sicher, daß der Mann dabei zusammenzuckte.

»Lassen Sie bitte reffen, Mr. Scarlett.«

Er sah die Verwirrung im Gesicht des anderen, der sicher annahm, den Befehl falsch verstanden zu haben. Tyacke deutete auf die Backbordbatterie von Vierundzwanzigpfündern. »Sie entscheiden. Wenn wir kämpfen und ich falle, übernehmen Sie das Kommando. Sind Sie dazu in der Lage?«

Scarlett hatte ihn angestarrt. Viele Schiffe liefen in den Hafen oder verließen ihn, und der Abstand zwischen den beiden Kaps, Pendennis Point und St. Anthony, schien ihm sicher nicht breiter als ein Weidegatter.

Aber mit Isaac York in der Nähe hatte Scarlett nicht gezögert.

Auf Steuerbordbug mit allen Segeln, ausgenommen die Toppsegel, dazu den Klüver aufgegeit, mußte die *In-*

domitable einen gewaltigen Eindruck beim Näherkommen machen.

Jetzt, da sie sicher vor Anker lagen, fragte sich Tyacke, warum er sich darauf eingelassen hatte. Hätte Scarlett ein anderes Schiff gerammt oder die *Indomitable* auf Grund gesetzt, wäre der Kommandant zur Verantwortung gezogen worden – wie es sich ja auch gehörte.

»Wir liegen sicher vor Anker, Sir!« meldete Scarlett.

»Sehr gut, setzen Sie das Boot aus und lassen Sie den Bootssteuerer alles weitere tun.« Dann lachte er fast. »Ich bin absolut sicher, daß Allday das Boot höchstpersönlich zurückführen wird!«

Scarlett schien nicht zu verstehen. Wie alle anderen kannte er die Legenden nicht, noch nicht. Bald würde er selber ein Teil von ihnen sein. Tyacke hörte einen kurzen Schmerzensschrei. Ein Mann rannte nach vorn und hielt sich die Schulter. Dort hatte ihn der Stockhieb eines Gehilfen des Bootsmannes getroffen. Daneben stand der junge Leutnant Philip Protheroe und beobachtete das Land. Den Zwischenfall hatte er nicht zur Kenntnis genommen.

Tyacke sagte: »Erinnern Sie den jungen Mann bitte an das, was ich Ihnen sagte, als ich das Kommando übernahm. Man muß einem Offizier gehorchen. Und er muß ein Beispiel geben.« Unwillkürlich strich er sich mit der Hand über seine narbige Gesichtshälfte. »Selbst wenn man selber Unrecht erlitten hat, darf man nicht anderen, die sich nicht wehren können, wieder Unrecht antun.«

Scarlett antwortete: »Ich verstehe, Sir!«

Tyackes Antwort war knapp: »Freut mich!«

Er beobachtete, wie das neue, grün gepönte Boot eingeklinkt, angehoben, über die Seite geschwenkt und dann langsam, unter Aufsicht des Stückführers, der zu seinem Bootssteuerer ausersehen war, zu Wasser gelassen wurde. Er war ein untersetzter kantiger Mann mit eckigem Gesicht und einem Kinn, das sehr dunkel schimmerte, weil offenbar kein Rasiermesser des Bartes Herr werden konnte.

»Sie da. Ja, Sie dahinten!«

Der Mann verbeugte sich leicht und tippte grüßend an die Stirn.

»Ja, Sir!«

»Ihr Name ist Fairbrother, nicht wahr? Ein ziemlich langer Name, wenn es mal schnell gehen muß.«

Der Mann starrte ihn an. »Ich habe keinen anderen, Sir!«

»Und Ihr Vorname?« wollte Tyacke wissen.

»Nun ja, Eli, Sir!«

»Also gut, Eli. Führen Sie das Boot drüben an die Treppe und warten Sie dort, bis sie kommen – egal, wie lange es dauert.« Aus dem Augenwinkel sah er, wie ein Bootsmannsstuhl von der Großrah nach unten sank. Der war zweifelsohne für Lady Somervell bestimmt. Er spürte Neugierde um sich herum. Einige seiner Männer waren länger als ein Jahr nicht mehr in der Nähe einer Frau gewesen.

Was die wohl gedacht hätten, wenn sie eben diese Lady Catherine Somervell gesehen hätten, als sie auf die *Larne* gehievt wurde – naß bis auf die Haut in ihrem Seemannshemd? Er selber würde den Anblick nie vergessen.

Er sah sich im Hafen um. Schon jahrelang war er nicht mehr in Falmouth gewesen. Doch nichts hatte sich geändert. Auf der einen Landzunge lag drohend die Burg, auf der anderen die Festung St. Mawes. Wer als Kaperkapitän hier einen Handelssegler rausholen wollte, mußte schon tollkühn sein, dachte er.

Tyacke wandte sich wieder an den nervösen Ersten Offizier: »Lassen Sie bitte alle Boote zu Wasser, und schicken Sie den Zahlmeister an Land.« Ihm entging Scarletts plötzlich erwachtes Interesse nicht. »Soviel frisches Gemüse, wie er auftreiben kann, und ebensoviel Obst, wenn er's findet. Da die Spanier jetzt unsere Freunde sind, könnte es klappen.« Scarlett entging der Sarkasmus nicht. »Und sagen Sie Hauptmann du Cann, er soll seine Soldaten in ein Wachboot setzen. Und auf dem nahen Land einen oder zwei Posten plazieren, falls ein armer Hund meint, desertieren zu müssen.«

Er sprach ohne Emotionen. Und doch schien es Scarlett, als habe der neue Kommandant mit denen, die es versuchten, ein gewisses Mitgefühl.

»Boot nähert sich, Sir!«

Das kam vom wachhabenden Offizier, Leutnant John Daubeny.

Tyacke rief einen Midshipman zu sich, suchte vergebens, sich an seinen Namen zu erinnern. »Kommen Sie bitte mal, junger Mann.« Er nahm ein Teleskop aus dem Stell und stützte es auf der Schulter des Jungen ab. Da fiel ihm der Name wieder ein: Essex. Er war dazu abkommandiert, die Aufgaben des Zahlmeistergehilfen zu übernehmen.

Durch das Teleskop erkannte er die runden Schultern von Yovell, Sir Richard Bolithos treuem Diener. Das Boot enthielt auch Truhen und Kisten und den Weinkühler mit den schönen Ornamenten. Catherine hatte ihn Bolitho geschenkt als Ersatz für den ersten, der mit der *Hyperion* untergegangen war.

Scarlett murmelte vor sich hin: »Es wird schon seltsam sein, bald einen Admiral an Bord zu haben.«

Tyacke schob das Glas mit einem Klicken zusammen.

»Vielen Dank, Mr. Essex, Sie haben genau die richtige Höhe.«

Der Junge schien nervös, aber zufrieden. Tyacke sah, wie er seinen Blick senkte, statt ihn anzusehen.

»Auch für mich ist das seltsam«, sagte er betont.

Er sah, wie das Boot längsseits kam. Hockenhull, der kräftige Bootsmann, kletterte mit ein paar Helfern nach unten, um es entladen zu helfen.

Tyacke sah zur Spitze des Großmastes. Die Flagge eines Admirals. *Wie fühle ich mich?* Doch er spürte keine Antwort. Weder Stolz noch Unsicherheit. Das alles nahm jetzt seinen Lauf wie ein Sturm auf See oder eine erste Breitseite. Das Schicksal würde seine Würfel werfen.

»Sir! Sir! Das große Boot legt ab.«

Tyacke sah das Oberdeck entlang. Alle Aufregung war verstummt. Die *Indomitable* war jetzt ganz Kriegsschiff.

»Nicht so laut, Mr. Essex«, sagte er, »Sie scheuchen die Schafe drüben auf.«

Einige Männer in der Nähe grinsten. Tyacke drehte sich um. Wieder war ein Anfang gemacht, ein kleiner.

»Machen Sie das Oberdeck klar, Mr. Scarlett. Und lassen Sie die Fallreepswache antreten!«

Die Gehilfen des Bootsmannes und ein paar Schiffsjungen mit schlecht sitzenden weißen Handschuhen sammelten sich. Mit schweren Schritten liefen die Seesoldaten zur Fallreepspforte. Ihr Leutnant David Merrick sah aus wie ein Schauspieler in einer ungewohnten Rolle. Und schließlich sammelten sich die Offiziere und die Unteroffiziere. Hauptmann du Cann stand in seiner perfekt geschneiderten roten Uniformjacke vor einigen Seesoldaten und einer Gruppe von Trommlern und Pfeifern.

Tyacke sah einen Midshipman am Fuße des gewaltigen Großmastes, wo die Enterhaken steckten. Die Flagge lag kunstgerecht gefaltet auf seiner Schulter. Tyacke hob sein Teleskop erneut und spürte, daß der junge Essex ihm wieder helfen wollte. Doch diesmal legte er darauf keinen Wert.

Sie war dunkelgrün gekleidet. Irgendwie hatte er das erwartet. Sie trug einen breiten Strohhut, den ein ebenfalls dunkelgrünes Band mit einer Schleife unter ihrem Kinn festhielt. Neben ihr saß Bolitho. Eine Hand lag dicht neben der ihren, doch er berührte sie nicht.

Der Flaggleutnant war ebenfalls auf dem Boot, und an der Pinne sah er Alldays kräftige Gestalt. Tyackes eigener Bootssteuerer saß neben ihm.

»Klar bei Bootsmannsstuhl!«

Ein kleiner Pfeifer fuhr sich mit der Zungenspitze über die Lippen, und einer der Trommlerbuben hielt die Trommelstöcke exakt so, wie man es ihm in der Kaserne beigebracht hatte.

Schiffsjungen waren über die Seite geklettert, um der Dame in den Bootsmannsstuhl zu helfen. Viele Augen würden sie heute beobachten. Denn immer noch waren Gerüchte, Geschwätz und üble Nachreden im Umlauf nach dem Verlust der *Golden Plover*. Doch ebenso gab es ehrliche Bewunderung für ihren Mut.

Tyacke hörte das ferne Kommando: »Ruder auf!« Allday schien sehr ruhig – wie immer. Wie zwei Reihen Knochen hoben sich die tropfenden Riemen und standen unbewegt, während der Bugmann in die Großrüsten einhakte.

Ein Block quietschte, und zwei Seeleute hievten den Stuhl über die Gangway.

»Belegen!« Tyacke merkte, daß Scarlett ihn genau beobachtete und tausend Fragen hatte. Doch ihm war das jetzt egal.

Sie sah zu ihm hoch. Ihr Haar löste sich unter dem Hut. Mit einer Hand stützte sie sich auf Sir Richard Bolithos Schulter. Sie lachte, dann schlüpfte sie aus ihren Schuhen, die sie Avery gab. Sie griff nach dem Handlauf und blickte nach oben in die golden schimmernde Relingspforte. Ängstlich beobachteten Allday und Avery das Geschehen, doch sie wartete gelassen auf den richtigen Augenblick und trat auf die dicken hölzernen Stufen, die auf eine Plattform führten.

Tyacke hielt den Atem an, bis er ihren Kopf und Sir Richard Bolithos Dreispitz über der obersten Treppenstufe auftauchen sah.

»Seesoldaten, präsentiert das Gewehr!« Bajonette blitzten, Pfeifenkalk wirbelte von den gekreuzten Brustriemen auf, die Bootsmannspfeife trillerte durchdringend, betäubte fast das Gehör.

Bolitho grüßte mit erhobenem Hut zum Achterdeck. Sein Blick ruhte nur einen Augenblick auf der Weißen Kriegsflagge, die oben auswehte. Er wandte sich nach vorn. »Einen Augenblick, bitte«, sagte er.

In der Stille reichte er Lady Catherine Somervell seinen Arm, so daß Avery niederknien und ihr in die Schuhe helfen konnte. Er sah einen Teerflecken auf ihrem Fuß und einen deutlichen Riß im Strumpf.

Dann stimmten Trommeln und Pfeifen *Hearts of Oak* an. Erst dann musterte Bolitho den Großmast genauer, an dem seine Flagge bis zur Stenge aufstieg, wo sie hell im Wind auswehte.

Er fühlte, daß Lady Somervell den Tränen nahe war. Obwohl die feine Gesellschaft gegen sie beide war, hatten sie dies erreicht und waren dabei zusammengeblieben.

Er starrte auf die Flagge, bis seine Augen tränten. Oder täuschten ihn seine Gefühle?

Seine Flagge. Das St. Georgs-Kreuz.

Es gab auch Jubelrufe – doch nicht wegen der Flagge oder wegen des besonderen Ereignisses. Man jubelte ihr zu. Die Frau eines Seemanns war an Bord gekommen, um ihnen allen zu beweisen, daß sie sich um sie kümmerte, um sie alle und um ihren Mann.

Der Lärm ebbte ab, und Catherine verbeugte sich leicht vor Tyacke und sagte: »Sie sehen *sehr* gut aus, James Tyacke!« Als er sich verbeugte, um ihre Hand zu ergreifen, hob sie ihr Gesicht und küßte ihn auf die Wange. »Sie sind hier sehr willkommen.« Dann blickte sie nach unten auf die stummen, alles beobachtenden Seeleute und Seesoldaten. »Sie werden Sie nie im Stich lassen!«

Sie könnte beide gemeint haben, dachte Tyacke. Oder auch das Schiff, die *Indomitable*.

VII Unruhige See

Sir Richard Bolitho saß auf der langen lederbezogenen Bank unter den hohen Heckfenstern und beobachtete, wie sich die See hob und achtern brach. Das Schiff zitterte nicht mehr unter dem quietschenden Rollen der Kanonenräder. Er nahm an, daß Leutnant Scarlett sich entschlossen hatte, die Übung wieder mal abzubrechen und auf besseres Wetter zu warten. Die Mannschaften konnten so auch wieder Kräfte sammeln. Drill an Segeln und Kanonen: Bereits einen Tag nach Falmouth hatte Tyacke alle Mann gefordert. Tyacke hatte immer, wenn er sich auf dem Achterdeck sehen ließ, zu ihm hinübergeschaut, als wolle er seine Meinung hören. Doch Bolitho hatte sich nicht geäußert. Er hatte genug eigene Probleme, wollte sich deshalb nirgendwo anders einmischen oder Vorschläge machen.

Er spürte, wie sich das Holz in seinen Rücken drückte, als das Schiff in ein tiefes Wellental fiel. Jede Wante und jede Rah quietschte unter dem Druck. Jetzt war es später Nachmittag, bald würde die Wache wechseln. Er blickte auf den unvollendeten Brief, der vor ihm lag, und stellte sich ihr Gesicht vor – wann auch immer sie die Zeilen lesen würde. Falls sie nicht auf ein befreundetes Schiff treffen würden, das nach England segelte, würde der Brief erst in Antigua der Post übergeben werden.

Er rieb sich die Stirn und sah sie wieder vor sich. Sie hatte das Schiff mit dem Bootsmannsstuhl verlassen. Er hatte darauf bestanden. Wieder hatte es Beifallsrufe gegeben, als man ihr in das große Boot half. Und dann hatten Allday und Avery sie sicher an Land begleitet.

Nur sie kannte den Schmerz, den ihre Trennung ihm zufügte. Aber sie wußte auch, was ihr noch so kurzer Besuch an Bord für die Männer bedeutete, die in ein unbekanntes Schicksal segelten. Nach sechs Tagen lagen bereits tausend Seemeilen zwischen Falmouth und dem Schiff. Heute nacht würden sie die Azoren passieren und den vierzigsten Breitengrad überqueren, immer noch mit Kurs Südsüdwest.

Wieder sah er auf die dunkelblaue See mit ihren anrollenden gelben Kämmen. *Indomitable* hielt sich gut und nahm jedes Hindernis mit einer Art von Hochmut, den er bisher kaum gekannt hatte. Von den neuen Männern an Bord, die von der Marine und ihrer erbarmungslosen Gleichgültigkeit nichts wußten, waren viele entweder seekrank geworden oder bewußtlos, wenn das stampfende und rollende Deck sie als unachtsame Neulinge gegen Kanonen oder Relingstützen geschleudert hatte.

Aber sie würden lernen, sich zu bewegen, weil sie keine andere Wahl hatten. Bolitho war aufgefallen, daß Tyacke bei jedem Drill an Deck war, auch wenn ein schneller Kurswechsel die Toppleute nach oben schickte. Die neuen, die Landratten, und die Seesoldaten blieben unten an den Brassen, um im heulenden Wind die Rahen zu trimmen.

Er hatte Scarlett gehört, der nach einem besonders anstrengenden Exerzieren die Backbord-Batterie gelobt hatte: »Diesmal war es besser, Sir!«

»Aber noch nicht gut genug, Mr. Scarlett!« hatte Tyacke geantwortet. »Für Klar-Schiff-zum-Gefecht brauchen wir immer noch zwölf Minuten. Ich will es aber in acht haben.«

Sechs Tage. Alles war so ganz anders als damals, als er darauf gebrannt hatte, auf den Gegner zu treffen, jeden Gegner, den Ihre Lordschaften bestimmt hatten.

Plötzlich dachte er daran zurück, wie die *Indomitable* die Landzunge gerundet und im Kanal die offene See gewonnen hatte. Catherine hatte ihm ihre Absichten nicht verraten, aber er wußte, daß sie das Schiff beobachten würde. Er nahm ein Teleskop aus dem Stell und hielt es sehr ruhig, während die *Indomitable* in dem ablandigen Wind gewaltig krängte.

An der Landzunge brachen die Klippen steil ab und endeten in Felsen und winzigen Stränden. Das alles war jetzt von der Flut bedeckt. Oben stand sie, ihr offenes Haar wehte im Wind. Sie hielt Tamara am Zügel und beobachtete durch ein kleines Glas das Schiff, das sich langsam bewegte. Sie würde also auch beobachtet haben, wie die *Indomitable* Fahrt aufgenommen hatte. Die Segel wurden ausgeschüttelt und dann dichtgeholt, bis sie standen wie stählerne Brustpanzer. Sie hatte ganz sicher alles genau aufgenommen, auch die Gischt, die unter dem knurrenden Löwen aufwehte, während die *Indomitable* ihren Mann davontrug – in unerreichbare Ferne.

Dann schob sich Land dazwischen, und Bolitho gab das Teleskop einem wartenden Midshipman zurück.

Er hatte die Verwunderung des jungen Mannes bemerkt und sagte leise: »Merken Sie sich das gut, Mr. Arlington. Dies ist auch eine Seite des Krieges.«

Der Midshipman hatte nichts verstanden. Aber natürlich würde er in der Messe lange darüber reden. Schließlich hatte der Admiral ihn ins Vertrauen gezogen.

Ozzard klopfte und trat leise ein. »Kann ich den Tisch zu sieben Glasen decken, Sir?«

»Danke, ja.« Er würde heute abend mit Tyacke und Avery speisen, das erste Mal auf dieser Reise.

Er schaute sich in der Kajüte um. Die Möbel kannte er, die Anrichte und den Tisch aus Mahagoni, die immer wieder mal in ihren Halterungen ruckten, wenn das Ruder eine besonders heftige Bewegung ausführte. Der schöne Weinkühler von Kate. Und hinten in der kleinen Schlafkammer konnte er die beiden Kommoden entdecken und den Spiegel. Catherine hatte darauf bestanden, sie für ihn zu kaufen.

Ozzard nahm seine übliche, leicht gebeugte Haltung ein, verbarg die Hände einem Maulwurf ähnlich in der Schürze. Er war keineswegs entspannt, aber an solchen Tagen war das nichts Ungewöhnliches. Genau wie Allday hatte er auch Ozzard immer mal wieder angeboten, frei in Falmouth zurückzubleiben. Doch Ozzard hatte stets abgelehnt, war offensichtlich fest entschlossen, ihm treu zu dienen, solange er gebraucht wurde. Dabei liebte er die See überhaupt nicht. Er hatte schreckliche Furcht, wann immer das Schiff ins Gefecht segelte. Es schien, als diene er nicht aus Pflichtbewußtsein oder Loyalität, sondern um für irgend etwas zu büßen.

Der Posten meldete brüllend: »Der Kommandant, Sir!«

Tyacke trat ein. Sein schlanker Körper hing in schrägem Winkel zum extrem geneigten Deck.

»Ich hoffe, ich störe Sie nicht, Sir!«

Bolitho winkte ihn zu einem Stuhl. »Natürlich nicht. Stimmt irgendwas nicht?«

Tyacke sah sich in der Kajüte um, als sehe er sie zum ersten Mal. »Ich bin mir nicht ganz sicher, Sir!«

Bolitho ließ ihm Zeit, seine Gedanken klar zu formulieren. »Sie waren die meiste Zeit an Deck, James. Möchten Sie ein Glas mit mir trinken?«

Tyacke wollte erst ablehnen, besann sich dann aber eines Besseren und nickte. Vielleicht hatte ihn die Benutzung seines Vornamens überrascht.

»Am Mittag, als unsere jungen Herren die Sonne schossen, riß einer von ihnen, Craigie, ein paar Witze. Der Master schickte ihn dann nach oben, um ihm Manieren beizubringen.«

Er nahm Ozzard ein Glas Cognac ab, wobei Bolitho ihn beobachtete. Einen Midshipman in den Mast zu schicken, war durchaus üblich, wenn man seinen Übermut dämpfen wollte. Er selber hatte das auch tun müssen. Ihm war es schwerer als den meisten anderen gefallen, denn er hatte Höhenangst. So wie die *Indomitable* nach Steuerbord überlehnte, würde jeder da oben seine Lektion schnell begreifen. Aber so etwas veranlaßte doch keinen Kommandanten, nach achtern zu gehen, um mit seinem Admiral darüber zu sprechen.

Tyacke sah ihn wieder an und lächelte flüchtig. »Ich weiß, Sir. Das haben wir ja alle machen müssen.« Das

Lächeln verschwand. »Mr. Craig ist nicht gerade der hellste von allen, aber er kann sehr gut sehen.« Entweder bemerkte er Bolithos Reaktion nicht oder übersah sie einfach. »Nordöstlich von uns, Sir, steht ein Segel. Als er dem Offizier der Wache Meldung machte, schickte man ihm ein Glas nach oben. Es bestätigte sich: Nordöstlich von uns ist ein Schiff.« Er hob den Cognac. »Und es ist noch immer da. Das muß alles nichts bedeuten, doch Sie sollten es wissen!«

Bolitho rieb sich das Kinn. »Auf demselben Bug wie wir?«

»Nie anders, Sir!«

»Was denken Sie, James?«

Tyacke schien überrascht, weil seine Meinung gefragt war. »Wer immer dort steht, hält uns mit unserem Rigg für ein Linienschiff.« Er strich über die Armlehne. »Der würde zu Tode erschrecken, wenn diese Dame auf ihn zuhalten sollte.«

Stolz lagt in Tyackes Stimme. So hatte er immer von seiner *Larne* gesprochen.

»Könnten wir Ihrer Meinung nach das Schiff einholen?«

Bolitho beobachtete Tyackes Gesichtsausdruck. Er schien zu kalkulieren und nach Schlußfolgerungen zu suchen.

»Ich brauche weitere drei Tage, Sir. Wenn sich das Wetter hält, werden wir auf den Nordost-Passat treffen. Dann könnten wir wenden und hätten genügend Geschwindigkeit, sie aufzubringen.« Er unterbrach, zögerte etwas. »Ich weiß, sie ist schneller als jede Brigg, Sir, aber ich habe es mit der *Larne* immer geschafft, wenn so ein Sklavenfänger unsere Absichten erkunden wollte.«

Bolitho fiel auf, daß Tyacke erst jetzt zum ersten Mal

sein letztes Schiff erwähnt hatte. »Was halten Sie von den Männern, James? Wird aus ihnen eine Mannschaft?«

Statt zu antworten, erhob sich Tyacke. »Erlauben Sie, Sir?« Er öffnete das große Skylight. Der plötzliche Wind fuhr in sein Haar. »Sie gehen's jetzt etwas leichter an. Ich habe sie, seit ich das Kommando in Plymouth angetreten habe, hart rangenommen. Vielleicht hassen sie mich, fürchten mich – ich weiß nicht. Es ist mir aber auch egal. Gute Leute und Abschaum arbeiten Hand in Hand, Muttersöhnchen und Galgenvögel.« Er klang etwas weicher, als er sagte: »Hören Sie ihnen mal zu, Sir!«

Bolitho trat neben ihn unter das Skylight und starrte auf das pralle Kreuzmarssegel hoch über ihnen.

Sie sangen. Freiwachen und Männer, die gerade nichts zu tun hatten, ruhten nach einem anstrengenden Tag an Deck aus. Es war ein Lied von Dibdin, eines, das Shantymen manchmal anstimmten, um den Anker kurzstag zu holen, ehe man ankerauf ging.

Wir leben auf bewegter See
In Luv und Lee, in Luv und Lee!
Das Schiff jagt immer klar voraus.
Wir weichen jedem Felsen aus,
Wir weichen jedem Felsen aus.

Ihm war, als sei Catherine hier, wie damals, als sie Allday bewegen konnte zu singen, um allen wieder Mut zu machen, als das Ende nahe schien.

Tyacke beobachtete ihn immer noch mit unbewegtem Blick aus blauen Augen. Er sagte nur: »Ihre Dame hat es damals verstanden, Sir.« Er schloß das Skylight und überließ die vollen Stimmen wieder dem Wind und der See. »Die lassen Sie nicht im Stich!«

Bolitho berührte das Medaillon, das er seit der Trennung unter dem Hemd trug.

Ich werde es dir wieder abnehmen, wenn du als mein Geliebter zu mir zurückkehrst.

»Einverstanden, James!« sagte er entschlossen. »Wenn wir auf einen durchstehenden Passat treffen, werden wir den Fuchs aufbringen und herauskriegen, was er vorhat.«

Tyacke nahm seinen Hut. »Ich bin zum Essen wieder da, Sir. Und vielen Dank!«

»Wofür?«

Tyacke hob die Schultern. »Nur so – danke, Sir.« Dann war er verschwunden.

Ozzard trat ein und wunderte sich, daß Bolitho sich am Skylight zu schaffen machte und es öffnete.

Sie werden sie nicht im Stich lassen.

»Und ich euch auch nicht!« Aber das Singen hatte aufgehört.

Kapitän Adam Bolitho ging durch die Werft, trug den Hut in der steifen Brise vom Sund her tief in die Stirn gedrückt. Durch das Gewimmel von Seeleuten und Dockarbeitern konnte er drüben an der Wand die *Larne* entdecken, die dort lag, um überholt zu werden. Dahinter lag glitzernd die See. Wie in Millionen Spiegeln brach sich das Sonnenlicht des Nachmittags auf ihr.

Von hier hatte die *Indomitable* die Anker gelichtet und war nach Falmouth gelaufen. Gar zu gern wäre er an Bord gegangen, um Tyacke Glück zu wünschen. Aber Konventionen ließen so etwas nicht zu. Obwohl Tyacke älter war als er, hatte er einen viel jüngeren Rang.

Ihm war auch klar, daß Tyacke seinen Besuch leicht mißverstehen konnte. Vielleicht hätte er sich von oben herab behandelt gefühlt. Da war es schon besser, ihn seine Sache alleine machen zu lassen, ohne daß ihm jemand kritisch zuschaute oder wohlgemeinte Ratschläge gab. Adam bewunderte Tyacke sehr. Nur bei seinem Onkel hatte er noch mehr Charakterstärke und noch größeren Mut gefunden.

Er lächelte fast. Sicher seinetwegen hatte Bolitho dem Hafenadmiral ein paar deutliche Hinweise gegeben. Die *Anemone* war fürchterlich unterbemannt. Nach dem Gefecht mit den Kaperern hatten Tod und Verstümmelung ihren Tribut gefordert. Doch wenn sie diesmal Plymouth verließ, würde ihre Besatzung fast wieder vollständig sein. Bolitho mußte also mehr Männer verlangt haben. Möglicherweise Abschaum. Viele standen sicherlich schon halb unter dem Galgen oder vor der Verbannung, doch mit harter Disziplin und gerechter Behandlung würde man auch aus ihnen etwas machen können. Die sturen Köpfe, die überhaupt nicht reagieren wollten, würde Adam selber ausbilden. Aus ihnen wurden oft die besten Seeleute, vor allem aus denen, die bisher im Leben nur Armut und Unterdrückung gekannt hatten.

Er hob entschlossen das Kinn. Wenn sie auf seine Ausbildung und sein Vorbild nicht ansprachen, würde er sie auf andere Weise zu formen wissen.

Er dachte an seine drei Offiziere. Alle drei hatten schon Gefechte hinter sich, doch nur einer hatte auf einer Fregatte gedient. Für Adam war die Marine deutlich geteilt. Es gab Fregatten – und den Rest.

Die Unteroffiziere waren hervorragende und sehr erfahrene Seeleute. Wieder schien ihm, als sei sein Onkel an ihrer Auswahl beteiligt gewesen. Im Gegensatz zu seinen früheren Mannschaften kannte er keinen von ihnen. Vielleicht war es besser so. Er dachte an die Freunde zurück, die im letzten Gefecht gefallen waren, und an den Midshipman, der so schnell hätte befördert werden können. Der Junge war in seinen Armen gestorben, er hatte ihn angesehen, bis der Blick starr und unbeweglich geworden war.

Ja, es war schon besser, wenn man sich nicht zu sehr anfreundete. Wie oft hatte er seinen Onkel trauern sehen, wenn wieder mal einer von denen, die er seine glückliche Mannschaft nannte, gefallen war.

Catherine war jetzt allein, wartend und fragend. Sie wagte sicher nicht zu hoffen, daß die Mission schnell beendet sein und Richard bald wieder unverletzt nach Hause zurückkehren würde.

Für ihn bestand kein Zweifel, daß es zum Krieg kommen würde. Er hatte den amerikanischen Kapitän Nathan Beer nicht vergessen, der jetzt als Commodore ein eigenes Geschwader führte. Ein beeindruckender Mann, ein gefährlicher Gegner.

Jetzt sah er das Haus des Hafenadmirals mit der schönen vergoldeten Wetterfahne. Er würde ihm nur einen kurzen Höflichkeitsbesuch abstatten, obwohl es bekanntermaßen schwierig war, sich vom Admiral zu verabschieden. Seine Gastfreundschaft gegenüber jungen Kommandanten, die in die Werft einliefen, war überwältigend.

Eine Kutsche rollte gerade vor das Haus, zwei andere warteten in der Nähe.

Adam runzelte die Stirn und dachte über eine Entschuldigung nach, die ihm erlauben würde, schnell wieder zu gehen.

Die Kutsche rollte aus, und die Pferde stampften noch einige Male auf. Ein Seesoldat eilte herbei, um die Kutschentür zu öffnen und die Stufe herunterzuklappen. Es fiel etwas auf die Erde. Adam bückte sich und hob es auf.

»Entschuldigen Sie, Madam. Sie haben dies verloren!«

Er starrte an ihr vorbei auf den streng blickenden Soldaten, der ihn wie einen gefährlichen Angreifer musterte.

Zenoria sah ihm gerade in die Augen, nur das sichtbare Pochen ihrer Halsschlagader verriet ihre Rührung hinter der äußerlichen Beherrschtheit.

»Sie, Kapitän Bolitho! Welche Überraschung!«

Adam erwartete Zurückweisung, fürchtete, sie würde ihn stehenlassen. Er bot seine Hand, aber sie stützte sich auf den Arm des Seesoldaten. »Wußten Sie, daß ich hier bin?«

»Nein. Ich schwöre es«, sagte er.

Sie runzelte die Stirn, als ob sie ihn warnen wollte. »Hier ist Mr. Petrie aus London.« Sie wandte sich zu einem Mann mit scharfem Profil um. »Darf ich vorstellen? Kapitän Adam Bolitho von Seiner Britannischen Majestät Schiff *Anemone.*«

Der Mann versuchte zu lächeln, was ihm deutlich schwerfiel.

Zenoria fügte hinzu: »Mr. Petrie ist Anwalt, Kapitän Bolitho, und hat den Auftrag, für uns hier in Plymouth ein passendes Haus zu kaufen.«

Ihre Haltung und ihr Selbstvertrauen beeindruckten und überraschten ihn, aber als sie sich umdrehte, entdeckte er Schmerz in ihrem Blick. *Das Mädchen mit den Mondschein-Augen.* So hatte Bolitho sie genannt. Nur mit Mühe konnte er seine eigenen Gefühle unterdrücken.

Ein bedrückt dreinschauender Leutnant eilte die Treppen herab. »Ich sehe, Sie haben sich schon selber bekanntgemacht ...« Er schüttelte den Kopf. »Ich bin heute überhaupt nicht gut in Form, Madam. Ich sollte wirklich wissen, daß Ihr Gatte ein guter Freund von Sir Richard Bolitho ist.« Er wandte sich an Adam. »Ich wollte Ihnen gerade eine Nachricht schicken, Kapitän. Der Admiral würde sich freuen, mit Ihnen zu Abend zu essen. Aber Sie sehen – dazu kam ich gar nicht.«

»Ich verstehe durchaus. Ich war ja selber mal Flaggleutnant.«

Erleichtert ging der Leutnant vor ihnen die Treppe empor, zögerte aber, als er sah, daß Adam nicht folgte.

Adam sagte: »Ich weiß nicht recht. Ich möchte Ihren Admiral natürlich nicht vor den Kopf stoßen, nach allem, was er für mein Schiff getan hat ...« Wieder sah er zu Zenoria hin. Keine Verachtung, keine Ablehnung. Aber da war etwas in ihrem Blick. »Ich möchte nicht stören.«

Sie antwortete sehr schnell: »Mich stören Sie überhaupt nicht. kommen Sie, Kapitän Bolitho. Ich hoffe übrigens Lady Catherine zu treffen, wenn ich in Cornwall bin.« Sie machte eine winzige Pause. »Wenn ich wieder in Cornwall bin.«

Dann standen sie in dem großen Empfangssaal mit gewaltigen Ölbildern von Seeschlachten und Erinnerungsstücken in Glaskästen. Es war ein großes Haus, in dem schon viele Admiräle gewohnt hatten und das für niemanden Heimat geworden war. Der Hafenadmiral, ein kleiner, energischer Mann mit altmodischem Zopf, verbeugte sich grüßend. Es gab noch andere Marineoffiziere unter den Gästen und einen einsamen Seesoldaten im roten Rock. Und natürlich Damen mit Gesichtern, die stumm, doch deutlich sichtbar über ihre Männer klagten, die ständig im Dienst waren.

Der Admiral nahm Zenorias Arm, und Adam hörte, wie er sagte: »Ich höre, sie wollen Boscawen House kaufen, meine Liebe. Ein sehr schönes Haus mit atemberaubendem Ausblick. Man jagt dort übrigens auch sehr gut.«

»Konteradmiral Keens Vater schlug vor, daß Mr. Petrie

sich der Angelegenheit annimmt.« Sie schaute den ernst blickenden Anwalt an. »Er versteht davon mehr als ich.«

Sie sah sich um, bis sie in dem großen Raum Adam entdeckte, und ihr Blick schien zu sagen: *Hilf mir!*

Plötzlich war ihm alles klar. In Hampshire hatte bisher niemand auch nur andeutungsweise nach ihrer Meinung gefragt.

Der Admiral sagte so laut, daß es jeder im Raum verstand: »Ich werde meine Flagge im nächsten Jahr einholen. Ich erwarte ein ruhigeres Kommando in der Admiralität.« Er lachte kurz und bellend. »Ich könnte mir vorstellen, daß Boscawen House die passende Residenz für meinen Nachfolger ist.«

Die anderen lachten und erhoben ihre Gläser.

Adam sah, wie sie sich nervös umschaute, und stellte sich vor, wie es wäre, wenn Valentine Keen wieder nach Hause käme. Sein Vater hatte aus seiner Überzeugung keinen Hehl gemacht: Keen sollte die Gefahren der See zugunsten von Macht und Einfluß im Londoner Wirtschaftsleben aufgeben. Er würde auch seinem Enkel dringend abraten, Keen auf Schiffe und Meer zu folgen.

Adam war überrascht, daß er von der Ernennung nichts gehört hatte. Er musterte ihre schlanke Figur. Wie ein kleines Mädchen unter all diesen Leuten, die kein anderes Leben kannten oder wollten. Hier war sie verloren. Komplett verloren.

Angenommen, jemand wüßte oder vermutete die Wahrheit? Er trat neben den Admiral. Seine Vorsicht war verflogen wie die Kraft aus einem zerfetzten Segel.

»Verzeihen Sie, Sir, aber darf ich Konteradmiral Keens Gattin Ihren schönen Garten zeigen?«

»Solange Sie sich anständig benehmen, junger Mann. Ich kenne meine jungen Fregattenkommandanten!« Sein bellendes Lachen folgte ihnen durch die offenen Glastüren, die auf eine geräumige Terrasse mit großen Pflanzenkübeln führten.

Sobald er sprechen konnte, sagte Adam: »Es tut mir so leid, Zenoria – aber ich wußte nicht, daß du hier bist.« Als sie schwieg, fuhr er drängender fort: »Ich segle in drei Tagen. Du hast von mir nichts zu befürchten. Ich habe dir Unrecht getan ... Doch ich werde nichts vergessen. Ich wäre dir nie zu nahe getreten, wenn ...«

Ihre Augen waren tränenfeucht. Er wagte nicht, in ihnen Mitgefühl für sich zu suchen. »Wenn ...?« Sie sprach das eine Wort sehr sanft aus.

»Ich hatte kein Recht!«

Sie legte ihre Hand auf seinen Arm. »Wir sollten ein paar Schritte gehen, aber in Sichtweite des Hauses. Ich weiß von Lady Catherine Somervell, wie grausam die sind, die nur Neid kennen.«

Sie gingen langsam an der Wand entlang. Ihr Rocksaum streifte das salzharte Gras, sein Degen schlug gegen seinen Schenkel.

Da fragte sie plötzlich: »Kannst du dir vorstellen, daß ich unter all diesen oberflächlichen Leuten leben werde?« Sie sah zu ihm auf. »Wirklich, Adam, kannst du das?«

Er legte seine Hand auf die ihre, während sie langsam weitergingen. »Du wirst sie bezaubern, so wie du mich bezaubert hast.« Er wartete auf ihren Einwand, ihre Ablehnung wie damals in Hampshire, als sie sich das letzte Mal getroffen hatten.

Aber sie sagte nur: »Wenn Val zurückkommt, wird er mit Recht erwarten, daß ich stolz auf das bin, was er erreicht hat. Und ich möchte seine Erwartungen auch erfüllen. Ich bin stolz auf ihn, und ich werde nie vergessen, was er für mich getan hat.«

Er drückte ihre Hand, als er antwortete: »Und wie sieht's mit dir aus, kleine Meermaid? Schuldet man dir nichts? Verehren dich nicht auch andere?«

Sie sah zu ihm auf: »Ich weiß, du verehrst mich. Natürlich weiß ich das. Ich erinnere ...«

»Was erinnerst du?«

Sie wurde unsicher, wollte sich von ihm lösen, doch besann sich eines anderen.

»Ich erinnere mich, dich in Tränen angetroffen zu haben. Du trauertest um Sir Richard Bolitho. Und dann ...«

»Habe ich dich geliebt, Zenoria. Ich werde dich immer lieben. Es wird nie eine andere geben!«

Sie starrte ihn ängstlich an. »Bitte nicht! So etwas darfst du nicht sagen!«

Sie blieben am Ende der Mauer stehen und blickten sich einen Augenblick lang unbewegt an. Ein alter Gärtner ging mit einem Rechen an ihnen vorbei. Sie sahen und hörten ihn nicht.

Leise sagte Adam: »Ich bin nicht stolz auf mich, Zenoria. Aber wenn ich dich deinem Mann wegnehmen könnte, den ich sehr mag und sehr bewundere, dann würde ich es tun.« Er sah ihre Rührung, doch er lockerte seinen Griff nicht. «Ich würde keinen Augenblick zögern.«

»Bitte, da kommt jemand!«

Der Flaggleutnant näherte sich. »Der Admiral bittet Sie, jetzt zu einem kleinen Imbiß zu kommen. Danach wird es einen musikalischen Vortrag geben.« Er musterte sie beide – doch ohne jeden Argwohn.

Adam bot ihr seinen Arm, und langsam wanderten sie zum Haus zurück.

»Soll ich gehen, Zenoria?«

Sie schüttelte entschlossen den Kopf.

»Nein. Rede mit mir über dein Schiff, über was du willst, verstehst du? Aber zeige mir nie wieder dein Herz!«

»Ich habe immer noch deinen Handschuh!« sagte er. Er mußte irgend etwas sagen, um ihre Nähe aushalten zu können.

»Heb ihn für mich auf.« Ihre Stimme klang heiser. »Denk manchmal an mich, bitte!«

»Immer. Ich liebe dich, Zenoria.« Schweigend betraten sie das Haus.

Der Admiral hob eine Braue. »Der Himmel strafe Sie, Kapitän Bolitho. Ich denke, Sie haben sie verzaubert.«

Sie verbeugte sich, um die Röte ihrer Wangen zu verbergen.

»Das können nur kleine Meermaiden, Sir!«

Ihre Augen trafen sich. Nichts würde je wieder so sein wie früher.

VIII Träume

Die Gestalten, die auf dem Achterdeck als Gruppe um das doppelte Steuerrad herum standen, waren nur als Schatten erkennbar.

John Allday stand wartend an den Finknetzen und sah sich den heller werdenden Himmel an. Die Dämmerung würde bald beginnen. Die paar Sterne über den Topprahen wurden langsam blasser. Bei Tageslicht würden sie wissen, ob Kommandant und Master den Kurs richtig bestimmt hatten.

Alle Mann standen seit den frühen Stunden auf ihren Posten. Man schaute sich in der Dunkelheit um, versuchte sich zu erinnern, wer wo war. Man suchte nach Freunden oder wollte wissen, wo die Gehilfen des Bootsmanns sich aufhielten. Denn sie benutzten ihre Stöcke bei jedem, der Befehle allzu zögerlich befolgte.

James Tyacke schritt von einer Seite des Achterdecks zur anderen. Angenommen, der Morgen würde sie auf dem großen Meer allein vorfinden. Das würde für den Kommandanten kein guter Start sein, dachte Allday.

Er fühlte Wind im Nacken und zitterte. Der Wind hatte gedreht, genau wie York vorhergesagt hatte. Das Schiff lief so hoch wie möglich am Wind. Oben knallte gelegentlich die Leinwand, verlor dann den Wind, worauf der aufmerksame Rudergänger dann leicht abfiel und sie so wieder unter Kontrolle brachte.

Allday hatte jemanden leise mit Fairbrother sprechen hören; es war der Stückführer, der der Bootssteuerer des Kommandanten war. Er trat in den dunkleren Schatten bei den Netzen, weil er keine Lust hatte, sich mit dem Mann zu unterhalten. Vielleicht würde er nach einiger Zeit seinen Posten richtig ausfüllen. Doch im Augenblick war der Mann so überwältigt von seiner unerwarteten Beförderung, daß er über nichts anderes reden konnte.

Wieder sah Allday hoch. Er konnte Wanten und Webleinen erkennen und ganz oben weißes Flattern wie von einem Seevogel, der sich im Rigg gefangen hatte. Es war natürlich die Flagge des Admirals, die an der Großmaststenge auswehte.

Er hing seinen Gedanken nach. Schmerzen und Gefahren – nun schon so viele Jahre. Freunde und Feinde waren verschwunden, verweht wie Rauch im Wind. Bolitho zu dienen war alles, was er je gewollt, je gebraucht hatte. Sie hatten in all den Jahren einige Hiebe einstecken müssen – und Allday hatte mit Bolitho alle Höhen und

Tiefen geteilt. *Meine Eiche* nannte ihn Bolitho. Darauf war Allday sehr stolz. Er gehörte dazu, und dieses Gefühl teilten nur wenige Seeleute mit ihm.

Jetzt waren sie also wieder einmal auf See. Er rieb sich die Brust, dort, wo die spanische Klinge ihn fast getötet hätte. *Der Schmerz blieb.* Sir Richard mit seinem verletzten Auge brauchte ihn heute mehr denn je.

Er seufzte. Jetzt gab es auch Unis. Seit die *Indomitable* Falmouth verlassen hatte, mußte er an sie denken. Schon nach ganz kurzer Zeit war Unis ihm unendlich lieb und wichtig geworden, fest an sein Herz gewachsen. Früher hätte er jeden ausgelacht, der ihm von solch einer Verbindung erzählt hätte. Jetzt nicht mehr. Selbst Ozzard, der sonst bei jeder Frau schnell etwas zu bemäkeln fand, schwieg.

Der Abschied war ihm schwergefallen. Ferguson war mit dem Wägelchen nach Fallowfield gekommen, um ihn abzuholen. Sie fanden, es wäre besser, sich hier zu verabschieden als in Falmouth. Er wollte nicht, daß sie wie andere Frauen an der Pier stand, die stundenlang, manchmal tagelang das Kriegsschiff beobachteten, um ja noch einen Blick auf den geliebten Mann werfen zu können.

Er hielt sie sanft in seinen Armen. Sie preßte ihr Gesicht in das Tuch seiner Uniformjacke.

»Ich werde nicht zusammenbrechen, John. Fester, halt mich fester – dann küß mich – und dann geh!« Sie sah auf zu ihm, als wolle sie sich jeden Zug seines Gesichts einprägen. »Ich liebe dich, John Allday. Du hast meinem Leben Frieden und Sinn gegeben.«

Bedrückt antwortete Allday: »Was habe ich schon zu bieten, Mädchen! Ich werde wiederkommen, darauf kannst du dich verlassen.«

»Ich würde es dir auch übelnehmen, wenn du wegbliebst!« Dann hatte er Tränen auf ihren Wangen entdeckt, und sie hatte ihn weggeschickt, wütend über sich selbst. »Nun zieh schon los!« Dann hielt sie inne, als sei sie sich nicht ganz sicher, was sie wollte.
»Ist was, Mädchen?«
Sie sagte nur: »Ich habe was in dein Gepäck getan. Ich möchte nicht, daß du nur von den Lebensmitteln an Bord lebst!«
Dann stellte sie sich auf die Zehenspitzen, küßte ihn fest auf den Mund und sagte. »Ich werde für dich beten, John.« Und ihre Augen waren voller Tränen.
Er saß neben Ferguson, als das Wägelchen rollte. Nur einmal hatte er sich umgedreht. Unis hatte auf den Weg gestarrt, während das Wirtshausschild The Old Hyperion über ihrem Kopf im Wind hin- und herschwang.
Er hatte gefühlt, daß sie ihm etwas mitteilen wollte. Wenn Leutnant Avery ihm ihren nächsten Brief vorlas, war er vermutlich klüger.
Ferguson sagte nur: »Du bist ein Glückskerl, John!«
Er hörte den neu ernannten Bootssteuerer prahlen: »Und nicht nur das, Leute. Der Kapitän ruft mich mit Vornamen!«
Wieder seufzte Allday. *Glückskerl? Nur in Unis Nähe!* Er starrte in das dunkle Wasser unter sich. Auf einmal fühlte er sich in dieser Welt nicht mehr so zu Hause wie früher.
Bolitho trug seinen alten Wachmantel ohne die stolzen Schulterstücke und war ohne Hut nach oben gekommen.
Er entdeckte Allday an der Seitenreling und fragte: »Wie geht es heute, alter Freund?«
Allday sah zu Tyackes Bootssteuerer hinüber. *Er ruft*

mich mit Vornamen. Das kann er in der Pfeife rauchen. »Erwartungsgemäß gut, Sir Richard!«

Bolitho fand Tyacke zusammen mit dem Ersten Offizier an der Decksreling. Alldaykonnte nichts vor ihm verbergen. Dafür waren sie schon zu lange zusammen. Natürlich vermißte Allday seine Unis, seine erste richtige Liebe. *Und ich vermisse dich, Kate!*

»Wir werden es gleich wissen, Sir!« sagte Tyacke. Er sprach jetzt mit dem Ersten Offizier. »Prüfen Sie jeden Mast, Mr. Scarlett. Wenn wir wenden, müssen sich die Offiziere auf jeden einzelnen ihrer Leute verlassen können, selbst wenn es länger dauert. Ich möchte das Schiff nicht in Fesseln sehen, aber auch niemanden über Bord verlieren.«

Scarlett hatte das alles schon erledigt, aber er war klug genug, darüber nicht zu reden oder lange Erklärungen zu geben. Als er auf der Leeseite nach vorne schritt, sah er nach oben. Die Flagge und der Wimpel in der Mastspitze waren schon viel heller. Er dachte an Tyacke und den Admiral. Zwei ganz verschiedene Männer – und sich doch sehr ähnlich. Er sah Avery mit einem Teleskop unter dem Arm. In der Messe hatten einige versucht, ihn anzuzapfen. Was für ein Mensch war der Admiral wirklich? Er hatte Averys seltsam dunkle Augen wie die eines Tigers blitzen sehen. Er hatte jede Frage wie ein geübter Duellant abgewehrt.

Gesichter wurden jetzt erkennbar. Und dann fiel der erste blasse Sonnenschein auf die oberen Rahen und verriet manchem, daß der Wind in der Tat gedreht hatte.

Tyacke legte seine Hände wie einen Trichter an den Mund.

»Klar zum Wenden!«

Leute rannten an Brassen und Schoten. Jeder Offizier

und Midshipman musterte dabei seine Männer. Die beiden Gestalten auf dem Achterdeck waren vor dem hellen Himmel nicht zu übersehen.

»Ruder nach Lee!«

Bolitho fühlte, wie die Achterdecksreling unter seinem Griff zitterte. Die Männer hatten die Vorsegelschoten losgeworfen. Die Segel flatterten jetzt, doch das Schiff wendete weiter.

»Schoten und Halsen los!« Scarletts Stimme dröhnte aus dem Sprachrohr, gerade als der schattige Bug langsam in den Wind drehte.

»Großsegel dicht! Pullt, Männer. Los, alle Kraft ran!«

Hockenhull, der untersetzte Bootsmann, klang grimmig, aber er grinste, als das Schiff durch den Wind ging und mit Wind und Ruder kämpfte.

»Großsegel dicht!«

Bolitho sah die Männer an den Brassen die großen Rahen überholen. Das Tuch schlug wie wild. Und unter brüllendem Lärm füllten sich die Segel wieder, und das Schiff fiel auf den anderen Bug. Die Segel standen prall und fest. Leinen wurden fachmännisch belegt, während die Neuen an Bord den Erfahrenen aus dem Weg sprangen. Bolitho sah mit der Hand über den Augen wieder nach oben. Ein großes Schiff, eine wenig geübte Mannschaft, und dennoch hatte Tyacke sie gut auf den anderen Bug und den neuen Kurs gebracht.

»Neuer Kurs liegt an, Sir. West bei Nord, Sir. Voll und bei!« klang der Ruf des Rudergängers.

Auch er schien erregt. Als Bolitho zu Master York blickte, grinste der wie ein Midshipman vor einer warmen Apfelpastete.

»An Deck!«

Der Ausguck im Großmast! Er sah alles früher als jeder andere an Bord. Bolitho bemerkte, wie Tyackes braune Hand sich an die Reling klammerte. *Hatte der Mann etwas entdeckt?*

»Segel klar an Lee voraus, Sir!«

Tyacke wandte sich an den Midshipman, der für die Signale verantwortlich war. »Nach oben, Mr. Blythe, und nehmen Sie ein Glas mit!«

»Das war sehr gut, Kapitän Tyacke!«» lobte Bolitho. Sie sahen beide, wie am Bug die Gischt aufsprang. Leise antwortete Tyacke: »Mr. York hatte recht in bezug auf dieses Schiff!«

»An Deck!«

Tyacke lächelte. »Schon oben? Der muß hochgeflogen sein!«

Blythe rief nach unten: »Eine Bark, Sir. Alle Segel backgesetzt!«

Verächtlich rief Tyacke: »Der will wohl kneifen!« Und dann drehte er sich um. »Mr. Scarlett, lassen Sie die Bramsegel setzen. Die Fock ebenfalls und den Besan auch.« Als der Erste Offizier einen Moment zu zögern schien, fuhr Tyacke ihn scharf an: »Schnell, Mr. Scarlett. Ich will den Lumpen jetzt nicht verlieren!«

Bolitho sah Ärger in Scarletts Augen, doch in diesem Augenblick hatte niemand Zeit, über den verletzten Stolz eines Mannes nachzudenken.

Tyacke beugte sich zu einem anderen Midshipman vor, zu Craigie, der das fremde Schiff als erster entdeckt hatte.

»Suchen Sie den Waffenmeister. Er soll sich vorbereiten.« Er griff in seine Manteltasche, und Bolitho sah eine Goldmünze glänzen. »Das haben Sie gut gemacht. Sehr gut sogar!«

Der Midshipman sah das Gold in seiner kleinen Hand. »Danke, Sir!« stotterte er.

Tyackes Stimme verfolgte ihn bis zum Niedergang. »Und wenn Sie das nächste Mal Unsinn im Dienst machen, sorgen Sie dafür, daß es sich wieder so lohnt!«

Einige Männer, die Schoten und Tampen aufklarten, grinsten.

Bolitho lächelte. Wenn die Bark nichts zu bedeuten hatte, wäre das alles egal. Doch sie hatten etwas erreicht, und zwar als ganze Mannschaft.

Richard Bolitho öffnete die Augen und starrte an die Decke. Er nahm sofort alle Geräusche wahr, sah die Laterne an der Decke schwingen und wußte sofort, wie die *Indomitable* segelte.

Ohne Laterne wäre die Kajüte vollständig dunkel gewesen. Das gelegentliche Grummeln des Ruderkopfs war der vorherrschende Laut. Es gab also kaum Wind. Zwei- oder dreimal war er nachts aufgewacht. Sein Seemannsinstinkt sorgte dafür. Und wie immer hatte er sich unwohl gefühlt, weil er nicht oben an Deck stand bei der Wache, als das Schiff wieder einmal auf den anderen Bug ging. Er hatte diesen Wunsch nie unterdrücken können und fragte sich, ob andere Flaggoffiziere sich auch nach dem viel greifbareren Kommando eines Kommandanten sehnten.

Mit seinen Händen hinter dem Kopf starrte er in die Dunkelheit. Er wagte kaum sich vorzustellen, daß die *Indomitable* morgen schon Antigua erreichen würde – oder, falls der Wind schwächer würde, allerspätestens übermorgen. Er spürte, daß die kleine Insel Barbuda weniger als fünfzig Meilen nordwestlich von ihnen lag. Sie gehörte zu der Kette der Inseln unter dem Winde.

Tyacke konnte mit seiner schnellen Reise sehr zufrieden sein, drei Wochen von Falmouth in England nach

Falmouth und English Harbour auf Antigua. Es hatte keine besonderen Vorfälle gegeben nach der anfänglichen Aufregung über *Blythes Barke,* wie man sie schließlich nannte. Man hatte sie letztendlich gestoppt und geentert und dabei entdeckt, daß sie zwar unter amerikanischer Flagge segelte, aber an die britische Regierung verchartert worden war. Sie hatte nichts Aufregendes geladen, nur eine gemischte Fracht von Porzellanerde und Baumaterialien für Port Royal auf Jamaica.

Scarlett war wutschnaubend mit seinem Enterkommando an Bord zurückgekehrt. Wegen des Chartervertrags hatte er die Mannschaft nicht nach britischen Deserteuren durchsuchen oder gar das Schiff näher in Augenschein nehmen können. Später hatten sie weitere, unterschiedlich große Schiffe, die unter anderen Flaggen segelten, gesichtet und gestoppt. Aber abgesehen von ein paar Deserteuren hatten sie wenig Nützliches gefunden. Es schien, als habe sich der ganze riesige Ozean in eine Wüste verwandelt, in der ihnen alle Schiffe weit aus dem Wege gingen.

So hatte es also nur regelmäßiges Exerzieren an Kanonen und Segeln gegeben. Und wie üblich gab es mangels weiterer sinnvoller Aktivitäten Zornesausbrüche und Schlägereien im Unterdeck, vor allem zwischen den erfahrenen Männern und den Neulingen, die immer wieder gern provoziert wurden.

Das Strafbuch mußte bemüht werden, und mehrere Auspeitschungen wurden befohlen. Bolitho hatte selber auf Schiffen gedient, auf denen Auspeitschungen so häufig vorkamen, daß sie nichts Besonderes mehr waren. Ein falsches Wort wurde oft schon als Insubordination verstanden. Oder aber ein Kommandant hielt nichts von diesen Methoden seiner Untergebenen, die zwar zum

Ziel führten, aber nicht auf die Weise, die er sich vorgestellt hatte. Bolitho wußte, daß Tyacke etwas gegen diese Bestrafungen hatte. Auf dem Schoner *Miranda* und der Brigg *Larne* hatte er eine kleine, eng zusammenarbeitende Mannschaft kommandiert. Hier auf der großen *Indomitable* machte ihn das Ritual der Bestrafung krank.

Dabei hatte er weder seine Zielstrebigkeit noch seinen Stolz verloren. Die Offiziere und Midshipmen spürten immer wieder seine scharfe Zunge. Beim Entern eines Schoners hatte Avery den Ersten Offizier begleitet, und nachher hatte Scarlett dem Flaggleutnant gegenüber offene Feindseligkeit gezeigt. Avery hatte sich danach geweigert, den Vorfall zu diskutieren, doch Tyacke hatte auch so heraus gefunden, was vorgefallen war.

An Bord des Schoners hatte Scarlett eingeräumt, daß es fast unmöglich sei, Deserteure unter der Mannschaft zu entdecken oder andere Männer, die gegen das Gesetz verstießen, das sie an die Marine band. Die Kommandanten der Schiffe brauchten ja nur falsche Papiere zu zeigen oder falsche Aussagen zu machen.

Avery hatte den Auftrag, nur als Beobachter mitzugehen und sich keinesfalls in das Tun des Ersten Offiziers einzumischen. Doch er hatte auf Scarletts Bemerkung geantwortet, daß man den Männern nur die Hemden auszuziehen brauchte, um das herauszufinden. Der Rücken eines Seemanns, selbst wenn er nur ein einziges Mal ausgepeitscht worden war, zeigte die Peitschennarben bis ins Grab. Auch bestimmte Tätowierungen mit seemännischen Motiven würden einen Blauwassermaaten als einen Matrosen identifizieren, der desertiert war.

Scarlett hatte scharf gekontert: »Ich bitte Sie dringend, Ihre Meinung für sich zu behalten, Sir!«

Avery hatte ebenso kühl reagiert. Tyacke berichtete

Bolitho später, was Avery gesagt haben sollte, etwas, das Bolitho sich gut vorstellen konnte. »Ach, fahren Sie doch zur Hölle!«

Harte Arbeit, unmögliche Winde und die sengende Hitze hatten allen zugesetzt. Männer, die an Blockaden im Kanal und auf der Nordsee gewöhnt waren, haßten es, immer wieder gedrillt zu werden. Und die neuen Leute machten Fehler, die ihnen Verachtung und Spott einbrachten.

Er schloß die Augen, doch er konnte nicht schlafen. Bald würde es dämmern, Land würde in Sicht sein, jedenfalls von oben vom Mast aus, und viele an Bord, die England noch nie verlassen hatten, würden neugierig und aufgeregt sein.

Er dachte an den Traum, der ihn verfolgte, seit *Blythes Barke* geentert worden war. Er wußte nicht, wie oft der Traum seitdem wiedergekommen war. Immer derselbe, und er wußte ganz genau, daß eben dieser Traum ihn vor wenigen Minuten aufgeweckt hatte. Sein Herz schlug deutlich, was selten genug vorkam, es sei denn, die Träume waren Alpträume. Wie der, in dem man Catherine von ihm wegzerrte, nackt und mit wehendem Haar und voller Angst. In solchen Träumen rief er ihren Namen und wachte dann erschrocken auf.

Dieser Traum war ganz anders. Es war immer dasselbe Bild: die engen Wasser der Carrick Roads vor Falmouth. Der schmuddelige Hügel von Pendennis Castle lag an Steuerbord des Schiffs, das eine Admiralsflagge führte – seine eigene. Daran gab es keinen Zweifel. Um ihn herum lag das Geschwader bereit, ankerauf zu gehen oder die Anker kurzstags zu holen, um Falmouth bald zu verlassen, so wie er es oft genug getan hatte.

Ohne es zu wissen, stieg er aus seiner Koje, seine

nackten Füße spürten das kühle, geneigte Deck. Was er erkannte, ließ ihn plötzlich frieren, obwohl er wußte, daß seine Kajüte so heiß und feucht wie immer war.

Die Schiffe seines Geschwaders waren alle seine eigenen. *Undine, Sparrow* und *Phalarope, Black Prince* und *Hyperion.* Selbst der Toppsegelkutter *Avenger,* auf dem er unter seinem Bruder Hugh gedient hatte, lag dort.

Diese Vorstellung zerrte an seinen Nerven. Er wußte, daß der Traum wiederkehren würde. Was bedeutete er? Was hatte all die vertrauten Schiffe nach Falmouth gebracht? Wollten sie hier eine Reise beginnen? Und auf welchem war er selber?

Er spürte in der *Indomitable* ein Zittern an Rigg und Blöcken. Das Schiff erwachte. Die Brise frischte auf. Er hörte nackte Füße auf dem Deck über sich, kurze Befehle, die die Wachen an Brassen und Schoten schickten, um die Rahen neu zu trimmen und den Wind besser zu nutzen.

Er sah sie vor sich: Gestalten im Dunkel, die Rudergänger, die Hände auf den Spaken, den Blick nach oben gerichtet, um schlagende Segel zu entdecken, oder den Blick auf die Bändsel in der Nähe, um die Windrichtung zu erkennen.

Vielleicht waren die Träume in Antigua vorbei, wenn er endlich wußte, was ihn erwartete. *Die ganze Verantwortung.* Er hatte zuviel Zeit zum Brüten und Nachdenken über Alternativen gehabt, für die man ihn in der fernen Admiralität loben oder verdammen würde.

Er fragte sich sogar, ob Avery inzwischen bedauerte, den Posten angetreten zu haben, und ob Tyacke nur aus Mitleid das Kommando übernommen hatte.

Er fühlte, wie das Deck sich hob und durch ein Wellental glitt. Sie bewegte sich wieder. Er trat in die große

Kajüte und tastete sich bis zu den großen Fenstern achtern durch. Es gelang ihm, ein kleines Fenster hochzuklappen. Es würde bald vor trocknender salziger Gischt starren. Kein Mond, doch genügend Sterne, die das Heckwasser glänzen ließen.

Was würde er in English Harbour empfinden, wo Catherine und er sich wiedergefunden hatten?

Er kehrte mit seinen Gedanken zu der Bark zurück. Sie hieß *La Perla* und war in Boston registriert. Er wollte nicht weiter daran denken. *Der Feind.* Ihr Kapitän hatte geleugnet, ihnen absichtlich gefolgt zu sein. Seiner Meinung nach hatte er das Recht, sich aufzuhalten, wo immer es ihm gefiel. Doch ganz offensichtlich hatten ihn die Geschwindigkeit und die Wendigkeit der *Indomitable* beeindruckt. Und genau wie andere Kapitäne auch hatte er sie für ein Linienschiff gehalten, das sie ja bis vor kurzem auch gewesen war.

Er berührte das dicke Glas. Welche Geschichten könnte es erzählen? Wie viele Füße waren über das Deck gelaufen, welche Träume waren hier wahr geworden, welche Enttäuschungen hatte man hier erlitten?

Er hörte Flüstern, dann öffnete sich eine Tür. Und noch ehe er den Kaffee riechen konnte, wußte er, daß Ozzard eingetreten war.

»Ich dachte mir, daß Sie schon wach sind, Sir Richard!« Die schmächtige Figur schien auf ihn zuzugleiten, als wieder einmal Ruder gelegt wurde. »Der Kaffee wird Ihnen guttun.«

Ozzard ahnte alles. Vielleicht konnte er selber oft schlecht schlafen.

Der Kaffee war wirklich exquisit. Er sah Catherine wieder vor sich, wie sie sehr sorgfältig in einem Laden den Kaffee aussuchte, den er mit an Bord nehmen sollte.

Sie zeigte dabei die gleiche Sorgfalt und Liebe wie in allem, das sie für ihn tat.

Er fand seine Uhr in der Uniformjacke und hielt sie gegen die abgeblendete Laterne. *So viele Erinnerungen, liebste Kate.*

Ungefähr vier Zeitstunden lagen zwischen ihnen. In Falmouth würden an diesem Frühlingsmorgen die Vögel singen und die Bienen summen. Und es würde salzig nach See und Tang riechen. Vielleicht war sie schon unterwegs, um Nancy und ihren Mann, den »König von Cornwall«, zu besuchen. Oder vielleicht zog sie sich nach einem Morgenritt gerade vor dem großen ovalen Spiegel um.

Er stellte die leere Kaffeetasse aufs Deck, wo sie nicht verrutschen oder fallen konnte, und kroch zurück in seine Koje.

Er schloß die Augen und fühlte zum erstenmal seit Beginn der Reise auf der *Indomitable* Frieden. Auch das Phantomgeschwader kam nicht zurück.

Die kleine Kutsche klapperte über eine gerade gepflegte Landstraße durch Hampshire, frische grüne und gelbe Felder wie die Flicken einer Patchwork-Decke zu beiden Seiten. Es war noch nicht spät am Tag. Aber als Zenoria das Fenster der Kutsche öffnete, hörte sie schon das Abendlied der Drosseln und das gelegentliche Krächzen von Krähen.

In einer halben Stunde würden sie den Landsitz der Keens erreicht haben. Und sie sah – wie immer – schon vor sich, wie die Schwestern ihres Mannes sie begrüßen würden. Dreimal war sie bisher wegen des eigenen neuen Hauses in Plymouth gewesen – jedesmal in Begleitung des Anwalts. Er döste jetzt auf dem Sitz neben ihr. Auch er fand die langen Reisen und die Verhandlungen mit den Maklern in Plymouth mehr als anstrengend.

Sie blickte auf die vorbeihuschenden Felder und die dunklen Baumgruppen am Rand des New Forest. In ein oder zwei Tagen würde sie mit Petrie nach London reisen. Vals Vater hielt es für einen Mann in der Position seines Sohnes für angebracht, auch ein Stadthaus zu besitzen. Dennoch war er der Ansicht, daß Frauen sich um Geschäfte und Besitz besser nicht kümmern sollten. Wahrscheinlich glaubte er sogar, daß sie überhaupt nicht wußte, was von ihr verlangt wurde. Er hatte eine baldige Beförderung Vals angedeutet und die Möglichkeit der Verleihung eines Adelstitels. Und wenn er dann endlich die Marine hinter sich gelassen hätte, wäre ein entsprechend großer Besitz in der City genau das richtige.

Als sie in dem riesigen Boscawen House in Plymouth von Zimmer zu Zimmer schritt, konnte sie sich das alles noch nicht recht vorstellen. Im Haus und in dem großen Garten würden Diener und Arbeiter jeden ihrer Schritte verfolgen, hinter ihrem Rücken reden und sie vielleicht sogar auslachen, wenn sie die bessere Gesellschaft unterhalten mußte. Nur einmal hatte sie die Geduld verloren, als Petrie ihr erklärt hatte, sie müsse das große leere Haus wirklich nicht immer wieder besuchen und sich schon gar nicht durch all die Papier arbeiten. »Ich möchte Sie daran erinnern, Mr. Petrie, daß dies auch mein Haus ist. Ich gehöre zur Familie!« hatte sie ihn angeblitzt.

Er hatte sie freundlich angesehen und gesagt: »Das wird etwas ganz Neues und sehr Ungewohntes für Sie sein, Mrs. Keen. Es wird viele geben, die Sie beneiden werden. Um mit Verlaub zu sagen, so sind Sie eine sehr glückliche junge Frau, mit einem englischen Helden verheiratet, der alles tun wird, um Ihr Leben so angenehm wie möglich zu machen.«

Das bedrückte sie plötzlich. »Ich weiß, Mr. Petrie. Er ist ein guter Mann, und ich verdanke ihm viel!«

Falls Petrie verstand, was sie meinte, so hatte er es jedenfalls nicht zu erkennen gegeben.

Wenn sie doch bloß Zeit gefunden hätte, Catherine in Falmouth zu besuchen. Ihre Nähe hätte ihr sicher sehr geholfen.

Der Tag der Reise nach London war der 6. Juni. Es war, als ginge Adam hier neben ihr. Sie hatte ihn an diesem Tag geküßt, und er hatte ihr einen Strauß wilder Rosen gepflückt, die neben dem Pfad wuchsen. Wo war Adam jetzt? War er zu seinem Onkel gestoßen, oder hatte man ihn zu Vals Geschwader kommandiert? Der Gedanke ließ sie erröten. Zwei Männer, die sie liebten, und doch nicht darüber reden konnten.

Sie erinnerte sich an seine fragenden Blicke während des Soupers beim Admiral in Plymouth. War das schon zwei Monate her?

Seine Hand auf ihrem Arm, sein Blick fest, doch zärtlich – das würde sie nie vergessen. *Ich liebe dich, Zenoria.*

Die Kutsche fuhr jetzt auf dem letzten Hügel vor den Ländereien der Keens etwas langsamer. Sie hörte ein metallisches Klicken. Der mitreisende Beschützer machte seine Pistolen bereit. Das Land war angenehm und friedlich, ganz anders als die felsige Küste Cornwalls, doch auch hier lauerten Gefahren. Deserteure, die sich hier draußen verbargen und stahlen, was sie konnten, Wegelagerer, Straßenräuber. Auf dieser Straße reiste man besser nicht unvorbereitet.

Petrie schüttelte sich und rückte die Brille zurecht: »Ah, ich sehe, wir sind bald zu Hause!«

Sie hatte nicht bemerkt, daß er wach geworden war. »Eine anstrengende Woche für uns beide.«

Er nickte zustimmend: »Es ist sehr freundlich von Mr. Keens Familie, mich in ihrem Haus aufzunehmen. Das spart viel Zeit und natürlich auch Geld.«

»Ja.« *Mir hat man's auch erlaubt.*

Sie blickte aus dem Fenster, damit er ihr Gesicht nicht sehen konnte. Die Blumen und die Hecken dufteten. Aber es war nicht Cornwall.

Sie versuchte, den letzten Besuch Adams in diesem Haus zu vergessen. Wie sie sich gegen ihn gewehrt und ihm Vorwürfe über das Vorgefallene gemacht hatte. Und dann, als sie ihre raschen Worte bereute, war sie zur Tür geeilt, um ihn zurückzurufen. Aber die Straße, diese Straße, war schon leer gewesen. Vielleicht würde sie in London etwas finden, das sie ihm schenken könnte. Nein, besser nicht. So etwas wäre grausam, eine Versuchung, die sie nicht zulassen konnte.

Die großen Eisentore standen offen, und die Pferde liefen schneller. Ein Pferdeknecht eilte herbei. Das Haus der Keens war ein großartiges Gebäude, das sie immer wieder überwältigte.

Petrie streckte seine Beine aus und sagte: »Da ist noch ein Besucher.« Er bemerkte nicht ihre plötzliche Furcht, dachte schon an das Abendessen, das man für ihn vorbereitet hatte.

Mit leiser Stimme sagte sie: »Das ist kein Besucher!«

Dann sah er sie an und bemerkte, daß sie ihre Hand gegen die Kehle gepreßt hielt.

Sie sagte: »Ich kenne die Kutsche. Es ist der Arzt!«

Sie wartete, bis die Pferde in einem Bogen vor die große Freitreppe fuhren und hielten.

Die Doppeltür öffnete sich, als habe man sie schon

lange erwartet. Obwohl der Sommerabend noch hell war, brannten überall Kerzen. Zenoria sah Vals Schwester und ihren Mann in der großen Halle stehen wie Schauspieler, die auf ihr Stichwort zum Auftritt warten.

Auf einmal lief sie, verlor einen Schuh, der sich an einer Stufe verfangen hatte, und ließ ihn achtlos zurück.

Dann sah sie den Arzt, einen großen, grauhaarigen Mann mit einer vorgeschobenen Unterlippe. Er hielt sie auf, als sie an ihm vorbeilaufen wollte. Sein Griff war wie Eisen.

»Seien Sie tapfer, Mrs. Keen. Ich habe getan, was ich konnte. Wir alle haben für Ihren Sohn getan, was wir konnten!«

Sie hörte einen Schrei, ihren eigenen: *Perran! Perran!*

Sie riß sich los und lief an das offene Fenster, starrte nach draußen auf den kurzgeschnittenen Rasen und die ordentlichen Blumenbeete, wo ihr kleiner Sohn mit dem Kindermädchen oder mit Vals Schwester zu spielen pflegte.

Tränenblind sah sie kaum die langen Schatten, die schon über den Rasen fielen.

»Lieber Gott, Perran!«

Doch nur ein paar erschreckte Krähen antworteten krächzend.

Sie hörte jemanden rufen: »Schnell, haltet sie!«

Dann war alles dunkel.

IX Das Zeichen Satans

Lady Catherine Somervell ließ sich gern zu einem der Rohrstühle begleiten, die an einem Tisch im Schatten einer der großen Eichen auf Lewis Roxbys Anwesen standen. Sie war froh, daß sie daran gedacht hatte, ein Paar Schuhe mitzubringen, in die sie aus ihren Reitstiefeln schlüpfen konnte. Sie setzte sich und rückte ihren breitkrempigen Hut so zurecht, daß die Sonne ihr nicht in die Augen schien. Nancy, Bolithos Schwester, beauftragte einen Diener, ihnen Tee zu bringen.

An diesem lieblichen Sommertag hing die Luft voller Vogelgezwitscher und dem Summen von Bienen. In der Ferne hörte man Arbeitende im Heu.

Nancy sagte: »Für Lewis freue ich mich natürlich – er ist so ein lieber Mann. Er hat mir gegenüber noch nie ein böses Wort gebraucht.« Sie kicherte. »Jedenfalls nicht in meiner Anwesenheit. Aber kannst du dir meine Gefühle vorstellen, wenn man sich vor mir verneigt und mich Mylady nennt?«

Sie griff impulsiv nach Catherines Hand. »Bei dir ist es etwas anderes, Catherine. Aber ich werde mich nie daran gewöhnen.« Sie sah nach drüben auf die Terrasse. Dort stand Roxby und studierte Pläne mit zwei Besuchern. »Lewis genießt das. Er findet kein Ende. Jetzt bespricht er irgend etwas Törichtes, das er gern bauen würde, kannst du dir das vorstellen?«

Catherine ließ sie erzählen, während der Tisch gedeckt wurde. Sommer in Cornwall. Wie schön wäre es doch, wenn Bolitho jetzt hiersein könnte! Er war schon so lange fort, und noch immer hatte sie nichts von ihm gehört. In der Zeitung hatte sie gelesen, daß einige Postschiffe angegriffen und ausgeplündert worden waren.

Vielleicht waren seine Briefe auf diese Weise verlorengegangen.

Sie sah auf und merkte, daß Nancy sie anstarrte: »Was ist, meine Liebe?«

Nancy lächelte. »Ich mache mir Sorgen um dich. Ich vermisse ihn auch – schließlich ist er mein Bruder.« Sie setzte sich bequem hin und breitete ihren Rock aus. »Macht dir sonst noch etwas Kummer?«

Catherine zuckte mit den Schultern. Wie schön Richards jüngere Schwester einmal gewesen sein mußte. Schön und strahlend wie ihre Mutter.

»Richard sprach mit mir über seine Tochter. Sie hat bald Geburtstag.«

»Da kannst du gar nichts machen, Catherine. Belinda würde nie erlauben, daß ihre Tochter auch nur das kleinste Geschenk annimmt!«

»Ich weiß. Ich will sie ja nicht einmal besuchen. Wenn ich daran denke, was sie vorhatte, wie sie Richard verletzen wollte! Ich weiß jetzt wirklich, was Haß ist!«

Sie nahm die angebotene Tasse und schlürfte den Tee. Die Sonne wärmte ihre Schulter, die nicht im Schatten lag. Sie hoffte, man würde ihr ihre Müdigkeit nicht ansehen. Sie schlief schlecht, manchmal überhaupt nicht.

Nacht für Nacht dachte sie an Richard oder träumte von ihm, stellte sich vor, wie er ins Zimmer trat, sie berührte, sie erregte. Doch statt dessen entfernte jeder neue Tag sie weiter voneinander. Es war, als habe das Meer Schiff und Besatzung geschluckt.

Doch er war auf andere Weise immer noch in ihrer Nähe, so sehr, daß sie selbst Freunde nicht besuchen wollte. Sogar über das Kohlenschiff und die täglichen Pflichten auf dem Besitz wollte sie nicht mit Bryan Ferguson sprechen. Der war auf ihren Rat auch nicht angewiesen.

Sie dachte an andere, die sie kannte und liebte. Valentine Keen, von dem sie zuletzt aus Kapstadt gehört hatte. Adam, der kurz vorbeigeschaut hatte, ehe er zum Geschwader seines Onkels segelte. Sie dachte an Allday und Tyacke, Avery und an den stattlichen Yovell. Die konnten sich alle gegenseitig Halt geben.

Sie hörte Roxby mit lauter Stimme die Besucher verabschieden. Sie sah, wie er über den Rasen schritt, die Fäuste tief in den Taschen seiner Kniehosen. Er liebte Ausritte und Jagden, aber seine Vorliebe für gutes Essen und Trinken machte sich langsam bemerkbar. Sie hoffte, daß auch Nancy das bemerken und etwas dagegen unternehmen würde. Sein Gesicht war sehr rot, und jedermann merkte, daß ihm das Atmen schwerfiel. Als habe er ihre Gedanken gelesen, zog er ein großes Taschentuch hervor und wischte sich das schweißnasse Gesicht. Sir Lewis Roxby, Ritter des hannoverschen Welfenordens, Landbesitzer und Friedensrichter, wurde in London Freund des Prinzen von Wales genannt. Als Sohn eines einfachen Bauern aus dieser Gegend hatte er es wirklich sehr weit gebracht.

Roxby winkte ab. »Keinen Tee für mich. Ich brauche etwas Stärkeres.«

»Catherine wartet noch immer auf Post, Lewis!«

Roxby nickte ernst. »Schlimm. Ich weiß, wie du dich fühlen mußt.«

Er bemerkte ihre sonnenbraune Schulter und die stolze, gar verwegene Art, in der sie ihren Kopf hielt. Er hatte gehört, wie sie in Falmouth das Schiff seines Schwagers besucht hatte. Sie war wie ein Pulveräffchen über die Seite hochgeentert. Selbst die gepreßten Männer, deren Schicksal in Richards Händen lag, hatten sie laut bejubelt.

Was für eine Frau! Voller Ablehnung dachte er an Felicity, Nancys Schwester. Die würde darüber nur Gift verspritzen. Glücklicherweise kam sie nicht allzu oft hierher mit ihrem eingebildeten Sohn. Und wenn sie kam, hielt Roxby sich fern, damit er nicht wieder seine Fassung verlor.

Er sagte: »Er wird schneller zurückkehren, als du ahnst, meine Liebe.« Dann schlug er auf die Lehne seines Stuhls. »Bei Gott, er wird den verdammten Yankees eins überziehen wie vormals Baratte.«

Nancy hob beschwichtigend die Hand, was sie ihrem Mann gegenüber selten tat.

»Bitte, Lewis. Errege dich nicht so.«

Catherine bemerkte die schnellen Blicke. Nancy kannte also Lewis' Zustand, was immerhin schon ein Anfang war.

Roxby grinste: »Ich werde mir etwas zu trinken holen.« Er schüttelte den Kopf. »Ich weiß nicht, ob die Damen ...« Er ging schweren Schrittes davon, und Catherine beobachtete, wie Nancy frischen Tee orderte. Wie anders ihr Leben wohl verlaufen wäre, wenn sie damals Zeit genug gehabt hätte, sich in Richards Freund Martyn zu verlieben, damals Midshipman wie ihr Bruder. Hier lebte sie sorgenfrei und geachtet und lag nachts nicht wach, um dem Wind oder der dumpfen Brandung unter den Klippen zu lauschen. Aber Nancy war die Tochter eines Marineoffiziers und die Schwester des berühmtesten, noch lebenden Seehelden Englands. Doch vielleicht hätte sie jenes andere Leben diesem vorgezogen.

Catherine merkte, wie Nancy plötzlich überrascht aufschaute. Roxby eilte aus dem Haus, einen versiegelten Umschlag in der Hand, und sah etwas ratlos aus. In den paar Sekunden fiel ihr ein, daß er nicht einmal an den

Drink gedacht hatte, dessentwegen er ins Haus gegangen war.

Nancy erhob sich. »Ein Brief – oder?«

Roxby starrte sie an. »Ich weiß nicht. Er kam mit Sonderkurier in euer Haus, Catherine.«

Catherine fühlte ihr Herz schlagen, schmerzhaft schlagen. Dann sagte sie gefaßt: »Laß mich lesen.« Sie nahm den Umschlag und entdeckte ein Wappen, das ihr irgendwie bekannt zu sein schien. Doch die Handschrift war ihr fremd.

Roxby stand neben seiner Frau und legte ihr den Arm um die Schultern. Er spürte die Spannung wie etwas Fremdes, Feindliches.

Catherine sah zu ihnen beiden auf. »Er ist von Valentine Keens Vater. Er schreibt, ich soll es sofort erfahren. Vals und Zenorias Kind ist tot. Es war ein Unfall. Der Junge ist erstickt.« Die Worte kamen tonlos und fast unverständlich. »Zenoria war nicht zu Hause, als es passierte. Sie bekam einen Nervenzusammenbruch. Vals Vater hat ihm sofort geschrieben. Die Admiralität ist auch informiert.« Sie drehte sich um, sah und hörte nichts, fühlte nur, daß keine Tränen kommen wollten. Wie lange hatte dies alles gedauert? Den Brief zu schreiben, um das Kind zu trauern, den Eilboten auf den Weg zu schicken? So war es nun wohl: Die Familie stand in Trauer zusammen, den Rücken der jungen Frau zugekehrt, die zu ihnen gekommen war. War es wirklich so grausam?

Sie hörte Fergusons Stimme. Also war er auch hier. Sie griff nach seiner Hand, unfähig, ihn anzusehen.

Roxby fragte dumpf: »Haben Sie Näheres erfahren?«

»Ja, Sir Lewis.« Aber er sah nur Catherine an. »Einer der Stallburschen meint, er habe Mrs. Keen in Falmouth gesehen!«

Roxby fuhr ihn an: »Das ist unmöglich, Mann. Es sind Meilen bis Hampshire!«

Leise sagte Catherine: »Man ließ sie also gehen. Erlaubte ihr, nach allem, was geschehen ist, das Haus zu verlassen.« Sie reichte ihm den Brief. »Den solltest du lesen.« Sie legte ihre Hand auf seinen Arm. »Als guter Freund und dann auch als Friedensrichter.«

Roxby räusperte sich und starrte auf ein paar Leute, die hinter den Bäumen neugierig ihre Arbeit unterbrochen hatten.

»Du da, Brooks. Reit wie der Teufel nach Truro und hol Hauptmann Tregear mit seinen Dragonern. Sag ihm, ich hab dich geschickt!«

»Nein!« Catherine zog ihre Hand weg. »Ich weiß, wo sie ist. Als ich hierher ritt, hatte ich das Gefühl, daß mich jemand beobachtet. Ich wußte nicht, daß sie Abschied nehmen wollte ...«

Ferguson ergriff ihre Hand. »Ich werde Sie nach Hause begleiten, Mylady.« Seine Stimme verriet Mitgefühl, und er versuchte zu helfen, so wie Allday es getan hätte.

Roxby rief laut: »Einen Wagen, schnell. Und ein paar Leute!«

Aber es war schon viel zu spät. Sie ließen den Wagen dort stehen, wo Catherine mit Tamara vor vielen Wochen stehengeblieben war, um die *Indomitable* beim Auslaufen zu beobachten.

Dann folgten sie dem gewundenen Küstenpfad, der an so vielen Stellen einfach ins Meer gebrochen war. Im Dunkeln wäre er selbst einem klettererfahrenen Mädchen aus Cornwall gefährlich geworden. Doch es war nicht im Dunkeln geschehen. Sie kletterten die letzte Steigung hoch und standen auf dem höchsten Punkt, einem Felsen, der wie zum Sprung geduckt schien. »Tristans Sprung« nannten ihn die Leute.

Catherine stand bewegungslos, der Wind spielte in ihrem Haar und ließ ihr Kleid wehen. Sie sah nichts außer dem Gleißen der anrollenden und zurückrauschenden Seen und das Ruderboot. Es sah von hier oben so winzig aus. Die Riemen bewegten sich wie die Füße eines Wasserkäfers durch die Wellen.

Sie zogen eine kleine Gestalt aus dem Wasser, hielten mit den Riemen das Boot im Gleichgewicht.

Sie hörte sich sagen: »Ich gehe nach unten. Ich muß es tun!«

Sie spürte, wie eine Hand sie stützte, sie beim Abstieg führte. Doch neben ihr war niemand. Laut sagte sie: »Du bist es, Richard!«

Als sie den leergefegten Strand erreicht hatte, war ihr Kleidersaum zerrissen und ihre Hände bluteten aus vielen Kratzern.

Einer der Küstenwächter trat zwischen sie und das Bündel auf dem Strand.

»Nein, Mylady. Weiter dürfen Sie nicht.« Es war Tom, den sie oft oben auf den Klippen getroffen und sich mit ihm unterhalten hatte. Er senkte den Blick, als sie ihn anstarrte. »Sie hat kein Gesicht mehr. Die Felsen ...«

»Wenigstens einen Blick, bitte!«

Jemand anders rief: »Ich habe sie ein bißchen abgedeckt, Tom!«

Der Küstenwächter ließ sie vorbei und wie blind trat sie zu der Toten. Sie kniete auf dem harten, nassen Sand und hielt ihre ausgestreckte Hand. Sie war kalt und starr. Selbst der Ehering war auf den Felsen beschädigt worden.

Sehr langsam hob sie die Tote hoch, so daß der verbundene Kopf der Toten auf ihrer Schulter lag. Dann öffnete sie das Kleid am Rücken und entdeckte die Narbe, die die Peitsche hinterlassen hatte, als man Zenoria auf dem Transport brutal bestraft hatte. Val hatte sie gerade noch retten können. Auf ihren langen gemeinsamen Spaziergängen hier an der Küste hatte Zenoria von der Narbe als dem Zeichen des Satans gesprochen.

»Ist sie es?«

»Ja. Ohne Zweifel!« Dann sagte sie: »Vielleicht hat sie gerufen. Vielleicht hätte ich sie hören können. Ich hab's für einen Vogelschrei gehalten.« Dann schüttelte sie den Kopf, lehnte den Gedanken ab. »Nein. Sie wollte uns verlassen. Wir, die wir ihr am nächsten standen, hätten ihr am besten helfen können. Der Schmerz wird erst jetzt beginnen.«

»Was sollen wir tun, Mylady?« fragte Ferguson.

»Wir tun, was Richard tun würde, wenn er hier wäre. Wir werden sie über das Wasser nach Zennor bringen, wo sie herkam. Vielleicht wird ihr Geist dort Frieden finden. Gott weiß, daß sie an anderen Orten nicht genügend fand.«

Später dachte Ferguson oft an diese Worte zurück. Er wollte und konnte sie nicht vergessen.

Sir Richard Bolitho schritt langsam über die steinerne Terrasse und fühlte die Hitze durch die Sohlen seiner Schuhe. Es war sehr heiß, und die Sonne schien genau über Monk's Hill zu stehen. Im großen Hafen von English Harbour wagten selbst kleine Boote kaum, sich zu bewegen. Die Häuser, die vor allem höhere Beamte und Werftleute bewohnten, standen weiß und hart vor dem üppigen Grün. In diesem Haus hatte er vor sieben Jahren Catherine wiedergefunden. Sieben Jahre – das schien fast unglaublich lange her. Was war doch inzwischen alles geschehen! Freunde waren gefallen, Schiffe waren gesunken oder zu Wracks zusammengeschossen worden in jedem Winkel der Erde und auf jedem Ozean.

Er hatte die steinerne Balustrade erreicht und tippte sie mit den Fingern an. Wie ein überheißes Kanonenrohr. So muß es auch gewesen sein, als sie hier stand und die schmerzend langsame Ankunft der *Hyperion* beobachtet hatte. Der Name des alten Schiffs hatte ihr nichts gesagt. So war sie auf den Schock in keiner Weise vorbereitet gewesen, als ihr Mann beiläufig erwähnte, daß die *Hyperion* jetzt ein Flaggschiff sei. *Mein Flaggschiff.*

Er legte eine Hand über sein linkes Auge und musterte die Schiffe, die hier vor Anker lagen. Ein Teil seines Geschwaders hing in der atemlosen Hitze unordentlich an den Ankertrossen.

Hinter der größeren *Indomitable* die drei Fregatten *Zest*, *Virtue* und *Chivalrous*. Alle drei spiegelten sich ungebrochen im Wasser wider. Ihre Flaggen und Wimpel bewegten sich kaum. Die große Fregatte *Valkyrie* lag in Halifax mit zwei anderen Schiffen der sechsten Klasse. Kommandant war Peter Dawes. Sie und drei Briggs waren das Lee-Geschwader. Nur ein Schiff fehlte noch und würde sicherlich bald eintreffen. Adams *Anemone,* neu aufgerüstet und gänzlich neu bemannt, würde die kleine sehr bewegliche Einheit sinnvoll ergänzen. Adam würde die Männer, die im Kampf gegen Baratte gefallen waren, sicher vermissen. Doch das Einexerzieren der neuen Männer und die Erprobung des Schiffes nach den Reparaturen ließ ihm ganz sicher nicht viel Zeit zum Nachdenken. Er liebte *Anemone* mehr als jedes andere Schiff. Er würde sich nicht eher zufriedengeben, bis er sie voll im Griff hatte.

Bolitho nahm die Hand vom Auge und war überrascht. Nichts schmerzte oder war undeutlich. Natürlich war auch hier die Luft sauber, und die lange Ruhepause an Land zusammen mit Catherine hatte ihm wohler getan, als er ahnte. Er musterte die Schiffe noch einmal. Jedes war so stark oder schwach wie der Mann, der es kommandierte.

Wie oft hatte er nicht schon diesen kleinen, aber mächtigen Stützpunkt in der Karibik angelaufen, um von hier aus gegen die amerikanischen Rebellen, die Holländer, die Spanier und den Erzfeind, die Franzosen, zu operieren. Die neue amerikanische Marine bedrohte sie jetzt erneut. Es gab noch keine Kriegserklärung, ja nicht einmal offizielle Hinweise der Regierung, daß Gefahr im Verzuge sei.

Bolitho sah ein paar Boote zwischen den ankernden Schiffen hin- und herlaufen. Sonst war alles still. In einem Monat, zu Beginn der Hurrikansaison, würde es hier ganz anders aussehen. Zu so einer Zeit war er das letzte Mal hier gewesen und hatte Catherine getroffen.

Er mußte an ihre Briefe denken, die erst vor zwei Tagen in English Harbour eingetroffen waren – alle in einer einzigen versiegelten Tasche. Aus Versehen hatte man sie zunächst nach Gibraltar geschickt. Er lächelte, hörte in jedem Wort ihre Stimme, genoß sie. Es war schon seltsam, daß Befehle von oben – anders als Briefe – nie Umwege machten, sondern einen ohne größere Umschweife sofort erreichten.

Er hatte alle Briefe zweimal gelesen und würde sie an Bord, wenn alles ruhig war, noch ein drittes Mal lesen.

Einmal hatte er im dunklen Schiff an seinem Tisch gesessen. Laternen glitzerten auf dem Wasser wie Glühwürmchen. Da hatte er nebenan das leise Murmeln einer Stimme gehört. Jemand las etwas laut vor. Jetzt war ihm klar: Sein Flaggleutnant Avery las Allday einen Brief von zu Hause vor.

Diese kleine Szene hatte ihn sehr berührt. Wie Tyacke bekam auch sein Leutnant keine Briefe. Und der, der welche bekam, konnte sie nicht lesen. Wieder war so ein Faden mehr zwischen den Leuten der kleinen Mannschaft gesponnen worden.

Catherines Briefe waren mit Sorgfalt und Liebe verfaßt. Ihre Verbindung war für ihn so wichtig, so lebensnotwendig. Und sie wußte genau, was er erfahren wollte. Scheinbar unbedeutende Einzelheiten über zu Hause, über das Wetter, über ihre Rosen und über die Menschen, die jenes andere Leben darstellten, das er immer wieder hinter sich lassen mußte wie alle anderen Bolithos vor ihm auch.

Sie erzählte ihm von Spaziergängen an den Klippen, vom Gerede in der Stadt, von Roxbys sichtbarem Stolz auf seinen neuen Titel, von ihrer Stute Tamara. Doch sie schrieb nie etwas über den Krieg.

Mit einer Ausnahme. Sie beschrieb, wie die *Indomitable* ausgelaufen war, ein kraftvolles Schiff unter vollen Segeln auf dem Weg in den Kanal. Sie hatte mit Tamara das Auslaufen beobachtet.

Es war ein so stolzer Anblick, liebster Richard. Ich war so stolz auf Dich. Ich weinte nicht, ich konnte nicht weinen, weil Tränen in diesen schönen Momenten den Blick nicht trüben sollten. Dort segelt mein Mann. Admiral von England, auf den so viele sich schon so lange verlassen können. Nur ein Mann, hast Du mal von Dir gesagt. Typisch für Dich, Liebster, aber natürlich nicht wahr. Du führst, sie folgen – und so wird es in diesem verdammten Krieg immer sein, bis der letzte Schuß gefallen ist. Letzte Nacht bis Du wieder zu mir gekommen und hast mich berührt, ehe Du wieder gingst... In dem Brief stand natürlich noch mehr. Er fühlte sich erhaben und wohl. Alles andere schien dagegen unbedeutend geworden zu sein.

Hatte er sich darum von diesem Haus so lange ferngehalten, so lange, bis die Briefe kamen, die ihm Stärke gaben? *Habe ich immer noch Zweifel, obwohl unsere Liebe auch den stärksten Angriffen standgehalten hat?*

Er schritt zur nächstgelegenen Tür und blieb stehen. In den Sonnenstrahlen tanzte Staub. Schutzbezüge hingen über den Möbeln. Die wertvollen Kerzen und das kostbare Kristall waren entfernt worden. Doch er konnte immer noch erkennen, wo damals alles gestanden hatte. Halb blind von den sich spiegelnden Lichtern war er beim Eintreten beinahe gestolpert. Sie hatte den Arm ausgestreckt und ihn gestützt. Er hatte nicht geahnt, sie hier zu treffen, während sie von seinem Kommen wußte. Mächtige Gefühle und Erinnerungen an ihre Affäre waren wieder wach geworden.

Vom anderen Ende der Terrasse glänzte es rot. Ein Posten der Seesoldaten wanderte vor dem Fenster hin und her. Er gehörte zu den paar Männern, die Befehl hatten, das Haus so lange zu bewachen und dafür zu sorgen, daß nichts abhanden kam, bis der nächste Engländer eintraf. So war auch Somervell hierhergeschickt worden. Der König vertraute ihm. Man respektierte ihn wegen seiner liebenswerten Frau. Doch nicht aus anderen Gründen.

Am Fuß der großen Treppe in der beeindruckenden Empfangshalle hatte er sie nachts angetroffen. Die Vorhänge hatten im Wind wie zerrissene Segel geweht. Sie hatte eine geladene Pistole an ihrer Hüfte verborgen gehalten. Er würde nie den Blick ihrer wunderbaren dunklen Augen vergessen, als sie den Eindringling erkannt hatte.

Sie schrieb, daß ihr Mädchen Sophie sie verlassen würde. Sie wollte den Sohn eines wohlhabenden Bauern in Fallowfield heiraten. Er fragte sich, ob wohl Allday immer noch bedrückt war wegen des Abschieds von Unis. Liebe, dauerhafte Liebe, war neu für ihn und war so ganz unerwartet gekommen.

Bolitho kehrte in die brütende Sonnenhitze zurück. Er war froh, daß er diesen Weg gemacht hatte. Es könnte vielleicht schwierig sein, ihr davon zu berichten, ohne sie zu verletzen. Doch wahrscheinlich ahnte sie, daß er dies als Wallfahrt unternommen hatte. Er lächelte.

Er schritt die ausgetretenen Stufen hinab, blieb stehen und schaute sich noch einmal um. Die Fensterläden waren geschlossen. Und doch hatte er seltsamerweise das Gefühl, daß ihn dieses blinde Haus beobachtete.

Allday hockte auf einem Poller an der Pier, den Hut tief über die Augen geschoben. Er stand sofort auf und winkte das lange, grüne Boot heran, das im Schatten eines Versorgungsschiffes gewartet hatte. Bolitho fragte sich, ob die neue Mannschaft wußte, welches Glück sie hatte, daß Allday über sie wachte. Andere Bootssteurer, selbst ganz neu ernannte, hätten sie wahrscheinlich in der Hitze schmoren lassen, bis man sie wieder gebraucht hätte. Doch dieser schlottrige große Seemann kümmerte sich ständig um sie. Bis man ihn ärgerte. Dann war plötzlich die Hölle los.

Allday beobachtete das sich nähernde Boot sehr kritisch. Ein zweiter Bootsteurer, der sich hauptsächlich um die Pflege und die Sauberkeit des Bootes kümmern sollte, hatte man zu seinem Gehilfen gemacht. Für Allday, den seine alte Wunde so oft behinderte, war das sicher eine große Hilfe.

Bolitho sah weg. Alldays Gesichtsausdruck machte

nur allzu deutlich, daß der neue Mann noch viel zu lernen hatte.

»Ganz schön viele Erinnerungen leben an diesem Ort, nicht wahr, alter Freund?«

Nachdenklich antwortete Allday: »In der Tat, Sir, und mehr als nur ganz schön viele!«

Impulsiv sagte Bolitho: »Ich weiß, wie du fühlst, wenn du an zu Hause denkst. Aber ich will dir sagen, daß Lady Catherine sehr dankbar ist, daß du mitgekommen bist. Und ich bin's auch.«

Es war, als zöge eine Wolke weg. Allday grinste breit, so als trieben mit ihr auch seine Sorgen weg.

»Also, wir brauchen jetzt nur noch Kapitän Adam hier, und dann sind wir zu allem bereit ...« Er blickte mißbilligend, als das Boot mit viel zuviel Fahrt gegen die Fender krachte. Protheroe, der Vierte Offizier, ließ sich davon nicht beeindrucken. Er sprang an Land und nahm mit großer Geste den Hut ab: »Zu Ihren Diensten, Sir Richard!«

Hinter seinem Rücken hörte Bolitho Allday auf den zweiten Bootssteurer einreden. »Das ist mir egal, klar? Selbst wenn er ein verdammter Offizier ist, bist du verantwortlich. Behandel das Boot nicht wie einen Rammbock.«

Protheroes strahlende Sicherheit war verschwunden, zwei rote Flecken blühten auf seinen Wangen. Er hatte jedes Wort so verstanden, wie Allday es beabsichtigt hatte.

Bolitho nahm im Heck Platz und wartete auf das Ablegen des Bootes.

Er sah zu Protheroe rüber und sagte leise: »Falls Sie das tröstet, ich bin als Midshipman mal mit dem Boot meines Admirals kollidiert.«

»Oh!« hörte er erleichtert. »Oh ja.«

Als der Lärm der Begrüßungszeremonie bei seinem Anbordkommen verklungen war, nahm Bolitho Allday zur Seite. »Kapitän Tyacke und ich sind heute in der Messe eingeladen. Das könnte für lange Zeit das letzte Mal sein.«

»Das weiß ich, Sir!«

Bolitho unterdrückte ein Lächeln. Wie viele andere hielt es wahrscheinlich auch Allday für absurd, daß der Admiral und der Kommandant des Schiffes auf eine Einladung warten mußten, bevor sie die Offiziersmesse betraten. Sein Vater hatte es lediglich für eine Tradition gehalten, ein Teil der geheimnisvollen Riten der Marine. Wo blieb all das, wenn die Zwischenwände verschwunden und die Decks vom Heck bis zum Bug frei waren? Wo blieb im Lärm der Schlachten Platz für solche Überlieferungen?

»Wenn dir danach ist, komm nach achtern und trink mit Kapitän Tyacke und mir einen Schluck, einen Tropfen Nasses, wie du wohl sagen würdest!«

Allday grinste und dachte an den neuen Bootssteuerer des Kapitäns, Eli Fairbrother. *Auf den Tag, da man ihn auf einen Tropfen Nasses einlädt, wird der noch lange warten.*

Bolitho sah den Ersten Offizier ganz in der Nähe warten.

»Wie kann ich Ihnen helfen, Mr. Scarlett?«

Scarlett stotterte fast: »Heute abend, Sir Richard ...«

»Wir haben die Einladung nicht vergessen. Und ich denke, wir sollten alle Kommandanten an Bord bitten und bewirten, sobald die *Anemone* eingelaufen ist. Es ist immer wichtig, die Männer gut zu kennen, die die Schiffe kommandieren, auf die man sich verlassen muß!«

Scarlett bewegten ganz andere Gedanken. »Heute mittag wurde ein Segel gesichtet, Sir Richard!«

Bolitho dachte wieder daran, wie damals die *Hyperion* angekommen war – im Schneckentempo, wie Catherine immer wieder berichtete. Für den Neuankömmling gab es heute sogar noch weniger Wind als damals.

Scarlett sah auf den hängenden Wimpel im Mast. »Der Ausguck der Armee auf Monk's Hill meldet, daß es der Schoner *Kelpie* sein könnte. Er wird offenbar erwartet.« Er spürte Bolithos Frage. »Ein Postschiff, Sir Richard, von den Bermudas.« Ein seltsamer Ausdruck, so etwas wie Trauer, huschte über sein Gesicht. »Davor von England!«

Bolitho sah sich um. Vielleicht wieder ein Brief von Catherine? Vielleicht neue Befehle von der Admiralität?

Bethune hatte vielleicht seine Meinung geändert oder sie auf Befehl ändern müssen. Er kannte die Zweifel selber. Seine Mission war gefährlich, verlangte viel Fingerspitzengefühl. Die Amerikaner könnten zu einem Krieg provoziert oder von einem offenen Konflikt abgehalten werden. Doch einfach nur still zu sitzen und zu hoffen, die mögliche Auseinandersetzung würde sich eventuell in Wohlgefallen auflösen – das war sicher ganz falsch.

»Wir werden also sehen!« sagte er.

Scarlett sah ihm nach, als er in seine Kajüte ging.

Leutnant George Avery nickte dem Posten der Seesoldaten zu und wartete, daß Ozzard ihm die Tür öffnete.

Die große Kajüte war nur von zwei Laternen erhellt. Durch die großen Glasfenster im Heck konnte er an Land vereinzelte Lichter erkennen und auf dem leicht bewegten Wasser die silberne Spiegelung des Mondes.

Er sah seinen Admiral auf der Bank sitzen, seine goldbesetzte schwere Uniformjacke hing über Ozzards Arm.

Sein Hemd war aufgeknöpft, und er trank ein großes Glas Rheinwein.

»Nehmen Sie Platz!« sagte Bolitho. Allday wollte sich vor dem Offizier erheben, aber er blieb sitzen, als Avery den Kopf schüttelte. Zu Bolitho gewandt, sagte er: »Halten wir es wie damals in Freetown, Sir Richard. Heute nacht gibt es hier keine Offiziere, nur Seeleute.«

Bolitho lächelte. Avery sprach mehr als sonst. Aber zum Dinner in der Messe war viel Wein getrunken worden. Es gab so viel zu essen, daß es bei der Hitze und der unbewegten Luft unter Deck fast ein Wunder war, daß niemand zusammenbrach.

Nach den ersten, etwas steifen Förmlichkeiten zwischen den zumeist noch jungen Offizieren, ihrem Admiral und dem beeindruckenden Kapitän, war es entspannt zugegangen.

Normalerweise kam das Fleisch aus den Fässern schon beinhart zum Koch. Doch heute hatte es eine angenehme Überraschung gegeben: frisches gebratenes Schweinefleisch in Hülle und Fülle. Der Kommandant der Werft hielt sich auf der Insel Schweine und hatte ihnen das Fleisch aus seiner eigenen Speisekammer angeboten.

Außer den vier Offizieren und den beiden Offizieren der Seesoldaten gehörten zur Messe auch die Spezialisten an Bord. Isaac York, als Master für die Navigation verantwortlich, schien aus einem bodenlosen Faß jede Menge Stories über fremde Häfen zu schöpfen. Kein Wunder, denn er war schon mit acht Jahren zur See gegangen. Zum ersten Mal unterhielt sich Bolitho auch ausführlich mit dem Schiffschirurgen Philip Beauclerk. Er war noch sehr jung und hatte die hellsten Augen, die Bolitho je gesehen hatte. Sie waren fast durchsichtig wie Glasperlen, die die See geglättet hatte. Er war ein stiller Mann mit guten Manieren, erinnerte in nichts an die groben Kerle, die Schlachter, wie die Chirurgen genannt wurden. George Minchin von der alten *Hyperion* war so einer. Er hatte an Bord operiert, bis das Schiff unterging. Er sah furchterregend aus, schien grausam, war oft genug voll mit Rum bis oben hin – doch er hatte an jenem Tag manch ein Leben gerettet. Und er hatte das Schiff erst dann verlassen, als der letzte Verwundete, für den noch Hoffnung bestand, von Bord war.

Bolitho hatte Minchin zum letzten Mal auf der *Valkyrie* getroffen, der großen Fregatte, die jetzt in Halifax lag.

Bolitho war aufgefallen, daß Beauclerk ihn öfter während des Essens und beim Trinken unzähliger Toasts beobachtet hatte. Es war unmöglich, daß er etwas von dem verletzten Auge ahnte. Oder vielleicht doch? Es gab keine enger verwobene Gemeinschaft als die der Ärzte. Aber Beauclerk hatte mit großem Verständnis und Interesse über die nächsten Wochen und Monate gesprochen und wollte wahrscheinlich nur seine eigene Rolle dabei herausfinden. Man konnte ihn sich allerdings da unten in der blutroten Hölle des Zwischendecks kaum vorstellen. Die Fässer füllten sich dort mit den blutigen Fleischfetzen und Gliedern von Männern, die oben in der Schlacht zusammengeschossen worden waren.

Auch drei Midshipmen waren eingeladen worden, und einer, Midshipman David Cleugh, wurde aufgefordert, den Toast auf Seine Majestät auszubringen. Er hatte das mit schriller zitternder Stimme getan. Dann war ihm vom Hauptmann der Seesoldaten streng befohlen worden, ein ganzes Glas Brandy zu leeren. Denn, wie es der Zufall wollte, war dies der zwölfte Geburtstag des Midshipman.

Am stillsten war in der Messe der Zahlmeister gewesen: James Viney. Er konnte den Kapitän, der ihm gegenüber am Tisch saß, kaum aus den Augen lassen. Er blickt wie ein hypnotisiertes Kaninchen, dachte Bolitho. Tyacke war für den letzten Drink nicht nach achtern gekommen und hatte sich entschuldigt. Währenddessen wurde der Tisch abgedeckt, damit man zu Kartenspiel und Würfeln übergehen konnte.

Tyacke, die vernarbte Gesichtshälfte im Schatten, hatte nur gesagt: »Ich möchte vor dem Schlafen noch ein paar Bücher durchgehen!«

Bolitho merkte, wie nervös der Zahlmeister daraufhin wurde. Vermutlich lag das an den Büchern, für die sich der Kapitän interessierte.

Bolitho streckte seine Hand aus. Er sah, wie überrascht ihn Tyacke aus seinen blauen Augen, die ihn so sehr an Thomas Herrick erinnerten, ansah. »Vielen Dank, James!«

»Wofür, Sir?« Doch sein Händedruck war fest.

Bolitho antwortete leise: »Sie wissen, wofür. Ich weiß, was Sie dieser Abend gekostet hat. Aber glauben Sie mir, Sie werden ihn nicht bereuen. Und ich auch nicht.«

Ozzard brachte Bolitho ein zweites Glas Wein und stellte ein Glas Rum etwas außerhalb von Alldays Reichweite hin. So machte er auf seine stille Art deutlich, daß er nicht Alldays Diener war.

Sie saßen schweigend, hörten nur das Schiff und über ihren Köpfen den langsamen Schritt eines Wachgängers.

Plötzlich sagte Avery: »Bald werden in England die Blätter fallen.« Dann schüttelte er seinen Kopf und klagte: »Morgen früh werde ich all diesen Wein bereuen!«

Bolitho berührte das Medaillon und sah, wie Avery

hinschaute, als es kurz im Licht der Laterne aufblitzte. Wahrscheinlich sah ihn jeder anders und sicherlich niemand so, wie er wirklich war.

Scarlett hatte auch Yovell eingeladen, doch der hatte abgelehnt. Er hatte den Abend in der winzigen Kabine verbracht, die gleichzeitig sein Büro und sein Schreibplatz war.

Allday hatte ihm versichert, daß Yovell sehr zufrieden war, wenn er allein sein konnte. Lächelnd sagte er: »Er liest jeden Abend in der Bibel. Es steht für ihn wohl sehr viel Wichtiges drin.«

Durch das offene Skylight und die weit offenen Fenster hörten sie das Quietschen von Riemen. Es war so still, daß jeder Laut sehr weit trug.

Dann ein Anruf: »Boot ahoi!«

Avery sah überrascht auf. »Wer ist denn so spät noch unterwegs?« Er stand auf. »Ich schau mal nach, Sir!« Er lächelte plötzlich, schien so jung und entspannt, wie er wohl früher einmal gewesen sein mußte. »Wahrscheinlich ist kein Offizier nüchtern genug, sich um das Boot zu kümmern!«

Die Riemen wurden lauter, das Boot kam näher. Dann folgte die Antwort auf den Anruf: «Offizier der Wache!«

Bolitho rieb sein Auge. Er war müde, aber die seltenen Augenblicke wie diese mit Freunden wollte er nicht versäumen.

Er dachte an Scarlett, der ihm während des Essens ängstlich und unsicher erschienen war. Er war ein guter Offizier. Bolitho mochte gern glauben, daß er sehr in sich ruhte, wenn er seinen Pflichten nachging. Vielleicht galten viele seiner Gedanken der nächsten Beförderung. Doch er hatte bemerkt, daß Avery und er nicht miteinander sprachen.

Avery kehrte zurück und brachte einen wasserdichten Umschlag mit.

»Ob Sie's glauben oder nicht, Sir. Der Post-Schoner *Kelpie* lief in stockdunkler Nacht hier ein. Das Wachboot hielt sich nur für alle Fälle bereit.« Er hielt ihm den Umschlag hin. »*Kelpie* traf auf die *Anemone*. Die wartet vor dem Hafen auf Tageslicht.«

»Sehr klug«, meinte Bolitho. »Der Hafen liegt voller Schiffe, und Adam hat eine noch wenig erfahrene Mannschaft!«

Er bemerkte, wie Allday ihn ansah.

»Es ist ein Brief von Lady Catherine!«

Eine kalte Hand, die er nicht abschütteln konnte, schien ihn zu berühren. Er erkannte ihre Handschrift sofort und sah das Wachssiegel der Admiralität auf dem Umschlag. Der Brief hatte höchste Priorität! Ein privater Brief?

Avery erhob sich. »Ich werde Sie allein lassen, Sir!«

»Nein!« Er war von der Schärfe seiner eigenen Stimme überrascht. *Was ist bloß los mit mir?* »Bitte, füll die Gläser noch einmal, Ozzard.« Doch auch der stand bewegungslos da, beobachtete nur, hörte zu.

»Entschuldigen Sie also bitte!« Bolitho schlitzte den Umschlag auf und entfaltete den Brief.

Plötzlich war er ganz allein mit dem Brief, und er hörte, wie ihre Worte ihn trafen:

Mein liebster Richard,

ich würde alles darum geben, diesen Brief nicht schreiben zu müssen. Die Nachricht wird dich so betrüben wie mich.

Ich muß dir sagen, daß Vals kleiner Sohn gestorben ist. Es war ein Unfall. Er erstickte in seinem Bettchen, ehe ihm jemand helfen konnte.

Bolitho sah weg, fühlte einen Stich in seinem Auge und konnte den Schmerz nicht verbergen.

Er hörte Allday mit heiserer Stimme fragen: »Was ist geschehen, Sir?«

Bolitho schüttelte nur den Kopf und las weiter.

Die anderen sahen, wie er den Brief schließlich wieder zusammenfaltete und ihn an seine Lippen hob. Dann sah er die Männer in der Kajüte an. Ihm schien, als sei er viele Stunden ganz woanders gewesen.

Ozzard bot ihm ein Glas Brandy an. »Nur einen winzigen Schluck, Sir!«

»Danke!« Er schmeckte den Brandy kaum. Als Kind, lange bevor er an die Marine dachte, war er mit seiner Mutter auf jenem Pfad spazierengegangen – zu »Tristans Sprung«. Selbst bei hellstem Tageslicht hatte er hier Furcht gespürt – nach all den abergläubischen Geschichten. Er spürte wieder eine kalte Hand auf seinem Herzen. Im Geist sah er sie ganz langsam fallen. Ihr langes Haar kam wie Seetang an die Oberfläche. Ihr schlanker Körper war von den fürchterlichen Felsen zerschmettert worden.

Dann fragte er, ohne seine eigene Stimme wiederzuerkennen: »Man hat die *Anemone* gesichtet?«

Knapp antwortete Avery: »Ja, Sir. Ungefähr fünf Meilen südwestlich von hier!«

Bolitho stand auf und ging zu den beiden gekreuzten Säbeln hinüber, die in ihrem Stell hingen. *Adam,* dachte er, *Adam, Adam* ...

Wie sollte er ihm das sagen? Und was über Val, der so stolz auf seinen Erstgeborenen gewesen war – sollte er doch eines Tages den Rock des Königs tragen!

Er legte seine Hand auf den alten Familiendegen. Was hatte das Schicksal mit ihm vor?

Er sagte: »Ich möchte nicht, daß hierüber gesprochen wird.« Er drehte sich um und sah einen nach dem anderen an. Die gebeugte schmächtige Figur bei der Durchreiche zur Pantry. Avery, der sich erhoben hatte, unsicher und hilflos um sich blickte. Und schließlich Allday.

»Ich möchte Ihnen sagen, daß Konteradmiral Keens Sohn tot ist.« Er versuchte, nicht an Catherine zu denken, die unten am Strand das tote Mädchen auf den Armen hielt. »Kurz darauf ...« Es hatte wenig Sinn, diesen ehrlichen Männern zu erzählen, daß die Familie nichts getan und nichts gesagt hatte, bis man Keens Vater in London ausfindig gemacht hatte. »Das Mädchen, das wir in Zennor Val heiraten sahen, hat sich selber getötet.« Er sah, wie sich Alldays Fäuste öffneten und schlossen. »Sie stürzte sich von ›Tristans Sprung‹.«

Avery sagte nur: »Konteradmiral Keen wird verzweifelt sein, Sir!«

Bolitho drehte sich zu ihm um, war jetzt ganz ruhig und wußte genau, was geschehen mußte. »Tun Sie mir einen Gefallen. Sorgen Sie bitte dafür, daß die Morgenwache einen Befehl im Signalbuch vorfindet. Sobald die *Anemone* nahe genug ist, möchte ich das Signal ›Kommandant an Bord kommen!‹ gesetzt sehen. Wenn sie dann ankert, soll ›Sofort‹ gesetzt werden.«

Mir rauher Stimme bot Allday an: »Ich kann das Boot klarmachen und ihn holen, Sir!«

Bolitho sah ihn an. »Nein, alter Freund. Dies ist eine private Sache, solange es eben möglich ist.« Dann zu Avery: »Bitte, erledigen Sie das. Ich sehe Sie dann morgen früh.« Er machte eine Pause. »Ich danke Ihnen.«

Allday wollte ihm folgen, doch Bolitho sagte: »Warte!«

Allday setzte sich schwer. Sie waren allein. Er hörte nur, wie Ozzard die Pantry aufräumte.

»Du wußtest, was die beiden füreinander empfanden?«

Allday holte schwer Luft. »Ich habe sie zusammen gesehen!«

»Gab es da irgendwelches Hintergehen?«

Allday sah ihn genau an. Diesen Mann kannte er so gut, und doch fehlten ihm jetzt die Worte, die er dringend brauchte.

Er sagte: »Nein, Sir, nichts dergleichen. Sie wissen, die Liebe ist für mich etwas Neues. Ich habe gehört, sie kann ein Segen sein, aber auch ein Fluch.«

»Und du wußtest von ihrem Verhältnis?«

»Ich hab's mehr gefühlt.«

»Niemand darf das auch nur ahnen. Kapitän Adam bedeutet mir alles!«

»Ich weiß, Sir. Das war für das arme Kind wie eine andere Welt.« Er zuckte mit den Schultern. »Sie sahen so aus, als ob sie zusammengehörten. Das war mein Gefühl.«

Bolitho ging an ihm vorbei, blieb dann aber doch stehen und legte ihm die Hand auf die kräftige Schulter.

»Ein Fluch, sagtest du?« Er dachte an Catherines Bericht: *das Zeichen des Satans.*

Dann sagte er leise: »Dann sollen sie jetzt ihren Frieden haben!«

Er saß immer noch an dem offenen Heckfenster, als das erste Tageslicht über English Harbour fiel.

In Cornwall würden sich bald nur noch wenige an das Ereignis erinnern. In abgelegenen Weilern würden manche noch altem Glauben und Aberglauben nachhängen und über die Höllenqualen derer reden, die sich darüber hinwegsetzten.

Doch in diesen Morgenstunden gab es noch scheinbaren Frieden. Er wußte, daß Avery an Deck die ganze Nacht nicht geschlafen hatte. Er beobachtete, wie die *Anemone* langsam auf ihren Ankerplatz glitt. Für ihren Kommandanten war noch immer alles rätselhaft, er wußte noch nicht, worum es ging. Doch er ahnte, daß die Antwort in den Flaggen verborgen war, die sich in der frühen Brise kaum bewegten.

Kommandant an Bord kommen – sofort!

Zweiter Teil: 1812

X Täuschung

Kapitän James Tyacke stand oben auf den Stufen des Niedergangs und wartete darauf, daß seine Augen sich an die frühe Morgendämmerung gewöhnten. Er wurde nie müde, diese Stunde zu genießen. Es war still, weil die Männer für den neuen Tag noch nicht an Deck gepfiffen worden waren. Und es war wegen der tiefen Schatten noch alles sehr persönlich. Und solche Augenblicke waren – selbst für den Kommandanten – rar auf einem Kriegsschiff.

Bald würde die Sonne alles verändern – sie würde von Kimm zu Kimm leuchten und alles Geheimnisvolle vertreiben. Das Wasser an Bord wurde knapp. In wenigen Tagen müßten sie nach Antigua zurückkehren. Was würde dort auf sie warten? Neue Befehle, Nachrichten aus England, der Krieg, eine ganz andere Welt?

Das alles war Tyacke ziemlich gleichgültig. Die *Indomitable* war sein Anliegen. Woche für Woche hatte er seine Mannschaft exerzieren lassen, so lange, bis man die erfahrenen Seeleute kaum noch von den Neulingen unterscheiden konnte. Kanonendrill, Segeldrill – doch zwischendrin immer wieder Pausen für die einfachen Freuden eines Seemanns. So weit weg und getrennt von den Lieben gab es nicht viel, das ihnen den Kummer vertrieb. Es gab Tänze an Deck und Ringkämpfe in den kurzen Hundewachen und Wettbewerbe, Mast gegen Mast. Wer konnte schneller reffen oder Segel schneller ausschütteln?

Indomitable war jetzt ein Kriegsschiff, das seine Pflicht erfüllen würde, wenn man sie einforderte.

Doch die meiste Zeit hatte sie mit Patrouillen verbracht, mit immer der gleichen Routine von Stoppen und Durchsuchen. Selbst Neutrale wurden nicht geschont, damit niemand französische Häfen anlaufen konnte, um dort Handel zu treiben. Und immer suchten sie auch Deserteure der Königlichen Marine. Das Lee-Geschwader hatte einige Prisen aufgebracht und viele Deserteure aufgegriffen, meistens auf amerikanischen Handelsschiffen. Die hatten gehofft, ein neues Leben in dem Land beginnen zu können, das sie für ein demokratisches Paradies hielten. Wahrscheinlich war es das auch verglichen mit den Härten, die sie unter der britischen Flagge in diesem nicht enden wollenden Krieg erdulden mußten.

Der Erste Offizier hatte jetzt die Wache. Er konnte seine Gegenwart auf der anderen Seite des Achterdecks spüren. Scarlett hatte sich an Tyacke gewöhnt, an sein frühes Erscheinen an Deck, zu Zeiten, da die meisten Kommandanten es vorzogen, die Morgenwache ihren erfahrenen Offizieren zu überlassen.

Es war noch kalt, Tau lag auf der Reling. In der Dämmerung würde sich das alles ändern. Wie Dampf würde der Tau aus Segeln und Rigg steigen. Der Teer zwischen den Planken würde an Sohlen und nackten Füßen kleben bleiben.

Tyacke konnte sich vorstellen, wie ihre Schiffe von weit oben aus dem Blickwinkel eines Seeadlers aussahen. Sie schienen wie Spielzeugschiffe, die in einer verwackelten Dwarslinie segelten, *Indomitable* in der Mitte und je eine Fregatte links und rechts. Sobald sie die ersten Signale ausgetauscht hatten, würden sie sich trennen. Die Linie würde sich ausdehnen, jeder würde seine richtige Position einnehmen. Nur noch die Ausguckleute im Mast würden das nächste Schiff erkennen können. Ihr Beobachtungsfeld würde so mehr als sechzig Meilen abdecken.

Spionen und Handelsschiffen, die ihre Beobachtungen jedem verkauften, würde das Lee-Geschwader, das die See bis Halifax in Kanada kontrollierte, schnell bekannt werden. Schutz oder Bedrohung: Ihr Auftauchen konnte man so oder so interpretieren. Die große *Valkyrie,* eine Fregatte mit zweiundvierzig Kanonen, war in Halifax das wichtigste Schiff. Die anderen Schiffe konnten zwischen den beiden Basen entweder gemeinsam oder unabhängig voneinander operieren.

Tyacke mußte an die rasenden Stürme denken, die sie in der Karibik überstanden hatten. Vor die Wahl gestellt, würde er jedoch die Karibik den bitterkalten Wintern in Halifax vorziehen. In der schneidenden Kälte konnte das laufende Gut so dick anschwellen oder gar einfrieren, daß ein Schiff weder manövrieren noch reffen konnte.

Die anderen Kommandanten kannte er jetzt persönlich. Bolitho hatte ihm klar gemacht, wie wichtig solches Wissen war. Wer glaubte, er kenne einen Kapitän schon, bloß weil er dessen Namen auswendig wußte, war für ein Geschwader so gefährlich wie ein Wirbelsturm. Ihr Seegebiet hatten sie meistens allein, selten in Begleitung von anderen abgesegelt.

Jetzt stellte er sich grüne Felder in England vor. Sie hatten einen Winter durchgestanden, hatten ein neues Jahr begrüßt, und das war nun auch schon wieder zur Hälfte verweht. Juni 1812: Wenn das neue Jahr das gleiche von den Schiffen verlangte wie das alte, mußte man sich auf Werftzeiten vorbereiten.

English Harbour auf Antigua war gut genug für kleinere Ausbesserungen, doch nicht ausreichend für große Reparaturen. Wenn es gar Gefechte geben würde, die Rigg und Rumpf zerschlugen ... Er seufzte. Wann war die Marine auf derlei Ereignisse je richtig vorbereitet?

Er trat von der Reling zurück und hörte den Ersten Offizier über das feuchte Deck auf sich zukommen.

»Guten Morgen, Mr. Scarlett. Ist alles in Ordnung?«

»Ja, Sir. Wind hält sich aus Nordost bei Nord. Unser Kurs ist West bei Nord. Unsere angenommene Position ist etwa 150 Meilen nordöstlich von Kap Haiti.«

Tyacke lächelte grimmig. »Viel näher möchte ich dem verdammten Land auch nicht kommen.«

Scarlett fragte: »Haben Sie für den Vormittag besondere Befehle, Sir?« Er stutzte, als Tyacke sich plötzlich zu ihm hindrehte: »Was ist, Sir?«

Tyacke schüttelte den Kopf. »Nichts!« Aber da war etwas. Er hatte, als er Sklavenschiffe jagte, so etwas wie einen sechsten Sinn entwickelt, den er anfangs nicht annehmen wollte. Er hatte seither oft eine deutliche Ahnung, wo Beute gefunden werden könnte.

Jetzt fühlte er Ähnliches. Heute würde etwas Wichtiges geschehen. Unruhig schritt er über das Deck, redete sich ein, er sei ein Narr. Es war wie an dem Morgen, als Adam Bolitho in Antigua auf den Befehl »Sofort!« an Bord des Flaggschiffs gekommen war. Als er die *Indomitable* eine Stunde später verließ, wirkte er wie ein Mann, dem das Schicksal gerade einen schrecklichen Schlag versetzt hatte.

Bolitho hatte ihn zu sich gebeten und ihm berichtet, daß Konteradmiral Keens Frau auf den Klippen von Cornwall den Tod gefunden hatte. Einen kurzen Augenblick lang hatte Tyacke geglaubt, Bolitho habe für das Mädchen zärtliche Gefühle gehegt. Den Gedanken ließ er aber sofort wieder fallen. Lady Catherine Somervell war Bolithos einzige Geliebte. Sie war in Falmouth an Bord gekommen und hatte die Herzen aller Männer an Bord gewonnen.

Aber was war es dann? In seinem Innersten spürte er, daß sie etwas verband, das mehr als ein Geheimnis war und das er mit niemanden teilen würde. Doch warum sollte die Tragödie einer jungen Frau sie alle so tief bewegen? So etwas geschah eben. Frauen und Kinder starben auf dem Weg zu ihren Männern und Vätern unterwegs oft an Fieber. Die Marine hatte ebenso wie das Heer Stützpunkte in den entferntesten Winkeln der Erde. Selbst die karibischen Besitzungen wurden Inseln des Todes genannt. Hier starben mehr Soldaten am Fieber als an Kugeln oder durch Bajonette. Der Tod war überall. Vielleicht konnten sie den Verdacht, daß es ein Selbstmord gewesen war, nicht akzeptieren.

Allday würde Genaueres wissen. Doch wenn es darum ging, anderen Geheimnisse mitzuteilen, war Allday stumm und verläßlich wie der Felsen von Gibraltar.

Scarlett näherte sich wieder: »Der Admiral ist heute früh auf den Beinen, Sir!«

Tyacke nickte. Er hätte Scarlett schütteln können. Er war ein guter Offizier, sehr gewissenhaft und bei der Mannschaft so beliebt, wie man es bei einem Ersten Offizier nur erwarten konnte.

Sei nicht so zurückhaltend. Ich habe es dir doch gesagt. Ich kann früher fallen als du, und du übernimmst dann das Kommando. Denk daran, Mann. Red mit mir. Laß mich deine Gedanken kennen.

»Das ist er immer, denke ich!« sagte Tyacke. Oder trieb auch Bolitho eine Vorwarnung aus der Koje?

Es war etwas heller geworden. Blasses Licht strich um die Mastspitzen, die nun aussahen, als schwebten sie gänzlich getrennt über der dunklen Masse von Rigg und Rahen.

Bolithos Flagge bewegte sich wie der Mann, für den

sie da oben gesetzt war. Ein Gehilfe des Bootsmanns und eine Handvoll Männer prüften die Boote in ihren Stells, sahen sich Luken und ihre Befestigungen an und füllten neues Öl in die Kompaßlampen. Ein Schiff erwachte zu neuem Leben.

Der Gehilfe des Masters meldete leise: »Der Admiral kommt an Deck, Sir!«

»Danke, Mr. Brickwood.« Tyacke dachte an seine ersten Tage an Bord zurück, als alle Gesichter und Namen ihm noch fremd waren. Aus eigener Erfahrung und durch Beobachtung Bolithos wußte er, wie wichtig es war, jeden Mann beim Namen zu kennen und sich sein Gesicht zu merken. In der Navy gab es nicht mehr Möglichkeiten.

Der Midshipman der Wache, ein Junge namens Deane, rief reichlich laut: »Halb fünf, Sir!«

Bolitho trat zwischen sie. Sein gekräuseltes Hemd stach sehr hell gegen das Deck und die dunkle See hinter ihnen ab.

»Guten Morgen, Sir Richard!«

Bolitho schaute ihn an. »Das ist es in der Tat, Kapitän Tyacke.« Er nickte dem Ersten Offizier zu. »Wie sieht es bei Ihnen aus, Mr. Scarlett? Sind die Ausguckleute schon oben?«

»Ja, Sir!« Das kam wieder zögernd. Man wußte wirklich nie, was Scarlett dachte.

Bolitho rieb sich die Hände. »Es stinkt fürchterlich aus der Hutz der Kombüse. Wir müssen neue Verpflegung fassen, wenn wir wieder in English Harbour sind. Und wenn wir Glück haben, frisches Obst!«

Tyacke verbarg ein Lächeln. Einen Augenblick lang erlaubte sich der Admiral, wieder Kapitän zu sein, der sich um jeden Mann und jeden Jungen an Bord kümmerte.

»Lassen Sie uns zusammen auf und ab gehen, James!« Nebeneinander begannen sie, über das Deck zu gehen. Im Dämmerlicht hätte man sie für Brüder halten können.

Bolitho fragte: »Was bedrückt den Mann?«

Tyacke zuckte mit den Schultern: »Als Offizier hat er sehr viele Fähigkeiten, Sir, aber ...«

»Stimmt, James. Ich habe die Erfahrung gemacht, daß die Probleme oft genug in diesem *Aber* bestehen.«

Er schaute hoch. Das dünne Sonnenlicht tastete sich durch das geteerte Rigg und kroch die angebraßte Großrah entlang. Jetzt hatte auch die See Farbe gewonnen, ein tiefes Blau. Es ließ sie noch tiefer erscheinen als die tausend Fuß, die nach Karte unter dem Kiel der *Indomitable* lagen.

Tyacke beobachtete Bolithos Profil. Ganz offensichtlich hatte er Freude daran, wieder einen Morgen zu erleben. Trotz seines schweren Dienstes konnte er seine Sorgen in diesen Augenblicken des aufsteigenden Tages beiseite lassen.

Bolitho trat zur Seite, als die gewohnten Gestalten nach achtern liefen, um mit dem Ersten Offizier oder dem Kapitän zu sprechen. Nach dem Frühstück würde das Hauptdeck, auf dem die Unteroffiziere mit ihren kleinen Mannschaften übten, zum Marktplatz werden. Der Segelmacher und seine Gehilfen hatten ständig zu nähen. Nichts durfte auf einem Schiff, das so viele Meilen vom Heimathafen entfernt operierte, verschwendet werden. Ebenso der Schiffszimmermann und seine Leute. Evan Brace sollte der wohl älteste Mann im ganzen Geschwader sein. Jedenfalls sah er so aus. Aber er konnte immer noch Reparaturen ausführen wie jeder junge Mann und notfalls auch ein Boot bauen wie jeder andere.

Bolitho hörte eine bekannte Stimme mit einem starken Yorkshire Akzent. Joseph Foxhill war der Böttcher, der früh an Deck nach genügend Platz suchte, um Fässer zu schrubben und zu säubern, ehe sie wieder gefüllt wurden.

Ein Midshipman ging unterhalb der Achterdecksreling über das Deck. Die weißen Flecken auf seinem Kragen schienen hell in den schwächer werdenden Schatten. Bolitho wurde schmerzlich an Adam erinnert. Für ihn würde er wohl immer der Midshipman bleiben, der wie ein junges Füllen an Bord gekommen war, als seine Mutter starb. Er seufzte. Nie würde er Adams Gesicht vergessen, als er ihm den Tod Zenorias mitteilte. Es schmerzte, einen ungläubigen Zweifel darin zu entdecken. So als wolle er sich mit aller Kraft gegen die Tragödie wehren, sie ungeschehen machen. Man wacht auf und stellt fest, es war alles nur ein Traum ...

Er hatte nicht widersprochen, als sein Onkel ihn zum Sitzen aufforderte, und hatte ihn leise gebeten, alles zu wiederholen. Bolitho hatte in der geschlossenen Kajüte seine eigene Stimme wie eine fremde gehört. Er selbst hatte das Skylight geschlossen, damit keiner etwas hören konnte. Adam war Kapitän, wahrscheinlich einer der besten Kapitäne, über den die Marine jemals verfügt hatte. Aber in diesen dunklen, verzweifelten und schmerzenden Augenblicken schien er wieder der dunkelhaarige Junge zu sein, der den langen Weg von Penzance nach Falmouth zu Fuß gelaufen war, nur angetrieben von Hoffnung und dem Namen Bolithos.

Er hatte gebeten: »Darf ich Lady Catherines Brief sehen, Onkel?«

Bolitho hatte ihn beobachtet, wie sich seine Augen langsam von Buchstaben zu Buchstaben, von Zeile zu

Zeile bewegten, so als höre er sie zu sich sprechen. Dann hatte er gesagt: »Es ist alles meine Schuld!« Als er aufschaute, war Bolitho schockiert gewesen, Tränen über Adams Wangen laufen zu sehen. »Aber ich konnte mich nicht zurückhalten. Ich liebte sie so. Nun hat sie uns alle verlassen!« Und Bolitho hatte geantwortet: »Ich war auch Teil davon.« Catherines Worte klangen nach. *Das Zeichen des Satans.* Steckte hinter dem alten kornischen Aberglauben doch ein Körnchen Wahrheit?

Danach hatten sie schweigend unten gesessen, bis Adam sich erhob, um zu gehen.

»Ich trauere mit Konteradmiral Keen. Sein Verlust ist soviel größer, weil ...« Er ließ den Rest ungesagt.

Er hatte zum Hut gegriffen und seine Uniform zurechtgerückt. Wenn er an Bord seines Schiffes zurückkehrte, sollte man in ihm nur den Kapitän sehen. So wie es sich gehörte.

Doch Bolitho, der ihn beobachtete, als er unter dem Schrillen der Pfeifen in sein Boot kletterte, hatte in ihm wieder nur den Midshipman gesehen.

Er zuckte zusammen, als von oben Stimmen zu hören waren.

»An Deck! Die *Zest* ist an Backbord in Sicht!«

So wie gestern und an all den Tagen vorher. Er konnte sich die ranke Fregatte mit ihren achtunddreißig Kanonen vorstellen und natürlich ihren Kommandanten, Paul Dampier. Der war noch jung, eher dickköpfig und sehr ehrgeizig. Darin glich er Peter Dawes, Sohn eines Admirals, der jetzt in Halifax die *Valkyrie* führte.

»An Deck! *Reaper* ist an Steuerbord in Sicht!« Eine kleinere Fregatte mit sechsundzwanzig Kanonen. James Hamilton, ihr Kommandant, war alt für seinen Rang. Er hatte in der Ehrbaren Ostindien Compagnie gedient, bis er auf eigenen Wunsch wieder in die Marine eingetreten war.

Und weiter an Luv würde die kleine Brigg *Marvel* stehen. Sie mußte alles Verdächtige erkunden, große und kleine Buchten absuchen, wo ihre größeren Schwestern leicht den Kiel verlieren würden. Sie hatte Nachrichten zu überbringen und allerlei sonstige Aufgaben zu erfüllen. Bolitho hatte gesehen, wie genau Tyacke sie studierte, wenn sie in der Nähe war. Sie erinnerte ihn sicher an sein letztes Schiff. *Marvel* ähnelte der *Larne* sehr.

Jetzt stand Allday am Fuß des Niedergangs zum Achterdeck. Er hielt den Kopf zur Seite geneigt und kümmerte sich nicht um die herumwirbelnden Matrosen, die die Rahen eilig trimmten, weil ihnen der Geruch von Frühstück in die Nase stieg.

»Ist da was?« fragte Bolitho scharf.

Allday schaute ihn unbeeindruckt an. »Ich bin mir nicht sicher, Sir!«

»An Deck! Segel in Sicht in Nordost!«

Tyacke sah sich um, bis er Midshipman Blythe fand. »Los, nach oben, Junge. Und nimm ein Fernglas mit!«

Seine Stimme klang schärfer als sonst. Bolitho sah, wie er auf die Kimm starrte. Sie war schon glashell und brütete unter der Hitze.

»Mr. Scarlett, machen Sie alles klar, um mehr Segel zu setzen!«

Blythe hatte die Dwarssaling des Großmasts erreicht. »Segel in Nordost, Sir.« Ein winziges Zögern. »Schoner, Sir!«

»Sie segelt nicht davon!« bemerkte Scarlett.

Die *Indomitable* und die beiden Fregatten lagen beigedreht. Die *Marvel* schüttelte Segel aus, um die Flucht des fremden Schiffs zu verhindern, sollte es denn ein feindliches sein. Trotz der schweren, gleichmäßigen Schwell war jedes Glas auf den Ankömmling gerichtet.

Midshipman Cleugh, hagerer Gehilfe Blythes, rief mit seiner überschnappenden Stimme: »Es ist die *Reynard*, Sir!«

»Ein Kurier? Ich möchte wissen, was sie von uns will!« wunderte sich Scarlett.

Niemand antwortete.

Allday stieg schweigend den Niedergang empor und trat zu Bolitho.

»Ich habe ein dummes Gefühl, Sir. Irgendwas stimmt hier nicht.«

Es dauerte noch fast eine Stunde, bis der Schoner so nahe war, daß er ein Boot aussetzen konnte. Ihr Kommandant war ein wild dreinschauender Mann namens Tully. Man brachte ihn in die Kajüte, in der Bolitho vorgab, gerade Ozzards Kaffee zu genießen.

»Nun, Mr. Tully, was haben Sie mir mitgebracht?«

Er beobachtete, wie Avery die Tasche öffnete und den versiegelten, beschwerten Umschlag herausnahm.

Doch der junge Kommandant des Schoners kam ihm zuvor: »Es ist Krieg, Sir! Die Amerikaner stehen schon an der Grenze zu Kanada ...«

Bolitho nahm Avery die Meldungen ab. »Wo sind ihre Schiffe?« Ein Brief kam von Kapitän Dawes auf der *Valkyrie*. Er hatte seine Schiffe schon, wie abgesprochen, auf See geführt. Dort würde er neue Befehle abwarten, so wie sie das vor einiger Zeit schon geplant hatten.

»Aber wo sind ihre Schiffe?« wiederholte er.

Dawes hatte ein PS unter den Brief gesetzt: »Commodore Beers Geschwader lief in einem Sturm an Sandy Hook vorbei.«

Er konnte die Worte fast hören. *Vollständig Ihre Verantwortung.* Aber er fühlte nichts. Es war das Erwartete, vielleicht sogar das Erhoffte. Damit die Sache ein für alle Mal beendet sein würde.

Tyacke, der still gewartet hatte, fragte plötzlich: »Wann ist der Brief geschrieben worden, Sir?«

»Vor zehn Tagen, Sir!« antwortete Avery.

Bolitho erhob sich. Trotz des mächtigen Schwells war es still im Schiff. Vor zehn Tagen also war der Krieg ausgebrochen – und sie hatten nichts davon gewußt.

»Wann verläßt der nächste Konvoi Jamaica?« drehte er sich fragend um.

Tyacke antwortete: »Er hat Jamaica gerade verlassen. Die wußten auch nichts!«

Bolitho sah auf den Stuhl neben der Heckbank, auf dem Adam mit Catherines Brief gesessen hatte und wo sein Herz zerbrochen war.

»Welches Begleitschiff?« fragte er.

Er las in Tyackes Gesicht, daß auch er erwartet hatte, was jetzt eingetreten war. Wie war das bloß möglich?

»Die *Anemone*, Sir!« antwortete Avery. »Falls die nicht damit gerechnet haben ...«

Bolitho unterbrach ihn heftig. »Befehl an *Zest* und *Reaper*, ebenfalls an *Marvel*. Sie sollen aufschließen und sich ganz in unserer Nähe halten.« Er schaute jetzt Tyacke an und schien jeden anderen vom Gespräch auszuschließen. »Wir werden einen Kurs auf die Mona Passage abstecken.« Er erinnerte alles so deutlich: Die bekannte Enge westlich von Puerto Rico, in der er und so viele andere, die nicht mehr lebten, Schlachten ausgefochten hatten, die die meisten längst vergessen hatten.

Es war die übliche Route für einen Geleitzug aus Jamaica. Schwerbeladene Handelsschiffe hatten gegen

Schiffe wie die U.S.S. *Unity* keine Chance – oder gar gegen Männer wie Nathan Beer.

Es sei denn, das Begleitschiff ahnte, was los war, und verteidigte den Geleitzug gegen eine gewaltige Übermacht. So geschehen in jenem anderen Krieg gegen denselben Gegner, als die *Seraphis* die *Bonhomme Richard* unter John Paul Jones angegriffen hatte.

Es wäre immerhin möglich. Damals konnte der Geleitzug fliehen. Die *Seraphis* mußte die Flagge streichen.

Er schaute Tyacke an, doch er sah nur Adam.

»Lassen Sie alle Segel setzen, die wir tragen können, James. Ich glaube, man braucht uns dringend.«

Aber eine Stimme schien sich spöttelnd zu melden.

Zu spät! Zu spät!

Richard Hudson, Erster Offizier der Fregatte *Anemone* mit achtunddreißig Kanonen, ging zum Achterdeck, gerade als im Bug acht Glasen geschlagen wurden. Er tippte grüßend an die Stirn als Reverenz an den Zweiten Offizier, den er ablösen wollte. Wie alle anderen Offiziere trug auch er nur Hemd und Hose, keinen Hut. Doch selbst die leichte Kleidung klebte an ihm wie eine zweite Haut.

»Die Nachmittagswache ist bereit, Sir!«

Diese Worte waren uralt und wurden auf allen Schiffen der Königlichen Marine gebraucht – vom Indischen Ozean bis zur Arktis.

Der andere junge Offizier, im gleichen Alter wie er, antwortete mit derselben Exaktheit: »Der Kurs bleibt Südost bei Süd, der Wind hat gedreht auf ungefähr Nord bei West!«

Um sie herum und unter ihnen zogen die Midshipmen und die Männer der Wache auf ihre Stationen, oder sie begannen mit dem Spleißen und Nähen, den nie endenden Aufgaben, wollte man ein Kriegsschiff kampffähig halten.

Hudson nahm ein Teleskop aus dem Stell und zuckte zusammen, als er es ans Auge hielt. Es war heiß wie ein Kanonenrohr. Ein paar Augenblicke lang suchte er in der schimmernden Hitze und über dem tiefblauen Wasser die glänzenden Pyramiden der Segel der drei Handelsschiffe, die die *Anemone* von Port Royal an begleitet hatten. Auf den Bermudas würden sie zu einem größeren Geleitzug stoßen, der den Atlantik überquerte.

Schon der bloße Gedanke an England ließ ihn sich die Lippen lecken. Sommer, nun ja, aber vielleicht würde es regnen. Kühle Brisen, unter den Füßen nasses Gras. Aber dann konnte er doch nicht reden. Er merkte, daß der Zweite Offizier, verantwortlich für die Wache am Vormittag, immer noch neben ihm stand. Er wollte reden, hier oben, wo ihnen keiner zuhören konnte. Hudson fühlte sich schuldig und nicht loyal. Er war Erster Offizier, nur dem Kommandanten verantwortlich für die Organisation und den Betrieb des Schiffes und den Einsatz der Mannschaft.

Wie konnten sich Dinge nur so schnell verändern – in weniger als einem Jahr! Als sein Onkel, ein pensionierter Vizeadmiral, ihm dank der Fürsprache eines Freundes in der Admiralität den Posten hier auf der *Anemone* beschafft hatte, war er überglücklich gewesen. Wie die meisten ehrgeizigen jungen Offiziere sehnte er sich nach einer Fregatte. Daß er unter einem so berühmten Kapitän zweiter Mann sein sollte, erschien ihm damals wie ein Traum, der wahr geworden war.

Kapitän Adam Bolitho stellte all das dar, was man vom Kommandanten einer Fregatte erwartete: Er war schnell entschlossen und tollkühn, aber er setzte niemals Leben aufs Spiel für eigene Zwecke oder persönlichen Ruhm. Besonders pikant wurde sein neuer Posten dadurch, daß der Kommandant des kleinen, aber so überaus wichtigen Geschwaders Bolithos Onkel war – von der Flotte gefeiert und geliebt, an Land von vielen verachtet. Alles war gutgegangen, bis Adam Bolitho nach dem Besuch des Flaggschiffs in English Harbour auf die *Anemone* zurückgekehrt war. Er arbeitete immer hart und erwartete, daß andere seinem Beispiel folgten. Oft genug tat er selber, was eigentlich Aufgabe eines einfachen Seemanns gewesen wäre, nur um damit Landratten oder anderen Gepreßten zu beweisen, daß er nichts Unmögliches von ihnen verlangte.

Nun aber überschritt er alle Grenzen. Monatelang hatten sie, solange keine anderen Schiffe in ihrer nächsten Nähe waren, so nahe wie möglich unter der amerikanischen Küste patrouilliert. Sie hatten Schiffe unter allen möglichen Flaggen gestoppt und viele Deserteure an Bord genommen. Verschiedene Male hatten sie sogar auf Neutrale geschossen, die zu einer Inspektion nicht beidrehen wollten. Ein Viertel von *Anemones* Besatzung war auf Prisen unterwegs – nach Antigua oder Bermuda.

Auch das schien den Kommandanten nicht mehr zufriedenzustellen, dachte Hudson. Er wich seinen Offizieren aus, kam nur an Deck, wenn die Führung des Schiffes es notwendig machte oder bei schlechtem Wetter. Das hatte in den vergangenen Monaten allerdings häufig genug geherrscht. Naß bis auf die Haut, mit Haaren, die ihm im Gesicht klebten, glich er eher einem Piraten als einem Offizier des Königs. Er hatte das Deck immer erst verlassen, wenn das Schiff nicht mehr in Gefahr war.

Und er war jetzt immer kurz angebunden, ungeduldig

– ein ganz anderer Mann als der, den Hudson damals in Plymouth getroffen hatte.

Vicary, der Zweite Offizier, meinte: »Ich bin froh, wenn wir diesen Konvoi übergeben können. Die segeln so lahm, machen kaum mit – manchmal glaub ich, daß diese Grünhöker-Kapitäne ein Vergnügen daran haben, Befehle von uns einfach zu übersehen!« Hudson sah, wie ein Fisch aus dem Wasser schnellte und in die nächste Woge fiel. Diese Reise hatte es mit sich gebracht, daß er selbst die kleinsten Bemerkungen auf irgendwelche geheimen Bedeutungen hin abklopfte.

Kapitän Bolitho war mit seinen Strafen niemals grausam. Er hätte sonst bestimmt ernsthafte Probleme bekommen, denn nur die alte Brigg *Woodpecker* segelte in seiner Begleitung. Hudson hatte einige der Deserteure, die sie aufgegriffen hatten, selber ausgefragt. Viele hatten erklärt, sie seien nur deswegen desertiert, weil man sie unfair behandelt und oft wegen geringster Vergehen grausam ausgepeitscht habe. Nachdem sie jetzt im gleichen Krieg auf britische Schiffe zurückgeholt worden waren, würde sich ihre weitere Behandlung nach ihrem Verhalten an Bord richten.

Hudson sah die Männer, die an Deck arbeiteten. Einige versuchten, im Schatten der gerefften Toppsegel zu bleiben. Andere beobachteten lediglich den Marinesoldaten, der schwitzend, mit aufgepflanztem Bajonett, das Wasserfäßchen bewachte.

Wenn sie doch bloß diese Handelsschiffe mit ihrem Kriechgang hinter sich lassen könnten! Das einzige, was sich jeden Tag änderte, war der Wind, und das auch nur geringfügig.

Hudson fragte: »Sie glauben auch, daß dies die reinste Zeitverschwendung ist, Philip?«

»Ja, in der Tat. Dies ist eine geisttötende Aufgabe. Sollen sie doch für sich selber kämpfen, sag ich immer. Wenn wir auch nur ein paar von ihren guten Seeleuten übernehmen, um unsere Reihen aufzufüllen, blöken sie und wenden sich an die da oben. Aber wenn sie dann selber in Gefahr sind, blöken sie noch lauter.«

Hudson fiel ein Vers ein, den er vor langer Zeit mal irgendwo gehört hatte: »Wir lieben die Marine und Gott – doch erst in allerhöchster Not!« Daran hatte sich offenbar inzwischen nichts geändert.

Die *Anemone* war ziemlich hart rangenommen worden. Sie mußte jetzt dringend überholt werden. Er wagte es nicht, sich dabei zuviel zu wünschen. Eines der Schiffe, das auf den Bermudas ihre Ankunft erwartete, war viel kürzer hier draußen gewesen und würde als weitere Verstärkung des Geleitschutzes mit nach England segeln. Nach England, nach Hause! Er knirschte fast mit den Zähnen. Dann hob er sein Teleskop und stellte es scharf ein auf die fernsten Segel. Weiter in Lee stand die Brigg *Woodpecker* in der gleißenden Hitze. Ihre weißen Segel hingen wie ein paar Federn vor dem erbarmungslos harten Himmel.

»Warum verschwinden Sie nicht nach unten in die Messe?« fragte er. »Da ist es wenigstens ein bißchen kühler.« Er setzte das Glas ab und wartete ab. *Gleich geht es los.*

Vicary meinte: »Wir sind immer gut miteinander klargekommen. Ich kann mit niemandem sonst reden. Sie wissen doch, wie man einem jedes Wort falsch auslegen kann.«

»Verdrehen, meinen Sie!« Vicary war vierundzwanzig Jahre alt, stammte aus Sussex und hatte blondes Haar und blaue Augen. Sicherlich hatte seine Mutter gemeint, er habe ein typisch englisches Gesicht. Hudson lächelte freundlich und antwortete: »Sie wissen, darüber kann ich nicht reden.« Selbst das kam ihm wie Verrat vor.

»Ich honoriere das.« Vicary zupfte an seinem klebenden Hemd. »Ich möchte nur wissen, warum das Ganze? Was hat ihn denn bloß so verändert? Wir haben ein Recht darauf, es zu erfahren, oder?«

Hudson spielte mit dem Gedanken, ihm zu befehlen, nach unten zu verschwinden. Doch statt dessen sagte er: »Vielleicht war es etwas sehr Persönliches. Sicher kein Todesfall, von dem hätten wir gehört. Seine Zukunft ist gesichert, vorausgesetzt, er bleibt am Leben, und damit meine ich nicht nur kommende Schlachten.«

Vicary nickte zufrieden, vielleicht weil ihre Freundschaft nicht gefährdet war. »Ich hörte Gerüchte über ein Duell irgendwo. Jeder weiß, es gibt Duelle, obwohl sie verboten sind!«

Hudson erinnerte sich an den Onkel des Kommandanten, der an Bord gekommen war, um die Offiziere kennenzulernen. Adam war ihm so ähnlich, und Bolitho mußte in seinem Alter genauso ausgesehen haben: ein Held, ein Mann, dem man ohne zu zögern, ja sogar mit einer gewissen Leidenschaft in den Kampf folgte – wie einst Nelson. Und doch hatte Hudson gespürt, daß dieser Mann im Gegensatz zu anderen hochrangigen erfolgreichen Offizieren, den Helden der Nation, ein Mann ohne Fehl und Tadel war. Sir Richard Bolitho kümmerte sich um die Männer, die er begeisterte. Es war sicherlich mehr als Charisma, wenn man den Beschreibungen glauben konnte. Der Blick von Admiral Bolitho ging jedem Mann bis in die Seele. Und man wußte, dem würde man künftig folgen, egal wohin.

Er fühlte sich plötzlich bedrückt. Bis vor kurzem war Adam Bolitho von gleichem Schnitt gewesen.

Er sah den Waffenmeister und den Bootsmann an der Luv-Seite neben den 18-Pfündern stehen. Ihr Anblick brachte ihn schlagartig in die Gegenwart zurück. Um zwei Glasen, wenn die Freiwache gegessen hatte, sollte eine Bestrafung durchgeführt werden. Er roch den Rum in der heißen Brise, die die Segel nur kümmerlich füllte.

Bestrafungen wurden gewöhnlich am Vormittag ausgeführt. So hatten alle Männer die Chance, das Ereignis zu verdauen, indem sie ihre Tagesration Rum tranken. Doch heute hatte der Kommandant zusätzlichen Drill an den Kanonen befohlen und hatte an Deck selber die Zeit genommen, als traue er seinen Offizieren nicht zu, jedermann klarzumachen, wie wichtig das Funktionieren der Mannschaft war.

Wären sie mit allen Segeln oben so hart gesegelt, daß das Rigg der *Anemone* fast gebrochen wäre, hätte die Bestrafung nicht so einen Stellenwert eingenommen. Zwei Dutzend Hiebe: Für den Delinquenten hätten es leicht mehr werden können. Es war schließlich nicht das erste Mal, daß man ihm – an die Gräting gebunden – den Rücken in Streifen zerlegte. Er war ein sturer Hund, ein Unterdecksprecher, ein geborener Unruhestifter. Kapitän Bolitho hätte leicht die doppelte Menge Hiebe befehlen können.

Doch heute war alles ganz anders. Sie krochen über die glatte See, sahen nur den fernen Geleitzug und die Brigg. Da konnte eine Bestrafung wie ein Funken im Pulverfaß wirken. Das nächste Land war Santo Domingo, ein paar hundert Meilen nördlich. Der unmögliche Wind ließ sie nicht näher herankreuzen. Doch in zwei Tagen hätten sie endlich die Mona Passage erreicht. Dort würden alle Mann beim tagelangen Kreuzen endlich wieder gefordert werden.

Hudson drehte sich um, als er einen Schatten über die Reling gleiten sah. Es war der Kommandant.

Unfreundlich sah Adam Bolitho sie an. »Sie haben nichts Besseres zu tun, als zu quatschen, Mr. Vicary?« Er musterte den Ersten Offizier. »Ich hätte angenommen, ein Offizier, der keinen Appetit auf sein Mittagessen hat, würde etwas Sinnvolleres zu tun haben.«

Hudson antwortete: »Wir haben lange nicht mehr miteinander reden können, Sir!«

Er blickte dem Kapitän hinterher, der zum Kompaß schritt und dann nach oben zum müde flappenden Wimpel im Masttopp emporsah.

Heiser meldete der Rudergänger: »Südost bei Ost, Sir, voll und bei!«

Hudson bemerkte tiefe dunkle Schatten unter den Augen des Kapitäns. Seine Hände flatterten nervös. Er war wie jedermann lässig gekleidet, doch er trug – was ungewöhnlich war – seinen kurzen Säbel für den Nahkampf.

Die Männer des Bootsmanns riggten die Gräting. Hudson entdeckte im Niedergang Cunningham, den Schiffsarzt. Als der den Kapitän an Deck bemerkte, stieg er ohne einen weiteren Blick wieder nach unten.

Doch Adam Bolitho hatte gesehen, daß er aufgetaucht war, und sagte: »Der Chirurg hat bei mir Protest gegen die Bestrafung eingelegt, wußten Sie das?«

»Nein, keine Ahnung, Sir!« antwortete Hudson.

»Er sagte, daß der Mann, der schon einige Male in unserem Strafbuch und sicherlich auch schon in anderen aufgetaucht ist, krank ist. Innerlich krank ist, wegen Rum und anderer zerstörerischer Sachen. Was meinen Sie dazu, Mr. Hudson?«

»Er hat ziemlich oft Probleme, Sir!«

»Er gehört zum Abschaum«, entgegnete Adam Bolitho scharf. »Auf meinem Schiff dulde ich keine Aufmüpfigkeit!«

Hudson wußte wohl, wie sehr der Kapitän sein Schiff liebte. Solch persönliche Hingabe paßte ausgezeichnet in die Legende, die die Bolithos umgab. Doch jetzt wußte er endlich, warum Adam Bolitho ihr so anhing. Die geliebte *Anemone* war alles, was er auf der Welt besaß.

Der andere Offizier hatte die Gelegenheit genutzt und war unter Deck verschwunden. Wie schade, dachte Hudson. Wäre er oben geblieben, wäre er zu demselben Schluß gekommen. Oder doch nicht?

Der Bootsmann kam nach achtern: »Wir sind bereit, Sir!«

»Sehr gut, Mr. M'Crea. Binden Sie den Gefangenen an und machen Sie unten alle Decks frei.«

Wie auf ein geheimes Signal hin, marschierten die Seesoldaten in einer Linie auf dem Achterdeck auf. Ihre Musketen mit den Bajonetten glänzten ebenso wie die Patronentaschen und die Ledergürtel. Es war ganz wie bei einem Appell in ihrer Kaserne. Ihre Gesichter glänzten in der Hitze so rot wie ihre Uniformjacken.

George Starr, Bootssteuerer des Kapitäns, brachte den alten Bootsmantel und den Hut, damit der Kommandant Autorität ausstrahlte.

»Alle Mann, alle Mann. Achtern sammeln, um einer Bestrafung beizuwohnen.«

Der Matrose Baldwin kam zwischen dem Waffenmeister und dem Schiffskorporal nach achtern. Er war ein großer bulliger Mann, der seine Kameraden mit nackter Gewalt im Zaum hielt.

Ein Bootsmannsgehilfe und ein zweiter Matrose zogen ihm das karierte Hemd aus und banden ihn an Handgelenken und Knien an der Gräting fest. Selbst vom Achterdeck aus sah man die alten Narben auf seinem kräftigen Rücken.

Adam nahm den Hut ab und holte das abgegriffene Büchlein mit den Kriegsartikeln aus der Tasche. Er hatte Hudsons Kritik ebenso bemerkt wie Vicarys deutliche Ablehnung. Irgendwann wären beide gute Offiziere. Er fühlte Wut aufsteigen. Aber noch hatten sie kein eigenes Kommando.

Er beobachtete den Arzt, der seinen Platz einnahm, und erinnerte sich an sein Eintreten für den Gefangenen. Doch Cunningham war ein Heuchler. Er würde nicht mal über die Straße laufen, um einem Kind zu helfen, das ein durchgebranntes Pferd niedergeworfen hatte.

Aus dem Augenwinkel sah er, daß der Bootsmann seinen berüchtigten Neunschwänzer aus dem roten Stoffbeutel holte.

Adam haßte die Peitsche genauso wie sein Onkel. Aber wenn nur sie Ungehorsam von Ordnung trennen konnte, dann mußte es sein.

Er schob eine Hand in die Tasche und preßte seine Faust so heftig zusammen, daß der Schmerz ihm Halt gab.

Er spürte, wie sein Bootssteuerer Starr ihn anschaute. Bedrückt und sehr bemüht war er die letzten Monate gewesen. Ein guter Mann, natürlich kein Allday, aber wie sollte es je einen zweiten geben?

Langsam lockerte er seine Finger und fühlte wieder ihren Handschuh in seiner Tasche. Wie oft hatte er ihn herausgenommen und ihn sich angeschaut und dabei an ihre Augen gedacht, als er ihn ihr überreicht hatte. Sie waren durch den Garten des Hafenadmirals spaziert, ihre Gegenwart hatte ihn bezaubert wie eine schöne wilde Blume.

Was soll ich tun? Warum hast du mich verlassen?
Erschreckt stellte er fest, daß er den entsprechenden Kriegsartikel unbewegt mit lauter Stimme bereits vorlas. *Unbewegt? Ich zerstöre mich gerade selber!*
Und dann hörte er sich sagen: »Fahren Sie fort, Mr. M'Crea. Zwei Dutzend!«
Laut begannen die Trommeln zu rasseln. Der Bootsmann holte mit kräftigem Arm aus. Eine Ewigkeit schien die Peitsche in der Luft zu hängen, bis sie sich mit scharfem Krachen in den nackten Rücken des Gefangenen grub. M'Crea war ein kraftvoller Mann, ein gerechter Kerl, und dennoch schien ihm dieses Tun Freude zu bereiten.
Er sah, wie aus roten Linien blutige Tropfen liefen. Doch er fühlte dabei keine Abscheu, und das bereitete ihm plötzlich Angst.
»An Deck!«
Es schien, als habe der Ruf sie alle versteinert. Die Peitsche hing am ausgestreckten Arm des Bootsmanns, die Trommelstöcke blieben wie in schwerer Luft stehen. Der Gefangene, gegen die Gräting gepreßt, holte wie ein Ertrinkender schwer atmend Luft.
Hudson hob das Sprachrohr: »Was ist los, Mann?«
»Segel an Backbord voraus.« Ein Zögern. Die Hitze war dort sicherlich genauso unerträglich. »Zwei Segel, Sir!«
Hudson wußte, daß jetzt alle Augen auf den Offizieren auf dem Achterdeck ruhten, die des Gefangenen ausgenommen. Doch als er den Kapitän anschaute, war er ziemlich verblüfft. Adam zeigte keinerlei Überraschung. Es schien, als sei ihm endlich die Frage, die ihn lange beschäftigt hatte, beantwortet worden.
»Was denken Sie, Sir?«

»Egal, wer sie sind, sie gehören sicher nicht zu uns. Soviel ist ganz sicher.« Er dachte laut nach, als gäbe es außer ihm niemand an Deck. »Sie müssen die Windward Passage westlich von Port au Prince genommen haben. Da fanden sie den Wind, den wir bräuchten!«

Hudson nickte, verstand aber nichts.

Adam sah über sich die Rahen des Großmasts, die flappende Leinwand.

»Ich enter selber auf!«

Der Mann an der Gräting versuchte seinen Kopf zu drehen. »Und was geschieht mit mir, du Bastard?«

Adam gab M'Crea Hut und Mantel und fuhr den Gefangenen an: »Geduld, Mann. Und für diese Impertinenz ein zweites Dutzend Hiebe, Mr. M'Crea!«

Er stand schnell neben dem Ausguck und war überrascht, wie leicht ihm das gefallen war. Er atmete nicht mal schwer. Er erkannte im Ausguck einen der besten Männer des Geschwaders, einen Mann, der viel älter aussah, als er wirklich war.

»Also, Thomas, was denken Sie?«

»Kriegsschiffe, Sir, ohne Frage!«

Adam nahm sein Teleskop vom Rücken. Mast und Rahen zitterten, die Leinwand flappte und knallte. Das Schiff weit unten zeigte seine ganze Kraft. Er mußte doch noch etwas warten, sich an die schwankende Höhe gewöhnen. Auch der kornische Akzent des Ausgucks hatte ihn wieder überrascht.

Dann hielt er sein Teleskop ruhig auf die feindlichen Schiffe.

Das kleinere der beiden konnte jedes beliebige Schiff sein, eine Slup, eine Brigg – noch nicht zu erkennen. Über das andere hatte er keine Zweifel.

Als ob es erst gestern geschehen war: In der großen

Kajüte der U.S.S. *Unity* sprach er mit dem Kommandanten Nathan Beer, der seinen Vater während der amerikanischen Revolution kennengelernt hatte.

»Yankee!« sagte er nur.

»Dachte ich mir, Sir!«

»Sehr gut, Thomas. Ich sorge für eine Extraration Rum für Sie!«

Der Mann sah ihn fragend an. »Aber wir sind mit denen doch nicht im Krieg, Sir, oder?«

Adam lächelte und bewegte sich wie ein trainierter Toppgast nach unten.

Ihn erwarteten Hudson und die anderen mit fragenden Gesichtern, doch schweigend.

Knapp sagte er: »Eines der beiden ist die große Yankee-Fregatte *Unity*.. Sie hat sicherlich vierundvierzig Kanonen, jetzt vielleicht sogar noch mehr!« Er schaute auf die nächststehenden Kanonen. Die *Unity* hatte 24-Pfünder. Er erinnerte sich, daß der Amerikaner davon gesprochen hatte – aus Stolz oder um zu drohen? Wahrscheinlich aus beiden Gründen.

Er schaute zum Himmel. In zwei Stunden wäre sie hier. Und erst sieben Stunden nach dem Treffen mit der *Anemone* könnte der Konvoi sich in der Dunkelheit auflösen.

Vorsichtig wollte Hudson wissen: »Was ist deren Absicht, Sir?«

Adam erinnerte sich, wie prachtvoll die *Unity* ausgesehen hatte, als sie höher an den Wind gelaufen war und das Begleitschiff auf eine schnelle Folge von Signalen reagiert hatte.

Ein solches Mannöver war jetzt unnötig. Ihr Kommandant konnte seinen Kurs weitersegeln, und weder der Konvoi noch seine Begleitschiffe brauchten ihn zu kümmern. Er hatte den Wind auf seiner Seite, und den Vorteil würde er nützen, bis es soweit war.

»Ich glaube, er wird angreifen, Dick. Nein, ich bin ganz sicher.«

Mit seinem Vornamen angeredet zu werden, überraschte Hudson genauso wie die Sicherheit des Kommandanten.

»Kennen Sie das Schiff, Sir?«

»Ich war an Bord und habe ihren Kommandanten getroffen. Ein beeindruckender Mann. Aber das Schiff kennen? Das ist etwas ganz anderes!«

Adam starrte über die wartenden stummen Gestalten hinweg bis in den Bug. Die vollendete Schulter, das güldene Haar der Galionsfigur: *Tochter des Windes.*

Er murmelte: »Wir sind eine Mannschaft, Dick. Einige sind gute Leute, andere schlechte. Doch gelegentlich müssen wir solche Unterschiede vergessen. Wir werden ein Werkzeug, das man falsch oder richtig einsetzt.«

»Ich verstehe, Sir!«

Er berührte Hudson am Arm, so wie sein Onkel es oft getan hatte.

»Bitte ein Signal an Commander Eames auf der *Woodpecker*. Er soll es an unsere fetten Schiffe im Geleitzug übermitteln. ›Setzen Sie mehr Segel. Lösen Sie den Konvoi auf!‹« Er zögerte ein paar Sekunden. *Und wenn ich jetzt einen Fehler begehe?* Doch er war plötzlich sicher, absolut richtig zu handeln. »Und dann fügen Sie bitte hinzu: ›Feind in Sicht in Nordwest.‹«

Er hörte Männer rufen, als der verantwortliche Midshipman und seine Signalgasten an die Fallen liefen, während Hudson ihnen seinen Befehl wiederholte. Leutnant Vicary starrte ihn an, war unter der Gesichtsbräune bleich geworden.

Leise fragte: »Schaffen wir die mit unserer Reichweite, Sir?«

Adam drehte sich um, sah ihn an und durch ihn hindurch. »Heute sind wir das Werkzeug, Mr. Vicary. Wir kämpfen, damit andere überleben können.«

Hudson sah die Flaggen auswehen. »Weitere Befehle, Sir?«

Adam versuchte, sich über seine Gefühle klarzuwerden. Aber er fand nur Leere. Bedeutete das das nahe Ende?

»Befehle? Setzen Sie die Bestrafung fort.« Er lächelte plötzlich und sah sehr viel jünger aus. »Dann machen Sie Klar-Schiff-zum-Gefecht. Den Rest kennen Sie!«

Er drehte sich um, als die Trommeln wieder zu rasseln begannen und Leben in die starren Gesichter zurückkehrte.

Während die Peitsche krachte, rief jemand: »Die *Woodpecker* hat bestätigt, Sir!«

Adam beobachtete die Bestrafung ohne jedes Gefühl. Sie hatten jetzt ein Ziel. *Ich habe ihnen eins gegeben.*

Wir sind das Werkzeug.

XI Wie der Vater, so der Sohn

Adam Bolitho kehrte an seinen Platz an der Achterdecksreling zurück und musterte sein Schiff über die ganze Länge. Um jeden 18-Pfünder war das Deck gesandet worden, damit in der Hitze des Gefechts die Geschützmannschaften nicht ausrutschten und stürzten. Sand saugte natürlich auch Blut auf, wenn feindliches Eisen an Deck seinen Tribut forderte.

Leutnant Hudson kam nach achtern und hob

grüßend die Hand an den Hut: »Schiff ist klar zum Gefecht, Sir!«

»Sehr gut, Mr. Hudson«, antwortete Adam. »Nur neun Minuten, die Leute werden besser!«

Er starrte in den wolkenlosen Himmel und spürte, wie sein Herz einen Sprung machte. In der Brise bewegte sich der Wimpel am Mast, ohne gleich wie leblos zurückzufallen. Wind erwachte, zwar nur ein schwacher, aber wenn er durchstand ... Doch er wischte die Wenns und Abers entschlossen aus seinen Überlegungen.

Statt dessen sagte er: »Sie fragen sich wahrscheinlich, warum ich nicht befohlen habe, die Netze auszuspannen.« Ohne sie sah das Schiff so offen und verletzbar aus. Die Netze wurden gewöhnlich gerigt, wenn alles klar zum Gefecht war. Sie sollten vor allem die Mannschaften an den Kanonen vor fallenden Hölzern schützen. Weitere Netze hatten den Zweck, enternde Feinde so lange aufzuhalten, bis man sie mit Piken und Musketenschüssen wieder vertrieben hatte. Netze hier wie dort würden also dem Amerikaner signalisieren, daß die *Anemone* kampfbereit war.

Er hatte Hudson auch befohlen, die Seesoldaten nicht auf ihre Plattformen im Rigg aufentern zu lassen, von wo aus sie im Gefecht schossen. Ihre roten Uniformen hätten seine Arbeit ebenfalls verraten.

Hudson hörte seine kurzen Erklärungen, doch er war sich nicht klar, ob sie Anlaß zu Hoffnung waren oder ob er sie schlicht nicht glauben sollte.

Adam erklärte weiter: »Die *Unity* hat allen Raum der Welt. Unser Erfolg wie auch ihrer hängt von der Überraschung ab. Ich nehme an, sie wird sich in Luv halten und uns auf weite Entfernung zuammenschießen. Danach wird sie versuchen, uns zu entern.«

Hudson schwieg. Er begriff das Dilemma des Kommandanten nur zu gut. Würde man die Amerikaner entern lassen, hätte das Schiff nicht genügend Männer, um sie zu bekämpfen. Zu viele waren mit den Prisen unterwegs, die die *Anemone* kürzlich erobert hatte. Wenn andererseits der Kommandant seine Absicht zu früh zu erkennen gab, würde die *Unity* sie mit ihrer starken Artillerie entmasten, ohne selber vom gezielten Feuer der *Anemone* erreicht zu werden.

Adam hob sein Teleskop und sah sich mit größter Konzentration das andere Schiff an. Sie hatte mehr Segel gesetzt und ihr kleines Begleitschiff achteraus gelassen. Commodore Beer würde den Geleitzug noch nicht erkennen können und natürlich auch nicht wissen, daß seine Auflösung befohlen worden war. *Möge den langsamsten der Teufel holen.*

»Volle Breitseite!« befahl Adam. »Doppelte Kugeln, um sicherzugehen. Informieren Sie jeden einzelnen Geschützführer persönlich, obwohl man unsere Absicht den meisten nicht erst erklären muß.«

Er versuchte Leutnant Vicary am Fockmast zu entdecken. Wie der Dritte Offizier, George Jeffreys, hatte er Gefechte auf so kurze Distanzen auch noch nicht mitgemacht. Er dachte an die Kanonen der *Unity*. Schnell genug würden sie sie kennenlernen.

Starr stand jetzt neben ihm. Er streckte die Arme aus, um in die Jacke mit den goldenen Schulterstücken zu schlüpfen. Er war so stolz gewesen, als er seinen vollen Rang erhalten hatte. Und er wußte, daß auch Admiral Bolitho darauf stolz war.

Alles war Schicksal. Die *Golden Plover* war an dem afrikanischen Riff gesunken. Für seinen Onkel und Catherine hatte keiner mehr Hoffnung gehegt. Er schluckte.

Auch Valentine Keen sollte mit dem Schiff untergegangen sein – so der Bericht.

Wie ihn das in der Nacht, als er davon erfahren hatte, bewegt hatte! Zenoria war zu ihm geeilt. Sie hatten ihr Leid geteilt und dabei ihre Liebe entdeckt, die sie bisher voreinander und vor dem Rest der Welt verborgen hatten.

Er strich sich über seine Uniformhose und spürte den Handschuh an seinem Bein. Er glaubte, ihre Augen zu sehen, als sie zu ihm in die Kutsche geschaut hatte, damals in Plymouth.

»Alle Kanonen sind geladen, Sir!«

Er verscheuchte seine Erinnerungen. Sie nutzten ihm jetzt nichts.

»Halten Sie die Mannschaften außer Sicht. Ein paar von der Freiwache können an Backbord herumlungern. Wie sie das sonst auch täten. Denn wir sehen ja nicht jeden Tag ein wahres Symbol der Freiheit!«

Joseph Pineo, der alte Master, knurrte einen seiner drei Rudergänger an. Sonst sprach und bewegte sich niemand.

Adam zog seine Uhr heraus und klappte den Deckel auf. Er sah einen jungen Midshipman schwer atmen. Mit feuchten Augen starrte er auf das heransegelnde Schiff.

Und wenn ich mich nun geirrt habe? Er hatte von keiner Kriegserklärung gehört, obwohl er und viele andere Krieg erwarteten. Wenn jetzt lediglich zwei Schiffe aneinander vorbeisegelten?

Er sagte: »Mit diesem Extrahauch von Wind möchte ich wenden und ihn an Steuerbord bekämpfen. Er mag das vorhersehen, aber er kann es nicht verhindern.« Plötzlich lachte er. »Wir werden jetzt ganz schnell merken, ob unser Drill und unser Exerzieren uns nutzen werden.«

Wieder beobachtete er das Schiff, lauernd — wie es Hudson schien – und mit vielen Fragen im Gesicht. Wohl auch mit Erinnerungen. Ihm fehlten manche Männer. Stolz und Furcht fanden sich in seinen Zügen und natürlich Kameradschaft. Er biß sich auf die Lippen. Schlimmstenfalls würden ein paar der gepreßten Männer versuchen, sich zu ergeben. Plötzlich merkte er, daß er fast unbewaffnet war. Er trug nur den kurzen Degen, den sein Vater ihm geschenkt hatte, als er auf die *Anemone* ging.

»Das wird dir nützen und ebenso deinem guten jungen Kapitän«, hatte sein Vater gesagt. Was er wohl jetzt denken würde?

Er sah, wie der Kapitän wieder sein Glas hob und das andere Schiff beobachtete. Er schätzte sicher ab, wie schnell es sich im Augenblick der Wahrheit nähern würde.

Adam sagte: »Ich erkenne ihn jetzt, Dick. Es ist wirklich Nathan Beer. Schicken Sie den besten Schützen nach oben. Viel Zeit werden wir nicht haben.« Hudson wollte gerade davoneilen, als ihn irgend etwas in der Stimme des Kommandanten zurückblicken ließ.

»Wenn ich fallen sollte, bekämpfen Sie das Schiff mit allem, was wir haben.« Er schaute auf die weiße Kriegsflagge, die im Topp auswehte.

Bei seinem Gang über das Deck fiel Hudson statt der erwarteten allgemeinen Anspannung eine Art Resignation auf. Die *Anemone* war schnell. Wenn sie sich lösen würde, könnte sie dem Yankee in der Dämmerung leicht entkommen. Warum sollte man wegen ein paar träger Handelsschiffe kämpfen und sein Leben riskieren? Hudson war jung, doch diese Meinung hatte er schon häufig gehört.

Vicary, der jetzt neben ihm stand, bemerkte: »Sie ist wirklich groß!«

»Ja. Aber Kapitän Bolitho ist genauso erfahren wie dieser Commodore Beer, von dem ich schon öfter gehört habe.« Er klopfte ihm auf den Arm, worauf der andere fast in die Luft sprang.

Vicary betrachtete die nächste Mannschaft an ihrer Kanone, die sich im Gang hinter der geschlossenen Geschützpforte duckte. »Haben Sie keine Angst?«

Hudson dachte darüber nach, ohne die näher kommende Pyramide weißer Segel aus dem Blick zu verlieren. »Ich habe noch mehr Furcht, meine Angst zu zeigen, Philip.«

Vicary streckte seine Hand aus, als hätten sie sich gerade auf einer Straße oder auf einem Landweg getroffen. »Dann lasse ich Sie nicht im Stich, Richard.« Er schaute durch die vibrierenden Wanten hindurch auf den leeren blauen Himmel. »Doch ich fürchte, ich werde den nächsten Tag nicht mehr erleben.«

Hudson kehrte auf das Achterdeck zurück. Die Worte des Freundes verfolgten ihn wie ein Nachruf.

Adam beauftragte ihn: »Lassen Sie alle wissen, was wir besprochen haben. Wir werden wenden und sie auf Steuerbordbug legen. Verstehen das alle?«

»Alle, auf die es ankommt!«

Adam grinste überraschend. Seine Zähne blinkten weiß im gebräunten Gesicht. »Bei Gott, Dick, wir werden jeden brauchen, selbst diesen Schurken Baldwin, der nach Rum stinkend auf der Krankenstation liegt.«

Hudson lockerte seinen Degen. »Viel Glück, Sir!«

Adam fuhr sich mit der Zunge über die Lippen. »Ich bin trocken wie Zunder.« Er beugte sich leicht nach vorn und blickte über die Reling des Achterdecks, benutzte sie wie ein Lineal, als zum ersten Mal der lange Bugspriet der *Unity* über den Finknetzen erschien.

»Klar zum Wenden! Ruder nach Lee!«

Als das Schiff unter dem Druck von Wind und Ruder krängte, entdeckte Adam einen Seesoldaten, der neben den Hängematten kniete. Seine lange Muskete hielt er neben sich und starrte seinen Kommandanten an.

»Geschützpforten auf!«

Auf beiden Seiten des Schiffes klappten gleichzeitig alle Geschützpforten auf. An den Zugseilen warteten die Mannschaften schon auf den nächsten Befehl.

»Kanonen ausrennen!«

Quietschend wurden die Kanonen nach vorn gezogen. Die dunklen Mündungen zeigten auf leere See und wolkenlosen Himmel, während die *Anemone* durch den Wind drehte.

»Großsegel dicht!«

Adam ging über das schräge Deck, während die wartenden Seesoldaten die Wanten und Webleinen auf ihre Gefechtsstationen in den Masten nach oben kletterten.

Wir haben's geschafft. Wir haben's geschafft!

Statt vor *Anemones* Achterdeck zu stehen, glitt die große Fregatte an ihrem Bug vorbei, ihre Segel eine einzige Wuhling, als sie der *Anemone* folgen wollte. Sie setzte jetzt zwei weitere Flaggen. Beer war also nicht ganz unvorbereitet.

»Kurs halten!«

»Kurs liegt an, Sir. Südwest bei West!«

Adam strengte seine Augen an, bis sie tränten.

»Feuern in der Aufwärtsbewegung!«

Ohne die *Unity* aus dem Blick zu verlieren, konnte er sich jeden Geschützführer vorstellen, der mit gespannter Abzugsleine nach achtern auf die erhobene Faust des Kommandanten schaute.

»Feuer frei!«

Das Schiff erzitterte, als ob es auf Grund gelaufen sei. Die Kanonen wurden innen durch die Bremstaue in ihrem Rückstoß gestoppt. Durch jede der Steuerbordstückpforten kroch Qualm hoch.

Jetzt war alle Spannung wie weggeblasen. Die Mannschaften führten laut brüllend aus, was sie fluchend und schwitzend in den letzten Monaten gelernt hatten.

»*Reinigen und auswischen. Laden. Ausrennen.*«

Die Kanone war jetzt der liebe Gott. Nichts anderes zählte mehr.

Aus dem Qualm hoben sich Arme.

»*Feuerbereit!*«

Doch Adam beobachtete das andere Schiff. Es stand anderthalb Meilen entfernt, zu weit um es genau treffen zu können. Aber er hatte beobachtet, wie *Unitys* Segel zerrissen und davonwehten, als die Breitseite über das Wasser fegte und über sie hinwegjagte wie ein tödlicher Wind.

Adam hob seine Hand. Ja, so ging es. Alle drei Minuten ein Schuß.

»Feuer frei!«

Wrackteile sammelten sich um den Bug der *Unity*, als sie versuchte zu wenden. Kleine Waffen meldeten sich von ihrem Vorschiff. Adam schaute auf das Großsegel, in dem plötzlich ein schwarzgerändertes Loch gähnte.

Jetzt lag die *Unity* achtern an Steuerbord und drehte weiter, nahm Fahrt auf, als ihre Toppgasten die Royals setzten, um alles herauszuholen.

»Feuer frei!«

Adam hielt sich an der Reling fest, als eine Kanone nach der anderen von Bord des Amerikaners zurückschoß. Vermutlich war Beer überrascht von der Schnelligkeit und Sicherheit der *Anemone,* die doch so viele gepreßte Männer an Bord hatte.

Er zuckte zusammen, als Eisen in den Rumpf schlug und oben durch die Takelage fegte. Der Bootsmann und seine Gehilfen waren überall, Marlspieker und Tauwerk in den Händen. *Unity* hatte immer noch den vorteilhafteren Wind. Wenn die *Anemone* versuchen würde, mehr Abstand nach Lee zu gewinnen, würde Beer ihr eine ganze Breitseite durch das verwundbare Heck jagen. Wenn sich ihre Position nicht änderte, wäre das nur eine Frage der Zeit.

»Feuer frei!«

Anemone hatte einen einzigen Vorteil. Da sie in Lee stand, konnten ihre Kanonen im steilsten Winkel feuern. Jede Kugel traf. Und es gab lauten Jubel, als ein Treffer die Aufbauten des amerikanischen Vorschiffs in Splitter zerlegte und eine der Bugkanonen in die Mannschaft schleuderte.

Das Deck zitterte jetzt heftig, als die Finknetze auf dem Achterdeck zerrissen. Versengte und zerfetzte Hängematten wirbelten auf schreiende Seesoldaten, die wie blutige Stoffetzen herumgeschleudert wurden.

Adam half einem Matrosen auf die Beine. »*Los, wieder ran, Junge!*« Aber der Mann starrte ihn mit leerem Blick an, als ob er den Verstand verloren hätte.

Hudson kam mit gezogenem Degen und ohne Hut nach achtern: »Kartätschen, Sir!«

»Ja.« Adam rieb sich die trockenen Lippen. Er konnte kaum schlucken. »Er ist ein sehr erfahrener Mann, wenn er auf die Entfernung hin auf Kugeln verzichtet.«

Wieder hob sich das Schiff, und er sah zwei Kanonen bizarr nach oben gerichtet. Blut floß über das Deck, auf dem die Mannschaften zusammengeschossen wurden.

»*Achtung!*« Der Dritte Offizier fuhr sich mit den Fäusten an die Brust und stürzte an Deck, heftig mit den Beinen schlagend. Vicary sprang vor, um seinen Platz einzunehmen. »*Feuer frei für jede Kanone!*«

Die 18-Pfünder krachten in die Bremstaue zurück. Die Stückführer hatten offenbar gelernt, Chaos und Tod um sich herum zu übersehen. Treffer verwandelten Männer, die bei den Kanonen der anderen Seite hockten, zu blutigem Brei.

Adam verzog keine Miene, als zwei Seesoldaten vom Großmast stürzten und in die kriechenden, wimmernden Verwundeten fielen, von denen viele schon jenseits aller Hoffnungen waren.

Hudson brüllte: »Bringen Sie die Kanonen wieder zum Schießen, Mr. Vicary, aber schnell!«

Der Leutnant drehte sich um und sah im dicken Rauch aus wie ein Ertrinkender, der nach einer Rettungsleine greift.

»*Laden! Ausrennnen!* Er stolperte, als wieder Schüsse den unteren Rumpf trafen. Erneut stürzte ein Rigg von oben in das Chaos unten hinter der Reling.

Vicary sah hoch und glaubte, seinen Augen nicht zu trauen. Die oberen Rahen und die durchlöcherten Segel des Amerikaners standen wie eine Klippe über dem Qualm der Kanonen. Hudson würgte und drehte sich um, als Vicary fiel. Dessen Finger griffen dorthin, wo eine Kartätsche getroffen hatte. Er hatte kein Gesicht mehr. Selbst in dieser todbringenden Hölle hörte Hudson Vicarys Mutter: *Solch ein englisches Gesicht.* Im Bruchteil einer Sekunde war er nun nichts mehr.

»Sir! Der Kapitän ist getroffen!« Das kam von Starr, dem verläßlichen Bootssteurer des Kommandanten.

»Hol den Arzt!«

Hudson kniete neben ihm und hielt seine Hand. »Ist gut, Sir. Der Arzt ist gleich hier!«

Adam schüttelte den Kopf mit schmerzverzerrtem Gesicht. »Nein, ich bleibe hier oben. *Wir müssen weiterkämpfen!*«

»Zwei Strich abfallen!« rief Hudson dem Master zu. Sein Gehirn wehrte sich gegen die dauernden Einschläge von Kugeln im Rumpf. Er vermochte nur an seinen Kommandanten zu denken. Er sah, wie Starr die Jacke mit den leuchtenden Schulterstücken öffnete, und mußte schlucken. Aus Adams Seite spritzte Blut über ihn und umgab ihn wie etwas Ekliges und Böses.

Wieder krachte es reißend. Kreischend kippte der Fockmast über die Seite und zog Rigg, zerfetzte Planken und brüllende Seeleute mit in die See.

Cunningham beugte sich über Adam und verband ihn. Doch schon nach wenigen Augenblicken war der Verband rot wie die Schürze eines Schlachters. Er schaute zu Hudson hoch, ängstlich und wütend zugleich. »Ich kann nichts machen. Da unten sterben sie wie die Fliegen!« Er duckte sich. Über ihm jagten Kartätschen durch das Rigg oder zerbarsten an den Kanonen zu tödlichen Splittern.

Adam lag unbewegt. Er fühlte, wie sein Schiff unter ihm durch den pausenlosen Beschuß zerlegt wurde. Seine Gedanken wollten davonwehen, und er brauchte all seine Kraft, sie zurückzuhalten. Schmerzen spürte er kaum, nur eine tödliche Gefühllosigkeit.

»Kämpf weiter, Dick!« Schon diese Worte waren zuviel. »Lieber Gott, was muß ich jetzt tun?«

Hudson erhob sich, schüttelte sich, konnte nicht glauben, daß er unter all den Leidenden und Toten noch unverletzt war.

Er hob seinen Degen und zögerte. Mit einem Hieb teilte er die Flaggleine. In der plötzliche Stille sah er, wie die Fahne mit dem Rest der Leine auswehte und dann auf dem Wasser trieb wie ein sterbender Seevogel.

Dann hörte er Hurrarufe – betäubende Rufe, wie ihm schien – von den zerrissenen und blutigen Planken der *Anemone*.

Hudson sah unbewegt auf die Klinge in seiner Hand. *Das also war der Preis für Ruhm.* Niemand würde sie von ihm als Zeichen der Niederlage erhalten. Er warf sie über die andere Seite ins Meer und kniete wieder neben dem Kapitän.

Undeutlich hörte er Adam sagen: »Wir haben sie ferngehalten, Dick. Der Konvoi wird jetzt in der Dämmerung nicht mehr in Gefahr sein.« Überraschend kräftig drückte er Hudsons Hand. »Es war ... unsere Pflicht!«

Hudson fühlte Tränen in den Augen und spürte Bewegung, als die große Fregatte längsseits ging und bewaffnete Matrosen an Deck sprangen. Die Männer der *Anemone* ließen ihre Waffen fallen. Hudson sah, wie seine Männer die Niederlage annahmen. Einige schienen niedergeschmettert und zeigten offene Feindschaft. Andere begrüßten die Amerikaner offensichtlich dankbar.

Ein amerikanischer Leutnant rief: »Hier ist er!«

Hudson sah eine mächtige Gestalt sich in Richtung verwaistes Rad bewegen. Auch der Master war gefallen. So schweigsam wie er gelebt hatte, war er auch gestorben.

Nathan Beer sah sich das Blutbad auf dem Achterdeck an.

»Sie sind der Kommandierende?«

Hudson nickte und erinnerte sich an Adams Beschreibung dieses Mannes: »Ja, Sir!«

»Lebt Ihr Kommandant noch?« Er maß ein paar Augenblicke Adams bleiches Gesicht unter sich. »Bringen Sie ihn nach drüben, Mr. Rooke. Unser Schiffsarzt soll sich sofort um ihn kümmern!«

Dann wandte er sich an Hudson: »Sie sind jetzt Kriegsgefangener. Darüber müssen Sie sich nicht grämen. Sie hatten überhaupt keine Chance!« Er sah zu, wie Adam auf einem Gräting davongetragen wurde. »Sie haben wie die Tiger gekämpft, genau wie ich erwartet hatte.« Er unterbrach sich kurz. »Wie der Vater, so der Sohn!«

Das Deck neigte sich plötzlich stark und jemand rief: »Gehen Sie besser von Bord, Sir. Das war eben eine Explosion!«

Das Enterkommando trieb eilig die Gefangenen zusammen und schleppte ein paar Verwundete an die Reling.

Starr, der Bootssteuerer des Kapitäns, ging vorbei. Er hob die Hand an den Hut und grüßte Commodore Beer. Hudson sah er nur einen Augenblick lang an.

»Sie werden ihm das Schiff jetzt bestimmt nicht wegnehmen, Sir!«

Jetzt neigte sich das Deck noch stärker. Starr hatte wahrscheinlich auf eigene Verantwortung die Explosionen auf der *Anemone* vorbereitet. Sie würde niemals unter fremder Flagge segeln und kämpfen.

Und ich werde nie unter meiner kämpfen.

Als die Dämmerung über die dunstige Kimm fiel, lag die *Unity* immer noch beigedreht, um Notreparaturen auszuführen. Die *Anemone* trieb langsam davon und sank über das Heck. Die schöne Galionsfigur blieb am längsten sichtbar. Wie sehr hatte er sich dieses Schiff gewünscht. Er erinnerte sich an Nathan Beers leise Bemerkung, die er nicht verstanden hatte.

Wie der Vater, so der Sohn.

Er schaute auf seine Hände. Sie zitterten. Er hatte sie nicht mehr unter Kontrolle.

Er lebte. Und schämte sich.

Jeder Augenblick brachte neue Schmerzen, die selbst den Wunsch zu atmen und zu denken überlagerten. Er hörte Geräusche, die anschwollen und abebbten. Trotz seiner Qualen wußte Adam Bolitho, wie gefährlich es war, wenn er das Bewußtsein verlor. Er würde mit ihm auch das Leben verlieren.

Er war an Bord des Schiffes, das ihn besiegt hatte. Zu beiden Seiten hörte er Weinen und Schluchzen und Schreie. Irgendwie wußte er, daß diese Schmerzenslaute von anderswo herkamen, wie durch eine Tür drangen, die sich vor dem Schlund der Hölle befand.

Noch immer roch es scharf nach Rauch. Staub hing in der Luft. Fremde gebückte Gestalten huschten an ihm vorbei, einige so nahe, daß sie seine ausgebreiteten Arme berührten. Wieder versuchte er, sich zu bewegen, doch der Schmerz hielt ihn eisern fest. Er hörte eine weitere Stimme schreien und wußte, es war seine eigene.

Und dann merkte er, daß er nackt war, aber wie war es dazu gekommen? Hudson hatte ihn in seinen Armen gehalten, als um sie herum die Schlacht tobte. Ganz undeutlich erinnerte er sich, daß Starr, sein Bootssteuerer, nicht in seiner Nähe gewesen war.

Mühsam öffnete er die Augen und versuchte, einen Gedanken zu fassen. Der Fockmast war über die Seite gegangen, hatte Rigg und Rahen mitgenommen, das Schiff wie einen großen See-Anker herumgezogen, bis die mörderischen Breitseiten in seine Flanke schlugen.

Das Schiff. Was war mit *Anemone* geschehen?

Sein Hören kam langsam zurück. Hatte es ihn verlassen? Ferne, geduldige Geräusche. Männer hämmerten. Taljen quietschten und Blöcke, dort, wo die See noch blau und die Luft rauchleer und frei war vom Gestank des versengten Riggs.

Er hob seine rechte Hand, doch er war zu kraftlos, um sie über seine Blöße zu halten. Seine Haut fühlte sich kalt und feucht an wie die eines Leichnams. Jemand schrie hinter dieser entsetzlichen Tür: *Nicht mein Arm!* Dann noch ein Schrei, der abrupt endete. Für den hatte sich die Tür zur Hölle geschlossen.

Ein Verband, naß und schwer von Blut. Eine Hand packte sein Handgelenk. Adam war zu schwach, um zu protestieren.

»Halten Sie sich ruhig!« Eine erschöpfte, scharfe Stimme.

Adam versuchte, flach liegenzubleiben, um das rasende Feuer in seiner Seite in Grenzen zu halten.

»Er kommt.« Und dann eine dritte Stimme: »Was soll's?«

Die trockene, erstickende Luft bewegte sich leicht, und eine dritte Person trat an den Tisch – der Schiffsarzt. Als er sprach, hörte Adam einen fremden Akzent. Franzose!

Der Mann sagte: »Ich kann Ihren Gedanken nicht folgen, Commodore. Er ist der Feind, er hat viele Männer Ihrer Mannschaft getötet. Warum also dieser Aufwand?«

Wie von ganz weit her erkannte Adam die starke Stimme wieder, die Beer gehören mußte. Nathan Beer. »Welche Aussichten hat er, Philippe? Aber ich möchte keine Vorlesung hören, jedenfalls nicht jetzt!«

Der Chirurg seufzte. »Ein Eisensplitter so groß wie Ihr Daumen. Wenn ich versuche, den Splitter zu entfernen, könnte er sterben. Wenn ich es nicht tue, wird er sicher sterben.«

»Ich will, daß Sie ihn retten, Philippe.« Eine Antwort war nicht zu hören, und mit plötzlicher Bitterkeit fügte er hinzu: »Vergessen Sie nicht, ich habe Sie vor der Guillotine gerettet. Haben ich da gefragt, was soll's?« Und fast brutal fuhr er fort: »Ihre Eltern und Ihre Schwester, was hatte man mit denen gemacht? Die Köpfe abgeschlagen und auf Piken gesteckt und durch die Stadt paradiert, damit man sie anspucken konnte. Das war französischer Mob, nicht wahr?«

Jemand hielt einen Schwamm voll Wasser gegen Adams Lippen. Er war nicht mehr kalt, nicht mal kühl, und es schmeckte säuerlich. Aber als er seine Lippen bewegte, schien es ihm wie Wein.

Wieder der Commodore: »War das alles, was er bei sich hatte?«

»Das und seinen Degen!« antwortete der Arzt.

Beer schien überrascht. »Der Handschuh einer Dame. Ich möchte gern wissen ...«

Adam holte Luft und versuchte den Kopf zu drehen.

»Meine...« Sein Kopf sank zur Seite. Es war wie in einem Alptraum. Er war tot – und sich dessen ganz sicher.

Dann spürte er Beer an seiner Schulter atmen. »Hören Sie mich, Kapitän Bolitho?« Er packte Adams rechte Hand. »Sie haben tapfer gekämpft, was niemand bestreiten wird. Ich hoffte, ich würde Sie zur schnelleren Aufgabe zwingen, um damit Leben zu schonen. Außerdem wollte ich Ihr Schiff übernehmen. Aber ich habe Sie unterschätzt.«

Adam hörte wieder seine eigene Stimme, fern und heiser: »Der Geleitzug?«

»Den haben Sie gerettet.« Er versuchte zu spötteln. »Jedenfalls für dieses Mal.« Doch seine Stimme blieb heiser wie vorher.

Adam konnte nur ihren Namen nennen. »*Anemone.*«

»Sie ist gesunken. Man konnte sie nicht retten.« Irgend jemand sprach leise und dringend aus der anderen Welt auf Beer ein. Der erhob sich und grunzte: »Man braucht mich oben.« Er legte Adam seine schwere Hand auf die Schulter. »Aber ich komme wieder.« Er bemerkte nicht, wie Beer und der Franzose schnelle Blicke austauschten. »Sollten wir jemanden ...«

Er versuchte ein Kopfschütteln. »Zenoria ... Ihr Handschuh ... sie ist tot.«

Er fühlte starken Rum in seinem Mund. Der nahm ihm fast den Atem, doch seine Gedanken rasten noch schneller. Durch die Schmerzwellen hindurch hörte er, wie Metall gerieben wurde. Dann hielten kräftige Hände seine Hand- und Fußgelenke wie eiserne Fesseln.

Der Schiffsarzt sah zu, wie man ihm einen Streifen Leder zwischen die Zähne schob, dann hob er die Hand, und das Leder wurde entfernt.

»Wollten Sie etwas sagen, M'sier?«

Adam sah so gut wie nichts, aber er hörte sich deutlich sagen: »Es tut mir leid wegen Ihrer Familie. Eine schreckliche Sache ...« Seine Stimme trudelte weg, und einer der Arztgehilfen sagte scharf: »Es ist höchste Zeit, Sir!«

Doch der Arzt sah immer noch in das bleiche Gesicht des feindlichen Kapitäns, das jetzt gelöst schien, weil er gerade das Bewußtsein verloren hatte.

Er legte seine Hand auf Adams nackten Leib und ließ einen seiner Männer den blutgetränkten Verband entfernen.

Er murmelte: »Danke. Für ein paar von uns besteht vielleicht dennoch Hoffnung.«

Dann nickte er den anderen zu, die um den Tisch herumstanden, und begann die Untersuchung der Wunde. Er war so an die Qualen gewöhnt, die er auf Schiffen und Schlachtfeldern erlebt hatte, daß er selbst bei dieser Arbeit über den jungen Mann nachdenken konnte, dem der große Commodore Beer das Leben gerettet hatte.

Als er schließlich an Deck trat, war es stockdunkel. Winzige Sterne standen am Himmel und spiegelten sich bis zum fernen, fast unsichtbaren Horizont im Wasser.

Die Reparaturarbeiten am Schiff und im Rigg waren für die Nacht unterbrochen worden. Die Männer lagen erschöpft an Deck. Im Dunkeln schien es, als lägen dort noch immer Tote. Auch der Pulverrauch hing noch in der Luft und der Geruch des Todes.

Philippe Avice wußte auch als Arzt, daß Matrosen Wunder vollbringen können. Ohne einen Hafen anlaufen zu müssen, würden die Männer der *Unity* ihr Schiff bald wieder segel- und kampfbereit haben. Nur ein Fachmann würde erkennen, welche Schäden die kampfestolle englische Fregatte ihm beigebracht hatte.

Und die Toten? Die trieben wie Blätter im Wasser, sanken in die großen Tiefen des Meeres. Und die Verwundeten warteten in Furcht und Schmerz auf den Morgen. Was würde der neue Tag ihnen bringen?

Commodore Beer saß an seinem Tisch in der großen Kajüte. Der Arzt sah, daß der Feind auch hier seine Spuren hinterlassen hatte. In einem Kriegsschiff gab es oberhalb der Wasserlinie keinen sicheren Ort. Doch Beers Lieblingsbild, das seine Frau und seine Töchter zeigte, hing wieder an seinem Platz, und ein frisches Hemd lag da für den nächsten Morgen.

Beer schaute auf, seine Augen glänzten hart im Laternenlicht.

»Nun?«

Der Arzt hob die Schultern. »Er lebt. Mehr kann ich nicht sagen.« Er nahm ein Glas Cognac, das Beer ihm mit seiner gewaltigen Hand anbot. Er schlürfte und spitzte die Lippen. »Sehr gut!«

Beer lächelte. Seine Augen versanken fast in Krähenfüßen – ein Indiz für viele Jahre auf See.

»Der Cognac, Philippe? Oder die Tatsache, daß Sie das Leben eines Feindes gerettet haben?«

Wieder hob Avice die Schultern. »Ich habe mich gerade an etwas erinnert. Selbst im Krieg sollte man es nicht vergessen.«

Nach einigem Schweigen sagte Beer: »Sein Onkel wäre stolz auf ihn gewesen!«

Der Arzt hob eine Augenbraue. »Sind Sie dem berühmten *amiral* einmal begegnet? Riskiert der seinen Ruf wirklich so wie sein Leben?«

Beer schüttelte den Kopf. *Für dieses Geschäft werde ich langsam zu alt.*

Er blickte auf die eine Kanone, die in der Kajüte stand, seit die Trommeln Klar-Schiff-zum-Gefecht gerasselt hatten. Sie stand da ohne Abdeckung, Rauchflecken auf Lauf und Lafette.

»Nein, bisher nicht. Aber eines Tages werde ich ihn ganz bestimmt treffen!«

Er nickte erschöpft. Leise schlüpfte der Arzt durch die Tür davon.

Beer hing seinen Gedanken nach. Er dachte an den jungen Kommandanten der Fregatte und das unbekannte Mädchen namens Zenoria. In seinem nächsten Brief würde er seiner Frau von beiden berichten.

Es gab immer noch genug zu tun. Schäden mußten festgestellt, die Männer ermutigt werden. Denn wie immer hatte das Schiff Vorrang vor allem anderen.

Kapitän Adam Bolitho hatte von der Kriegserklärung zwischen den Vereinigten Staaten und England nichts gewußt. Nur aus Instinkt und jugendlichem Tatendrang hatte er so entschlossen gekämpft, daß es auch anders hätte ausgehen können – trotz *Unitys* überlegener Kanonen.

Er hob den Handschuh gegen das Licht. Wie winzig er war. Vielleicht nur eine unbedeutende Geste, die der Frau nicht viel abverlangt hatte. Aber ihr Verlust hatte Bolitho dazu veranlaßt, alle Vorsicht über Bord zu werfen und bis zum bitteren Ende zu kämpfen.

Beer sah die schöne nacktbrüstige Galionsfigur noch immer vor sich, als die *Anemone* endlich den Kampf aufgegeben hatte.

Ihr Kapitän hatte nichts mehr, für das zu leben sich lohnte.

XII Zeuge

Leutnant George Avery blieb zögernd vor der Tür zur Kajüte stehen. Er wußte, daß der Seesoldat ihn unbewegt anstarrte. Über sich hörte er gedämpft Befehle, Männer eilten auf ihre Stationen. Zum letzten Mal vor dem Einlaufen in English Harbour wurde gewendet.

Er hatte sich gefragt, was sie hier wohl erwarten würde. Neue Befehle, sicherlich neue Einschätzungen der amerikanischen Absichten. Die Hoffnung auf frisches Obst und die Gelegenheit, an Land die Beine ausstrecken zu können, machten ihn froh.

So seine Hoffnungen, ehe sie auf den Konvoi gestoßen waren und alles über die *Anemone* erfahren hatten.

Entgegen ihren Befehlen war die kleine Brigg *Wood-*

pecker im Schutz der Dunkelheit zum Ort des Gefechts zurückgekehrt und hatte nichts gefunden. Der Kommandant der Brigg, Nicholas Eames, war sofort an Bord der *Indomitable* gekommen, um Meldung zu machen.

Avery wußte, daß sich Bolitho wegen der Geschehnisse fast zermarterte.

Eames hatte berichtet: »Die *Anemone* ging durch den Wind und begann das Gefecht, Sir. Kein Zögern, nichts – Sie wären stolz auf ihn gewesen!«

»Ich bin es.« Mehr sagte der Admiral nicht.

Aus dem, was der Kommandant der Brigg berichtete, konnte man entnehmen, daß es einen Hauptgegner gegeben hatte, vielleicht in Begleitung von zahlreichen anderen Schiffen.

»Anfangs war der Kanonendonner so gewaltig, Sir Richard, daß ich annehmen mußte, der Gegner sei ein Linienschiff.« Er sah ihnen ins Gesicht – Tyacke, Scarlett und seinem Admiral – und sagte bedrückt: »Aber die *Anemone* hätte ihn zum Tanz auffordern können. Also wußte ich, der Gegner ist eine dieser neuen Yankee-Fregatten.«

Keine Wrackteile auf dem Wasser. Wenn es sie überhaupt gegeben hatte, waren sie in der Strömung davongetrieben. Und dann hatte Eames das kleine Wunder beschrieben. Einer hatte überlebt, ein Schiffsjunge. Mehr tot als lebendig hatte die *Woodpecker* ihn an Bord genommen. Es war wirklich ein Wunder, daß er noch lebte.

Avery sah den Posten.

Der Soldat ließ den Kolben auf das Deck knallen und meldete: »Der Flaggleutnant, Sir!«

Der Überlebende war sofort auf das Flaggschiff gebracht worden. Eames hatte gemeldet, daß seine Brigg für einen Schiffsarzt keinen Platz an Bord habe.

Der Arzt der *Indomitable*, Philip Beauclerk, hatte darauf bestanden, daß sich der Junge erst einmal von dem hinter ihm liegenden Alptraum erholen sollte.

»Herein!«

Avery trat in die große Kajüte und bemerkte auf einen Blick, daß das Frühstück des Admirals fast unberührt auf dem Tablett stand. Auf dem Tisch lag ein halbfertiger Brief. Daneben sah er ein leeres Glas.

»Kapitän Tyacke läßt melden, Sir, daß wir in zwei Stunden in English Harbour einlaufen werden.«

»Ich verstehe. War das *alles?*«

Dann erhob sich Bolitho abrupt. »Entschuldigen Sie bitte. Man darf niemanden anfauchen, der sich nicht wehren kann.«

Avery bewegte die Herzlichkeit seiner Worte.

Bolitho sagte: »Zwei Stunden noch? Sehr schön. Ich muß mit dem Jungen reden. Schicken Sie Allday, der kann mit solchen Burschen gut umgehen, habe ich gemerkt.« Er rieb sich das glattrasierte Kinn. »Ich habe keine Veranlassung, ihn schlecht zu behandeln. Er ist einer der besten, ein wahrer Freund.«

Ozzard trat mit frisch gebrühtem Kaffee ein und sagte: »Ich werde es ihm ausrichten, Sir Richard!«

Bolitho ließ sich wieder fallen und zupfte an seinem Hemd, als würde es ihn beengen.

»Meine kleine Mannschaft. Wo wäre ich ohne sie?«

Er versuchte, seine Uniformjacke auszuziehen, aber Avery hielt ihn davon ab: »Nein, Sir, wenn Sie erlauben. Das könnte für den Jungen wichtig sein. Ihr Rang wird ihn nicht einschüchtern, nach allem, was er erlebt hat.«

»Sie überraschen mich immer wieder, George«, sagte Bolitho. »Hab ich Sie damals ausgesucht oder Sie mich?«

Avery schaute ihn an. Er spürte, wie sehr Bolitho Hilfe brauchte, und konnte sie ihm doch nicht geben. »Ich glaube, Lady Catherine hat das für uns beide entschieden, Sir!«

Er sah, wie Bolitho schnell auf den unvollendeten Brief blickte. Also hatte er ihr von all dem noch nichts schreiben können.

Vor der Tür blickten Allday und der rundschultrige Sekretär Yovell auf den Jungen hinunter, den man aus der See gefischt hatte – aus dem Rachen des Todes. Er trug jetzt ein neues kariertes Hemd und weiße Hosen – das kleinste, das der Zahlmeister in seiner Kiste gefunden hatte.

Der Junge war dünn und hatte ängstliche braune Augen. Die Holzsplitterverwundungen im Gesicht hatte man auf der Krankenstation behandelt.

Allday sprach ernst auf ihn ein: »Hör mal her, mein Junge. Ich werde es nicht zweimal sagen. Du tust dir gerade ein bißchen leid, und das überrascht niemanden.«

Der Junge sah ihn an wie das Kaninchen die Schlange. »Was wollen die von mir, Sir?«

»In der Kabine da ist der beste Admiral, den England je gehabt hat. Das sagen leider noch viel zu wenige. Er will von dir erfahren, was geschehen ist. Erzähl ihm alles, als ob er dein Vater wäre.«

Er hörte Yovell seufzen, als der Junge fast weinte.

»Mein Vater ist ertrunken, Sir!«

Allday stierte Yovell an. »Das war nicht so gut, was?«

Yovell legte dem Jungen die Hand auf die Schulter. »Komm mit!« Er klang streng, was man bei ihm kaum kannte.

»Antworte auf alle Fragen«, sagte Allday. »Erzähl genau, wie es war. Für ihn ist alles wichtig, klar?«

Ozzard betrachtete die kleine Gestalt ohne Mitgefühl und meinte zu Yovell: »Du hättest Lehrer werden sollen.«

Wohlwollend grinste Yovell zurück: »Ich war's – und noch manches andere.«

Avery ließ sie alle gehen und flüsterte Allday zu: »Gut gemacht.« Zu dem Jungen sagte er freundlich: »Setz dich hierhin!«

Bolitho bemühte sich, so ruhig wie möglich zu wirken. Der Junge saß ihm am Tisch gegenüber. Er schien überaus ängstlich und konnte nur noch auf die goldenen Schulterstücke starren. Er war – nach der Enge der Zwischendecks auf Fregatten – offensichtlich überwältigt von der Größe der Kajüte des Admirals.

»Wie heißt du?«

»Whitmarsh, Sir.« Er machte eine Pause. »John Whitmarsh!«

»Und wie alt bist du, John?«

Der Junge sah ihn fassungslos an. Doch seine Hände zitterten nicht mehr. Die Augen waren jetzt so groß wie Untertassen. Der Admiral sprach mit ihm ganz allein.

»Zwölf, glaube ich, Sir.« Über sein Gesicht kletterten Falten, als er versuchte, sich zu konzentrieren. »Auf der *Anemone* war ich achtzehn Monate lang, Sir!«

Bolitho blickte auf ein Stück Papier, das Yovell ihm gegeben hatte.

»Und du hast deinen Vater verloren?«

»Ja, Sir.« Er hob sein Kinn, als sei er stolz darauf. »Er war Fischer und ertrank bei den Goodwin Sands.« Und als er einmal angefangen hatte, gab es für ihn kein Halten mehr. »Mein Onkel brachte mich nach Plymouth und hat mich auf der *Anemone* einschreiben lassen. Die suchte gerade Leute.« Aufgeregt hielt er inne. Und dann kam das »Sir«.

Avery sah den Schmerz in Bolithos Blick. Der Junge mußte etwa zehn Jahre alt gewesen sein, als sein Onkel ihn auf ein Schiff der Königlichen Marine rekrutieren ließ. War es wirklich sein Onkel? Man hörte Ähnliches jetzt öfter. Frauen mußten für sich selber sorgen, wenn ihre Männer gefallen oder zu schwer verwundet waren, um nach Hause zurückzukehren. Manche waren auch nur ertrunken wie der Vater dieses Jungen. Wahrscheinlich hatte dieser schmale Bursche jemandem im Wege gestanden und mußte daher verschwinden – am besten in der Marine.

»Erzähl vom Gefecht!« sagte Bolitho jetzt. »Wo warst du? Was hast du gemacht? Versuch dich genau zu erinnern!«

Wieder konzentrierte sich der Junge. »Wir sahen den Feind, als die Wachen wechselten. Ich hörte, wie Mr. Daniel an der Kanone sagte, das ist aber ein großer Yankee. Ein kleiner war irgendwo in der Nähe. Aber der Ausguck im Mast konnte den nicht genau erkennen, weil wir Seenebel hatten. Mein Freund Billy und ich waren am Fockmast, Sir. Wir hatten so wenig Leute, daß man uns auch brauchte – an den Brassen.«

Leise fragte Bolitho: »Wie alt war dein Freund?«

»So alt wie ich. Wir sind zusammen an Bord gekommen.«

»Ich verstehe.« Jetzt verstand er in der Tat, was der Kapitän der *Woodpecker* berichtet hatte. Adam hatte entschieden, den Feind solange aufzuhalten, bis die Handelsschiffe in der Dunkelheit verschwinden konnten. Natürlich wußte er auch, daß es für ihn dann zu spät sein würde. So sagte er: »Die *Anemone* hat also gewendet, um zu kämpfen?« Er sah den Jungen nicken. »Hast du den Kommandanten gesehen, als all dies geschah?«

»Oh ja, Sir! Er war überall. Ich kam mit einer Nachricht nach achtern und hörte was. Er sagte dem Ersten, daß sich die Seesoldaten ja nicht sehen lassen sollten. Und es sollten auch keine Netze geriggt werden, damit der Yankee nichts merkt.« Jetzt lächelte er und sah ganz anders aus. Und sagte laut und vernehmlich: »Unser Alter hatte Angst vor gar nichts!«

»Weiter, Junge!«

Der Junge öffnete seine teerbeschmierten Hände und ballte sie wieder. »Und dann ging das Schießen los, Sir. Wir haben zuerst geschossen, aber dieser große Yankee hat uns dann als Ziel erfaßt. Und dann traf uns ein Schuß nach dem anderen. Das Rigg kam von oben und die Rahen. Und die Männer starben und schrien. Und dann lief Blut durch die Speigatten. Soviel hab ich noch nie fließen sehen!«

Oben hörte man jetzt Stimmen und nackte Füße auf den Planken. *Indomitable* ging durch den Wind, um den Hafen anlaufen zu können. Doch dieser Junge war noch mitten im Gefecht, in dem er zum zweiten Mal mitkämpfte.

»Der Fockmast wurde weggeschossen. Das ganze Vordeck war voll vom Rigg, und Segel fielen auf uns wie tote Vögel.« Er drehte sich um und sah zum ersten Mal Avery an. »Wir konnten uns nicht bewegen, Sir. Männer versuchten, da rauszukommen. Andere wurden über die Seite mitgerissen – wie Fische im Netz. Ich war irgendwo hängengeblieben. Ich versuchte und versuchte ...«

Bolitho hob seinen Arm, als Avery aufstehen wollte. »Hast du den Kapitän gesehen?«

»Als er fiel, Sir.« Mit leiser Stimme wiederholte der Junge weinend: »Als er fiel!«

Bolitho wartete und fühlte, wie sich all seine Muskeln

verkrampften. Adam war gefallen. Und als einziger hatte dieser Junge überlebt, um Bericht zu erstatten.

Er sah ihn ausdruckslos an. »Dann kam das andere Schiff längsseits, Sir. Und die Yankees sprangen an Bord. Unsere Flagge war unten, einer hatte die Leine gekappt. Wir waren am Ende.«

»Du berichtest sehr gut.« Hilflos schaute Bolitho zu Avery hinüber. »Hat sich jemand um den Kapitän gekümmert?«

Der Junge nickte. »Sie haben ihn aufs andere Schiff rübergetragen.« Er hing seinen Erinnerungen nach. »Ich hab's gesehen, Sir!« Er schaute Bolitho an und wußte wieder, wo er sich befand und was er hier tat. »Dann gab's eine Explosion. Und dann fingen wir an zu sinken!«

Bolitho stand auf und ging ans Heckfenster. Eine Explosion, nachdem die *Anemone* die Flagge gestrichen hatte? Da hatte jemand wie Adam gehandelt, der seine geliebte *Anemone* auf keinen Fall dem Feind überlassen hätte.

»Dann weiß ich nicht mehr viel, Sir. Ich rief und brüllte, aber es kam keiner. Überall lagen Tote. Und auch Verwundete, die von unten nicht mehr nach oben kamen. Ich hielt mich an Billy fest. Und als das Schiff unterging, haben wir uns an Rundholz geklammert. Und trieben auf dem Wasser!«

Nun kamen die Tränen. Der Junge hörte nicht mehr auf zu weinen. Er schaffte gerade noch ein paar Sätze unter Tranen: »Aber Billy hat nie geantwortet. Er trieb einfach nur so. Ich glaub, er war schon lange tot.«

Tonlos sagte Bolitho: »Bringt ihn nach unten auf die Krankenstation. Er soll was Anständiges zu essen bekommen, bevor wir ankern!«

Dann fiel ihm etwas anderes ein. Er ging durch die

Kajüte auf den Stuhl zu und zog ein Taschentuch heraus, das Catherine ihm geschenkt hatte. Er gab es dem Jungen.

Avery beobachtete das wie gebannt. Ihm war, als könne er sich nicht bewegen und schon gar nicht eingreifen oder sprechen.

So leise, daß der Junge sein Weinen unterbrechen mußte, um ihn zu verstehen, sagte Bolitho: »Dein Kapitän ist mein Neffe. Ich liebe ihn so, wie dein Vater dich geliebt hat. Das alles bringt Freunde nicht zurück. Aber was du mir erzählt hast, gibt mir Hoffnung. Verstehst du?«

Er nickte und sah Bolitho tränenüberströmt fest in die Augen.

Leise trat Allday ein und schüttelte den Kopf. Als der Junge zu ihm aufblickte, sagte er: »Ich will dir mal was sagen, junger Freund. Zu mir altem Mann hat ein Admiral noch nie so gesprochen, weiß Gott nicht!« Er packte ihn am Hemdkragen und sagte: »So, und jetzt sehen wir uns mal zusammen in der Speisekammer um!«

Die Tür fiel zu, und Ozzard trat leise ein mit zwei Gläsern auf einem Tablett. Bolitho fiel auf die Bank, als habe man ihm das Deck unter den Füßen weggerissen!

»Der Mann ist wirklich ein Wunder!«

»Stimmt, Sir.« Und dachte sich dazu: *Genau wie Sie.*

Bolitho nahm einen Schluck, ohne ihn zu schmecken. »Wir werden an Deck gehen, George. Von diesem Anblick bekomme ich nie genug!«

Zurückhaltend fragte Avery: »Sie trafen Lady Catherine hier, Sir?«

Bolitho sah ihn an und spürte, wie langsam das Leben in ihn zurückfloß. »Ich fand sie hier, als ich dachte, ich hätte sie für immer verloren.«

Dann sprach er über die Schulter. »Ich bin natürlich

kein Narr. Ich kenne die Chancen so gut wie Sie. Aber am Ende lebte er noch, oder?«

Avery folgte ihm nach oben in das helle Sonnenlicht. *Erhoffe dir nicht zuviel.* Es war alles wahr. Er selbst hatte gesehen, wie er einen zwölfjährigen Jungen von den Toten zurückgeholt hatte – als einen Mann.

Als das Schiff ankerte, und Leichter und Werftboote es umschwärmten, saß Avery mit angezogenen Knien in seiner winzigen Kabine und versuchte, die Nachrichten in einen sinnvollen Zusammenhang zu bringen. Das Kurierschiff hatte dem Admiral nicht nur wichtige Meldungen gebracht, sondern auch Post, die offenbar um die halbe Welt transportiert worden war, ehe sie ihren Empfänger erreicht hatte.

An der Tür klopfte es. Avery öffnete sie mit einem Fuß, ohne sich zu erheben. Es war Allday.

Er sagte: »Tut mir leid, Mr. Avery, aber ich hab einen Brief bekommen.« Er sah betroffen und besorgt aus.

»Setzen Sie sich. Auf die Kiste, wenn Sie mögen!«

»Das macht Ihnen doch nichts aus, Sir? Ich weiß ja, daß Sie viel um die Ohren haben mit dem jungen Adam und all dem.«

»Natürlich nicht!« Es machte ihm sogar Spaß, denn es war wie ein Brief, den er selber erhielt. Aber es gab ja niemanden, der ihm so zugetan war, daß er ihm schreiben würde.

»Schenken Sie sich einen Schluck ein!« sagte er und schlitzte den Umschlag auf. Er hatte fürchterlich viele Flecken. Wahrscheinlich hatten Atlantikstürme dem Postschiff ziemlich zugesetzt, und offenbar war die Post auf ein anderes Schiff verladen worden.

Mein lieber John. Er konnte sie sich jetzt genau vorstellen. *Es ist so lange her, daß ich von dir hörte.*

257

Allday wartete, saß vor Aufregung auf der Kante der messingbeschlagenen Seekiste. »Was ist, Sir? Irgendwas Schlimmes passiert? Bitte, Sir, schnell!«

Avery lehnte sich nach vorn und goß sich selber ein Glas Brandy ein.

Und dann sagte er: »Ich gratuliere Ihnen, John Allday!«

Allday zog die Stirn zusammen. »Was ist denn los, warum?«

Avery hielt ihm den Brief hin und schob ihm das Glas rüber.

»Sie sind Vater geworden. Das ist los!«

Allday sah ratlos auf die runde Schrift. »Ein Baby! Sie hat ein Baby?«

Avery lächelte. »Sie bleiben hier sitzen und trinken Ihr Glas. Ich geh mal eben zum Admiral. Ich glaub, das ist genau das, was er jetzt gebrauchen kann. Allday ist Vater geworden!«

»Aber, aber ...« Allday winkte ihm mit dem Brief hinterher. »Junge oder Mädchen, Sir?«

Avery sah wieder Lady Catherine, die unter dem Jubel der Männer auf die *Indomitable* gestiegen war.

Er sagte nur: »Es ist ein kleines Mädchen. Ihre Frau möchte sie Kate taufen!«

Die Tür fiel zu, und da endlich griff Allday zum Glas.

»Ich werd verrückt!« Er grinste einfach so in die Kajüte. »Ich werd einfach verrückt!«

Bolitho blickte vom Tisch auf, als Tyacke eintrat, den Hut unterm Arm.

»Wenn Sie erlauben, Sir, möchte ich vor dem Mittag ankerauf gehen. Mr. York ist absolut sicher, daß der Wind drehen und auffrischen wird. Fragen Sie mich bloß nicht, woher er das weiß!«

»Ich glaube, James, manchmal müssen wir geführt werden«, sagte Bolitho. Ich habe überhaupt keine Lust, hier in Antigua herumzulungern!«

Drei Tage nach dem Einlaufen gab es immer noch keinen genaueren Bericht über das Ende der *Anemone* als den, den ihnen John Whitmarsh gegeben hatte. Die Mannschaft der *Anemone* war in Gefangenschaft gegangen, aber darüber gab es nichts Offizielles. Drei Tage lang hatte er an kaum etwas anders als an Adam denken können. Wenn er schwer verwundet war – wie schwer? Wenn er überlebt hatte, würde man ihn dann gegen einen amerikanischen Gefangenen im gleichen Rang austauschen – falls man überhaupt einen gefangen hatte?

Er beobachtete Yovell, der mit kratzender Feder die letzten Abschriften seiner Befehle an die Kommandanten seines weit auseinander operierenden Geschwaders anfertigte.

Er hatte die Admiralität dringend aufgefordert, ihm als Ersatz für die *Anemone* eine Fregatte zu schicken. Allerdings rechnete er sich kaum eine Chance aus, auch wirklich eine zu bekommen. Er erinnerte sich noch genau an das, was er den hohen Herren in London vorgetragen hatte: Das Ende der ungebrochenen Schlachtordnung war gekommen, das Zeitalter der schnellen, feuerkräftigen Fregatten war angebrochen.

Er war sich ganz sicher, daß Nathan Beer mit der *Unity* den Jamaica-Geleitzug verfolgt hatte. Beer hatte Bolithos Verdacht mehr als bestätigt. Wieviel mehr von diesen mächtigen Fregatten hatten die Amerikaner bereits unter Segel, und wie viele wurden gerade gebaut? Abgesehen von der *Indomitable* und der *Valkyrie* hatten sie selber nichts dagegenzusetzen. Zwar hieß es, daß Entschlossenheit und eine überlegene Seemannschaft auch gegen eine Übermacht eine gute Chance hatten, doch die massive Feuerkraft der Amerikaner und die Mannschaften an den Kanonen hatten schon mehrere kleine Geleitzüge in alle Winde zerstreut. Das Lee-Geschwader konnte sich nur noch verteidigen. Man konnte einen Krieg nicht gewinnen, wenn die Kräfte durch ergebnisloses Herumsuchen und unklare Auskünfte aufgebraucht wurden.

Offenbar hatten die Amerikaner vor, Kanada anzugreifen, genau wie die Briten dazu entschlossen waren, ihre militärische Stärke um jeden Preis zu vergrößern. Die Admiralität hatte Listen geschickt mit den möglichen Routen und den erwarteten Ankunftszeiten militärischer Konvois, die alle in Halifax eintreffen würden. Die Amerikaner würden solche Bewegungen ganz schnell erkennen. Sie waren unmöglich geheimzuhalten.

Man wußte auch, daß die Amerikaner kleinere Kriegsschiffe zum Einsatz auf den Großen Seen zusammenstellten. Sie zu finden war wie die Suche nach der sprichwörtlichen Nadel im Heuhaufen. Bolitho hatte *Zest* und *Reaper* abkommandiert, um Dawes Flotte in Halifax zu verstärken. Abgesehen von örtlichen Patrouillen, zumeist aufgebrachte Briggs und Schoner, gab es nur die *Indomitable* und die *Attacker* – eine Fregatte mit sechsundzwanzig Kanonen –, die die Verbindung zu den Konvois aus Jamaica hielten. Die Geleitzüge waren schon auf zwei pro Monat wegen der drohenden amerikanischen Gefahr reduziert worden. Die Yankees hatten nichts zu beschützen, jedes britische Schiff war also ein Ziel und eine mögliche Prise.

In einem Augenblick tiefer Enttäuschung hatte Bolitho Tyacke ärgerlich zugerufen: »Unser Nelson hatte recht, James. Der Angriff ist in der Tat die beste Verteidigung. Also laßt uns ihre Nester finden und sie angreifen, und zur Hölle mit dem verdammten Risiko!«

Tyacke verstand die Logik dahinter. Wenn sie ihr kleines Geschwader immer dann teilen müßten, wenn der Gegner ein Schiff auslaufen ließ, wären sie bald viel zu schwach, um überhaupt noch jemanden zu schützen.

Eine Woche vor dem Angriff auf die *Anemone* hatten sie ein brasilianisches Handelsschiff gestoppt und mit dem Kapitän gesprochen. Der hatte berichtet, er habe einen amerikanischen Verband gesehen, der aus zwei großen Fregatten und zwei kleineren Schiffen bestand, die nach Süden liefen. Vermutlich kamen sie aus Philadelphia. Da er um seine eigene Sicherheit fürchtete, hatte der Brasilianer neuen Kurs auf die Bermudas genommen.

Zwei große Fregatten? War eine die *Unity* gewesen? Und wenn – wo waren dann die anderen?

Bolitho sagte: »Ich bin heute kein guter Gesellschafter, James!«

Tyacke sah ihn unbeeindruckt an. »Nehmen wir mal an, nehmen wir wirklich nur mal an ...« Er spielte mit den abgenutzten Knöpfen seiner Uniformjacke.

Bolitho antwortete mit Schärfe: »Sie haben mehr Erfahrung als irgend jemand sonst, was Alleingang auf See angeht. Also sagen Sie, was Sie denken. Jetzt ist es höchste Zeit!«

Tyacke trat ans Heckfenster und sah, wie der Kutter nach achtern verholt wurde, um wieder an Deck genommen zu werden. Es war üblich, im Hafen alle Boote zu Wasser zu lassen, damit in der erbarmungslosen Hitze die Planken nicht leck sprangen. Aus demselben Grund hielt man sie auf See immer halb mit Seewasser gefüllt.

»Jeder kennt uns, Sir, genauer gesagt, kennt Sie! Wenn

Kapitän Bolitho zusammen mit vielen seiner Leute gefangengenommen wurde, kann der Feind doch wohl annehmen, daß Sie jetzt etwas unternehmen. Und zwar ganz gezielt!«

Bolitho hob die Schultern. »Das würde ich am liebsten auch!«

Tyacke rieb sich das Kinn. »Und das erwarten sie auch. Wenn die *Indomitable* das aber tut, welche Chancen haben dann unsere Schiffe noch?«

Bolitho starrte ihn an: »Sie meinen also, daß unser Schiff das nächste Ziel ist?« Plötzlich sah er ganz klar. »Das leuchtet mir ein.« Er erhob sich und lehnte sich über die Karte. Yovell schrieb ohne Unterbrechung weiter, tunkte nur ab und an die Feder in die Tinte.

»Die Bermudas – da könnten sich die Amerikaner sammeln. Da gibt's kein einziges englisches Kriegsschiff. Denn da verläßt man sich auf seine Garnison und die Riffs.«

Tyacke sah neugierig auf die Karte. »Warum haben wir da kein Schiff, Sir?«

»Weil wir dort kein Wasser haben. Nichts. Was in der Saison vom Himmel kommt, sammeln sie und müssen damit gut haushalten.«

Tyacke lächelte zurückhaltend. »Das wußte ich nicht, Sir!« Das klang für seine Verhältnisse überaus bewundernd.

»Vielleicht mache ich einen Fehler, wenn ich unsere Strategie auf das Wort eines Mannes aufbaue, der Obst verkauft, um seinen Lebensunterhalt zu verdienen?«

Er tippe Yovell auf die runde Schulter. »Ich möchte Kapitän Dawes auf der *Valkyrie* neue Instruktionen schicken. Mit dem Schoner *Reynard*.«

Jetzt sah Tyacke, wie Bolithos Gesicht wieder lebendig

wurde. »Wir werden einen Geleitzug zusammenstellen. Alle Welt soll es wissen. Und die *Indomitable* wird Anker lichten und ihn treffen.«

»Ich will ja nichts sagen, Sir ...«

»Aber? Sie müssen aber etwas sagen, wenn Sie anderer Meinung sind. Sie sind mein Flaggkapitän, und wir müssen unsere Meinungen austauschen!«

»Meinungen, ja.« Tyacke sah etwas bedrückt aus. »Darüber bin ich dankbar. Aber die Verantwortung liegt bei Ihnen!«

»Bitte, weiter, James. An Verantwortung habe ich mich inzwischen ganz gut gewöhnt.«

Tyacke antwortete: »Also werde ich Ihnen sagen, was ich denke.« Er fuhr mit seinem Finger über die Karte. »Hier ist Halifax, und da südlich liegt Boston, da New York und hier Philadelphia. Wenn ich ein Yankeekapitän wäre, würde ich genau hier operieren. In Philadelphia könnte ich Reparaturen ausführen oder Schutz finden – je nachdem.« Er sah jetzt Bolitho an. »Aber nehmen wir mal an, Kapitän Dawes würde mit seiner Fregatte Ihre Instruktionen nicht vorschriftsgemäß ausführen. Falls ein militärischer Konvoi das eigentliche Ziel ist und er ihn auf dem letzten Stück ohne Schutz lassen würde, dann könnte es um seinen Kopf gehen, nicht um Ihren, Sir!«

»Er ist ein Mann, der Phantasie hat, James. Aber das wissen Sie!«

»Aber er hat auch Ehrgeiz«, antwortete Tyacke sofort. »Er ist außerdem der Sohn eines Admirals. Und weil da beides zusammenkommt, könnte es gefährlich werden.«

»Sie nehmen kein Blatt vor den Mund.« Er lächelte, um seinen Worten die Schärfe zu nehmen. »Ich mag das. Aber Dawes handelt als mein Stellvertreter. Ich muß mich auf ihn verlassen können.« Er dachte nach. »Ich habe keine Wahl, aber auch keine Veranlassung, etwas anderes anzunehmen.«

Tyacke sah sich ungehalten um, als der Posten den Ersten Offizier meldete.

»Ja, Mr. Scarlett. Hat das nicht Zeit?«

Zögernd antwortete Scarlett: »Alles Trinkwasser ist jetzt an Bord, Sir.« Er schaute zu Bolitho hinüber. »Entschuldigen Sie die Unterbrechung, Sir Richard!«

Als die Tür zufiel, entschuldigte sich Tyacke. »Es tut mir leid, Sir Richard! Ich werde mit dem Herrn ein Wörtchen zu reden haben!«

Dann beruhigte er sich. »Ich sorge dafür, daß Ihre Befehle auf den Schoner gebracht werden!«

Indomitable schwoite leicht. Vielleicht hatte York mit seiner Vorhersage bereits recht. Ein Sonnenstrahl kam durch das Fenster, und Tyacke sah, wie Bolitho zusammenzuckte und sich umdrehte.

»Kann ich Ihnen helfen, Sir?«

Bolitho setzte sich und griff zu einem Taschentuch. Tyacke drehte den Stuhl so, daß Bolitho nicht mehr in die Sonne blicken mußte.

Leise fragte Bolitho: »Sie wußten, wie es um mein Auge steht, nicht wahr? Sie haben's gewußt, seit Sie als mein Flaggkapitän an Bord kamen!«

Unbewegt sah Tyacke ihn an: »Machen Sie Avery daraus keinen Vorwurf, Sir! Er hielt es für richtig, mich zu informieren!«

»War das auch richtig für mich?«

»Ja. Und für das Schiff.« Er drehte sich zur Seite, als sei er sich plötzlich wieder seiner schrecklichen Narben bewußt geworden. »Wenn Sie mich bitte entschuldigen, Sir. Ich habe noch sehr viel zu erledigen!«

Bolitho folgte ihm bis zur Tür.

»Bereuen Sie Ihre damalige Entscheidung? Sagen Sie's mir bitte unumwunden!«

»Ich bin nicht aus Mitleid an Bord gekommen, Sir!« Und dann grinste er überraschend. »Ob ich's bereue? Ich werde es Ihnen sagen, wenn wir diesen verdammten Yankee auf den Grund des Meeres geschickt haben.« Er lächelte immer noch, als er hinter sich die Tür schloß.

Bolitho berührte sein Auge und wartete auf den Schmerz. Doch er kam nicht. Er setzte sich wieder, tief bewegt von Tyackes Worten. Ein bemerkenswerter Mann, ein starker Mann.

Als die *Indomitable* in der Nacht ihren schweren Bug in die offene See wendete, wachte Bolitho mit dem Traum von damals wieder auf. Die Carrick Roads, die Burg von Pendennis, die Schiffe so deutlich erkennbar und vertraut wie immer. Alle gingen kurzstag. Wohin würden sie segeln? Wer war auf diesen Phantom-Schiffen die Mannschaft? Und dann sah er im Traum ein neues Schiff mit der so vertrauten vergoldeten Galionsfigur. *Tochter des Windes*. Und als sie vor Anker schwoite, sah er, daß es Zenoria war. Als er sich aus seinem Traum in die Wirklichkeit hochkämpfte, hörte er ihren letzten Schrei.

»Alles in Ordnung, Sir?« Allday fing schwankend die Bewegungen des Schiffes auf.

Bolitho hielt sich an der Hängekoje fest, als er aufstand.

»Sag mir deine Meinung, alter Freund! Glaubst du, daß er noch lebt?«

Allday folgte ihm zum Fenster. Auf dem bewegten Wasser malte der Mond eine gezackte Silberspur. Das also bedrückte ihn, dachte er. Jetzt noch mehr als sonst schon.

Während Werftleute und Offiziere kamen und gingen, Forderungen stellten oder Angebote machten – meistens jedoch etwas von ihm verlangten –, hatte er an Kapitän Adam gedacht. Und hatte bei all dem auch noch geplant, wie er seine Schiffe einsetzen sollte. Der Neffe war eben mehr als der Sohn des Bruders. Er war eher der eigene Sohn, der enge Freund. Niemanden kannte er besser.

Er ging an das Stell mit dem Degen und wartete, bis das Mondlicht sich auf der Schneide spiegelte. Wie oft hatte er diesen Degen Bolitho eingehenkt, bevor es zum Kampf kam? Und wie oft hatten sie nebeneinander gefochten?

»Wenn wir mal nicht mehr sind, Sir Richard ...« Er wußte, daß Bolitho ihn in dem Zwielicht genau beobachtete. »Wir leben ja nicht ewig. Will ich auch gar nicht. Also wenn wir gehen, wird diese Klinge Kapitän Adam gehören. So muß es sein!«

Dann hörte er die Antwort, so ruhig, wie er es erwartet hatte: »Ja, in der Tat, alter Freund. Der letzte der Bolithos!«

Allday sah, wie er in seine Koje zurückkletterte und fast augenblicklich eingeschlafen war.

Allday lächelte. Die Bö war vorbei, der Sturm würde noch kommen.

XIII Einsamkeit

Lady Catherine Somervell erhob sich aus dem schweren Ledersessel und trat an ein Fenster in der Admiralität. Es regnete heftig.

Sie spielte mit einer der schweren Goldtrossen, die die

Vorhänge zurückhielten, und sah, wie die Leute auf der Straße Schutz suchten. Schwerer, alles säubernder Regen, der Dampf von den schmutzigen Kopfsteinen aufsteigen ließ und den Bäumen, die so spät im Sommer immer noch grün waren, Erfrischung bot.

Beim Umdrehen sah sie den leeren Kamin und die alten Gemälde mit Seeschlachten. Das war Richards Welt. Sie schüttelte den Kopf. Nein, diese alten Schiffe gehörten sicher nicht zu seiner Welt. Eher zur Marine seines Großvaters. Sie hatte durch Zuhören viel von Richard gelernt. Und er von ihr viel über London erfahren. Er hatte gespürt, wie viel Freude ihr dieses Lernen gemacht hatte, mehr als er je für möglich gehalten hatte.

Sie musterte sich in dem großen Spiegel und stellte sich dabei Marineoffiziere vor, die ihr eigenes Bild begutachteten, ehe sie zu irgendeinem Vorgesetzten gerufen wurden, der über ihr künftiges Schicksal entschied.

Ein einfaches grünes Kleid. Rand und Ärmel zeigten Flecken vom Regen. Dazu trug sie einen Hut mit breiter Krempe und einem passenden grünen Band. Sie hatte sich sorgfältig gekleidet, wie sie das immer tat, nicht aus Eitelkeit oder um zu blenden, sondern eher aus Trotz und um Richards willen. Sechzehn Monate war er nun schon auf See – und es schmerzte sie immer noch wie im Augenblick des Abschieds.

Der Raum war so, wie sie erwartet hatte. Unfreundlich, herausgehoben, ein Platz, an dem Entscheidungen fielen, ein Ort, an dem ein Federstrich dem Leben von Männern eine andere Richtung gab.

Sie konnte ihn sich hier vorstellen, vielleicht als sehr jungen Kapitän. Oder auch später, als Flaggoffizier. Ihre Affäre war damals schon in aller Munde. Jetzt kannte sie die ganze Welt. Sie lächelte. Doch in der Admiralität wäre niemand von ihrer Position in seinem Leben oder durch ihren Rang beeinflußbar. Wenn Richard etwas widerfuhr, würde Belinda als erste informiert werden – offiziell.

Sie hatte sich die ganzen letzten Monate über gut beschäftigt. Zuerst half sie Ferguson, dann kümmerte sie sich um ihre eigenen Anliegen. Doch jeder Tag schien wie eine Ewigkeit. Nur die Ausritte mit Tamara waren eine willkommene Abwechslung. Doch am Küstenpfad und an »Tristans Sprung« war sie seit Zenorias Tod nicht mehr gewesen.

Ein alter Diener stand nun plötzlich vor den halboffenen Türflügeln. Catherine hatte weder ihn noch das Öffnen der Tür gehört.

»Sir Graham Bethune würde Sie jetzt gern sehen, Mylady!«

Er verneigte sich leicht, als sie an ihm vorbeiging. Er war so alt, daß sie fast glaubte, seine Gelenke krachen zu hören.

Sir Graham Bethune eilte ihr zum Gruß entgegen. Es hatte ihr anfangs gar nicht behagt, daß er unter Richard einst Midshipman gewesen war. Richard hatte ihr zwar erklärt, was es mit Seniorität in der Marine auf sich hatte, aber sie hielt es immer noch für ungerecht. Er war ein Rang tiefer als Richard, und doch war er ein Lord der Admiralität und konnte Männer fallen und befördern lassen, wie es ihm gefiel.

Aber Bethune war dann doch ganz anders als erwartet. Er war schlank und energisch und begrüßte sie mit einem herzlichen Lächeln. Plötzlich, aber auch ein wenig unwillig, verstand sie, warum Richard ihn mochte.

»Meine verehrte Lady Catherine Somervell, dies ist in der Tat eine große Ehre. Als ich hörte, daß Sie in Chelsea sind und ich Ihre kurze Nachricht erhielt, konnte ich mein Glück kaum fassen!«

Catherine nahm in dem angebotenen Stuhl Platz und musterte ihn ruhig. Er war charmant und konnte seine Neugier nicht verbergen: das Interesse eines Mannes an einer schönen Frau.

Sie sagte: »Wir in Falmouth waren sehr betroffen vom Verlust der *Anemone!* Ich dachte, wenn ich selber mit Ihnen spreche, könnte ich Neues von Ihnen erfahren – wenn es denn etwas gibt, Sir Graham!«

»Ich habe eine kleine Erfrischung vorbereiten lassen, Lady Somervell.« Er trat an seinen Tisch und läutete eine kleine Glocke. »Ja, es gibt Neues. Gestern kam etwas per Telegraph aus Portsmouth. Heute hat es ein Kurier bestätigt.« Er drehte sich um und setzte sich halb auf dem Tischrand. »Es ist, wie ich es erwartet habe. Nachdem die amerikanische Fregatte *Unity* die *Anemone* versenkt hatte, segelte sie mit all den Gefangenen, die sie übernommen hatte, davon. Sie war selber so schwer angeschlagen, daß sie den Konvoi nicht mehr verfolgen konnte. Kapitän Bolitho hat sich sehr tapfer gehalten. Das wird man würdigen!«

»Er lebt also?« fragte sie.

Ein Diener trat mit einem Tablett ein. Er sah niemanden an.

Bethune beobachtete ihn. Der Mann öffnete die Flasche wie jemand, der so etwas sehr oft tut.

»Ich hörte, Sie mögen Champagner, Mylady. Ich denke, wir haben etwas zu feiern, nicht wahr?«

Sie wartete. Vielleicht nahm Bethune ja an, sie sei noch aus anderen Gründen hergekommen.

Er berichtete: »Kapitän Bolitho ist schwer verwundet, doch wir hörten von unseren Informanten, daß man ihn gut versorgt – dank des amerikanischen Commodore.« Zum ersten Mal zögerte er. »Doch über seine Verwundung wissen wir nichts Genaues.«

Catherine griff zu dem Glas und fühlte die Kälte durch ihren Handschuh. Richards Brief hatte sich Wort für Wort in ihr Gedächtnis eingegraben. Wie Adam in English Harbour angekommen und dort zusammengebrochen war, als er vom Tode Zenorias hörte.

Es schien ihr wie ein Bühnenschauspiel. Jeder hatte seine kleine Rolle. Richard und sein toter Bruder; Adam und Zenoria; Valentine Keen wartete noch auf seinen Einsatz.

Bethune hielt das Glas gegen das Fenster. »Wir haben offiziell noch nicht erfahren, was die Amerikaner vorhaben. Kapitän Bolitho würde normalerweise gegen einen unserer Gefangenen ausgetauscht. Doch da er als Kommandant einer Fregatte einige Bedeutung hat, sehr viele Prisen aufgebracht und Erfolge eingeheimst hat, beschließen sie vielleicht, ihn zu behalten – und wenn auch nur, um sich selber zu schmeicheln.«

»Oder um seinen Onkel in irgendeinen Wahnsinn zu locken!«

»Hat er Ihnen das geschrieben, Mylady?«

»Sie kennen ihn doch, oder? Dann sollten Sie nicht danach fragen!«

Er lächelte und füllte die Gläser nach. »Sie haben recht.«

Dann sagte er: »Ich würde mich freuen, wenn Sie mir die Ehre erwiesen, mich zu einem Empfang zu begleiten.« Er fuhr schnell fort, als ahne er bereits ihre Absage. »Sir Paul Sillitoe, den Sie doch wohl kennen, möchte seinen neuen Titel feiern. Er wird in Kürze Mitglied des Oberhauses. Er wird dort ein mächtiger Gegner sein, bei Gott.«

Er *ist* bereits ein mächtiger Gegner, dachte sie. »Ich bin nicht sicher, Sir Graham.« Sie lächelte leicht. »Wird Sie meine Begleitung nicht ein bißchen in Verlegenheit bringen?«

Er blickte an ihr vorbei, und für einen Augenblick sah sie in ihm den jungen Midshipman.

Doch das war schnell vorbei. »Ich würde Ihre Begleitung überaus schätzen, Mylady!«

Sie antwortete: »Es hat sich ausgeregnet und die Sonne ist wieder da. Ich mag sie sehr, auch wenn wir schlechte Erfahrungen mit ihr gemacht haben.«

Er nickte ernst: »Die *Golden Plover,* ja. Ich weiß. Darf ich fragen, was Sie heute noch vorhaben?«

Sie blickte ihn an, ohne auf seine Anspielung einzugehen.

»Ich werde ein neues Kammermädchen treffen. Doch vorher möchte ich noch nach St. James's!«

»In den Palast, Mylady?«

Sie streckte ihm die Hand im Handschuh hin, und er beugte sich über sie. Dann mußte sie lachen. »Natürlich nicht, sondern in den Weinladen!«

Noch lange, nachdem ein Lakai sie zum Ausgang begleitet hatte, sah Bethune ihr nach.

Ein Sekretär trat ein und legte einige Papiere auf seinen Tisch.

Er sagte: »Wir haben schlechte Nachrichten, Sir Graham.« Geduldig wartete er, bis sein Herr und Meister antwortete.

Bethune fragte abwesend: »Haben Sie sie gesehen?« Dann schien ihm einzufallen, was sein Sekretär eben gesagt hatte. »Was für Nachrichten?«

»Keine bestätigten, Sir Graham. Aber wir haben eine Meldung bekommen, die unsere Fregatte *Guerrière* betrifft, Sir. Achtunddreißig Kanonen. Die U.S.S. *Constitution* hat sie in einem Gefecht von nur zwei Stunden besiegt und als Prise genommen!«

Bethune erhob sich wieder und trat ans Fenster. »Sie sind ein Melancholiker, Saunders. Bei Ihnen klingt der gleiche Satz sowohl trivial als auch schrecklich. Nur zwei Stunden, sagten Sie? Ich habe solch triviale Zeiten durchgemacht.« Er drehte sich vom Fenster weg. »Glauben Sie mir, es war die Hölle!«

»Sie sagen es, Sir Graham!«

Er entließ diesen nichtssagenden Menschen und erinnerte sich an Bolithos Worte in eben diesem Gebäude und an die Verwunderung, ja sogar an das mitleidige Lächeln, als der Admiral die feste Schlachtordnung kritisierte. Wahrscheinlich würde man heute anders reagieren. Eine Fregatte war in der Karibik bereits als vermißt gemeldet. Die *Anemone* war versenkt und die *Guerrière* geschlagen und als Prise genommen. Man würde sich jetzt sicher an Bolithos Worte erinnern.

Wieder schaute er aus dem Fenster, doch ihre Kutsche war davongefahren.

Er lächelte, hob Catherines halbleeres Glas und küßte die Stelle, die ihre Lippen berührt hatten.

Laut sagte er dann: »Wir werden sehen!«
Als Catherine Chelsea erreichte, war der Himmel klar, und die Häuser am Flußufer strahlten in der Sonne. Der junge Matthew klappte den Tritt herunter und bot ihr seine Hand zur Hilfe. Seine Augen waren überall – wie die eines eifrigen Terriers.

»Ich werde den Wein ins Haus tragen, Mylady, wenn ich die Pferde versorgt habe.«

Sie blieb stehen und schaute ihn fragend an. »Sie hassen London, nicht wahr, Matthew?«

Er grinste verlegen. »Ich bin nicht daran gewöhnt, mehr ist es wohl nicht, Mylady.«

Sie lächelte zurück. »Noch bis zur nächsten Woche. Dann fahren wir nach Falmouth zurück!«

Matthew sah sie die Haustür öffnen und seufzte. Sie bürdete sich viel zuviel auf, tat viel zuviel selber. Wie er auch.

Catherine öffnete die Tür und blieb wie angewurzelt in der Eingangshalle stehen. Da lag ein goldbetreßter Hut auf dem Tisch – er sah aus wie Richards.

Lucy, das neue Mädchen, eilte hinter der Treppe hervor und wischte sich mit der Hand über den Mund. Die frühe Rückkehr ihrer Herrin hatte sie offensichtlich überrascht.

»Es tut mir leid, Mylady. Ich hätte schon alles fertig haben müssen!«

Catherine hörte gar nicht hin. »Wer ist hier?« Das war doch unmöglich, er hätte sie das doch irgendwie wissen lassen. Wenn bloß ...

Lucy schaute auf den Hut, ahnte aber nichts von seiner Bedeutung. »Er sagte, es würde Ihnen nichts ausmachen, Mylady. Er sagte, er würde im Garten warten. Und wenn Sie nicht kämen, dann würde er seine Karte hierlassen.«

»Wer?« fragte sie.

Lucy war ein gutes Mädchen. Nancy hatte sie empfohlen. Aber sie war keine zweite Sophie. Sie betreute das Haus gut und kümmerte sich auch um Catherine, aber dann war sie wieder sehr langsam und konnte einem die Nerven rauben, weil sie nicht richtig nachdachte.

Catherine ging an ihr vorbei zur Tür, die in den Garten führte.

Valentine Keen stand an der Wand, streichelte die Katze des Nachbarn und war nur vom Profil her zu sehen.

In seiner Uniform als Konteradmiral sah er fremd aus, und sein blondes Haar war von der afrikanischen Sonne ausgebleicht.

Als er ihre Schritte auf der Terrasse hörte, drehte er sich um, und nun sah sie sein verändertes Gesicht: tiefe Schatten unter den Augen und tiefe Falten um seinen Mund, die auch ein Lächeln nicht glätten wollte.

Sie sagte: »Lieber Val, ich bin so froh, daß Sie gewartet haben. Ich wußte nicht, daß Sie in London sind.« Sie umarmte ihn. »Wie lange sind Sie schon hier?«

Er hielt sie fest – aus Zuneigung oder Verzweiflung, wahrscheinlich eine Mischung aus beidem.

»Seit ein paar Tagen. Ich kam in Portsmouth an. Ich hörte, Sie seien in London. Ich mußte Sie sehen, verstehen Sie?«

Die Worte sprudelten nur so aus ihm heraus. Sie unterbrach ihn nicht. Wer hatte ihm gesagt, daß sie in London war?

Arm in Arm gingen sie langsam durch den Garten. London blieb mit seinem Lärm hinter der Mauer.

»Seien Sie achtsam mit der Katze. Die benutzt ihre Krallen manchmal, wenn man mit ihr spielt.«

Keen sah sie fragend an. »Ihr Brief hat mir sehr geholfen. Ich wünschte nur, Sie hätten sich das alles nicht aufbürden müssen.« Er schluckte ein paarmal. »Sie ist in Zennor begraben? Warum? Entschuldigen Sie meine Frage. Aber ich kann es immer noch nicht begreifen!«

Sanft antwortete sie: »Es gibt keine Beweise für einen Selbstmord. Es kann auch ein Unfall gewesen sein. Die Kirche konnte ihr ja wohl schlecht ein Grab in ihrer Heimatgemeinde verweigern.«

»Ich verstehe!«

Catherine dachte an den zögernden Landpfarrer. Der

Bischof hatte sein Mißfallen ausgedrückt, weil behauptet wurde, daß das Mädchen sich das Leben genommen habe.

»Die behördliche Untersuchung war eindeutig. Der Tod trat infolge eines Unfalls ein. Das ist nur ein kleiner Trost, ich weiß, aber nun ruht sie in Frieden.«

Roxby hatte die Untersuchung geleitet, sonst ...

»Und Sie waren dort. Ich weiß, daß Sie dort waren.«

Sie wartete, ahnte schon die nächste Frage.

»War jemand von meiner Familie zu ihrer Beerdigung in Zennor?« wollte er wissen.

»Man schickte Blumen. Seien Sie nicht böse deswegen. Es gab genug zu betrauern.«

Er antwortete nicht, drehte ihre Antwort um und um, versuchte die Gründe zu finden, die Wahrheit zu entdecken – auch wenn er sie nie akzeptieren könnte.

»Ich habe sie so sehr geliebt«, sagte er nur. »Sie ahnte sicher gar nicht, wie sehr!«

»Ich glaube doch, Val.«

»Ich muß nach Zennor an ihr Grab, wenn ich hier alles erledigt habe.« Er schaute sie an. Sein Gesicht war so zerfurcht, als hätten die Sorgen ihn krank gemacht. »Wollen Sie mit mir kommen, Catherine? In die Kirche, in der wir damals heirateten?«

»Natürlich. Es gibt auf ihrem Grab noch keinen Stein. Den müssen Sie aussuchen.« Sie hielt seinen Arm, wagte nicht, ihm ins Gesicht zu blicken. »Natürlich komme ich mit.«

Nach einiger Zeit fragte er: »Sie waren in der Admiralität. Gab es etwas Neues über Adam?«

Sie berichtete, was sie von Bethune erfahren hatte, und Keen murmelte: »Die wissen sicher noch mehr, als sie der Öffentlichkeit mitteilen wollen.« Er drehte sich um und blickte sie wieder an: »Ich habe heute gehört, Sir Paul Sillitoe gibt einen Empfang.«

Sie zwang sich zu lächeln. »Ich weiß. Ich wurde dazu eingeladen.« Sie erinnerte sich an Bethunes Blicke, als er von dem Empfang gesprochen hatte. Vielleicht war alles nur Einbildung. Doch sie kannte keinen Mann, auf den sie sich ganz und gar verlassen konnte – bis auf den einen.

Keen sagte: »Dann lassen Sie uns doch zusammen hingehen, Catherine. Niemand könnte daran Anstoß nehmen und unter diesen Umständen ...« Er fuhr nicht fort.

Sie antwortete mit einer ihr fremden Stimme: »Es wäre mir eine große Ehre, mein lieber Val!« Richard würde das verstehen. Und er wußte auch, daß man Freunde wie Sillitoe an so exponierter Stelle brauchte.

Plötzlich wollte Keen wissen: »Und was macht Richard?«

»Er macht sich Sorgen. Um mich und um Adam, um seine Männer und seine Aufgaben.« Sie lächelte. »Ich würde ihn nie ändern, selbst wenn ich es wollte.«

Es war dunkler geworden. »Es wird wieder regnen, denke ich. Lassen Sie uns ins Haus gehen.«

Die Haushälterin erwartete sie an der Treppe, und irgendwo konnte man Lucy weinen hören.

Sie blickte ungläubig auf Catherines Hand, die auf dem Arm des Konteradmirals ruhte, und sagte: »Schon wieder zwei Tassen zerbrochen, Mylady. Gott, das Mädchen bringt mich noch mal ins Armenhaus!« Dann etwas freundlicher: »Ich werde Tee machen!«

Sie saßen am Fenster und beobachteten, wie die Blätter unter den ersten schweren Regentropfen erzitterten. Die Katze war verschwunden.

Catherine sagte: »Ich hörte, Sie wollten nach Plymouth umziehen!«

Er zuckte mit den Schultern. »Jetzt nicht mehr. Der Flaggoffizier dort sollte eine Frau an seiner Seite haben!« Bitter fügte er hinzu: »Also wieder auf See zurück. Mir kann es nicht schnell genug gehen!«

»Haben Sie Ihren Vater schon getroffen?«

Er schüttelte den Kopf. »Ich werde ihn später treffen. Ich bin sicher, er arbeitet wieder mal in der City bis spät in die Nacht.«

Sie wollte ihn halten wie ein Kind, wollte ihm den Schmerz nehmen, die Verzweiflung. Er hatte sonst niemanden.

Er sagte: »Ich hätte das wissen sollen. Ich hatte so viel für sie geplant – und auch für den Jungen. Ich habe sie nie gefragt, was sie wollte. Sie glich Ihnen, Catherine: eine lebende Kostbarkeit. In meiner Welt wäre sie vielleicht untergegangen. Sie hat nie geklagt. Aber ich habe sie auch nie gefragt!«

Die Haushälterin brachte den Tee und verschwand ohne Frage und ohne neugierige Blicke.

»Wenn ich nur bei ihr gewesen wäre!« sagte Keen. Er sah ihr forschend in die Augen. »Sie hat sich das Leben genommen, das ist doch wahr, oder? Bitte, ich muß die ganze Wahrheit wissen!«

»Sie war nicht ganz bei sich, Val!«

Er blickte auf seine Hände. »Ich weiß, ich hätte die Gefahr rechtzeitig erkennen müssen.«

Leise fragte sie: »Erinnern Sie sich an Chency, das Mädchen, das Richard geheiratet und verloren hat?«

Er zögerte. »Ja, ich erinnere mich an sie!«

»Nach all dem Leid haben wir uns gefunden, Richard und ich. Vielleicht wird Sie das Schicksal auch jemanden treffen lassen. Val, vielleicht werden Sie eines Tages neuem Glück begegnen!«

Er stand auf und ließ ihre Hand los.

»Ich muß jetzt gehen, Catherine. Es tat mir gut, mit Ihnen zu sprechen. Ich fühle mich irgendwie stärker.« Er sah sie dabei nicht an. »Wenn ich jemals wieder einem Glück begegnen sollte – was ich sehr bezweifle –, dann wünsche ich mir eine Frau wie Sie!«

Sie begleitete ihn zur Tür und wußte sehr genau, was er gemeint hatte. Er war nicht nur ein angenehmer, attraktiver Begleiter in heiteren Tagen gewesen. Seine Gefühle gingen tiefer. Es wäre nicht schwer, einen Mann wie ihn zu lieben.

»Ich werde Matthew bitten, Sie zu fahren!«

Er nahm seinen Hut und sah sie schulterzuckend an.

»Danke. Aber meine Kutsche wartet bei den Ställen.«

Sie lächelte. »Sie wollten also den bösen Zungen keinen Gesprächsstoff geben und haben sie nicht vor meiner Tür warten lassen.«

Auf der Treppe nahm er ihre Hand und küßte sie sanft. Kaum jemand, der vorbeiging, bemerkte sie. Und niemand konnte etwas von ihren wahren Gefühlen füreinander ahnen.

Als er um die Ecke bog, sah Catherine über den Fluß und erinnerte sich. Der Lustgarten in Vauxhall, Gelächter unter den Bäumen, Tanz im Laternenlicht, Küsse im Schatten.

Sie legte die Hand an den Hals. *Liebster, komm wieder, bald, bald.*

Der Tee stand unberührt auf dem Tisch.

Sir Paul Sillitoe streckte die Arme aus, damit ihm sein Kammerdiener Guthrie in seinen kostbaren Seidenmantel helfen konnte. Dabei betrachtete er sein Spiegelbild im Fenster. Guthrie bürstete ihm über die Schultern und nickte dann zufrieden: »Sehr gut, Sir Paul!«

Sillitoe hörte die Musik von der Terrasse her, auf der der Empfang vorbereitet war. Überall standen Blumen. Seine Haushälterin hatte zu diesem Anlaß wirklich an nichts gespart. Reiner Luxus! Er lächelte seinem Spiegelbild zu. Er fühlte sich leicht, ja fast leichtsinnig – was ihm als Mann, der sich immer unter Kontrolle hatte, eigentlich fremd war.

Er hörte, wie jetzt schon die Kutschen die lange Allee hinaufrollten. Freunde, Feinde und all die, die ihn um etwas bitten würden, wenn er erst einmal im Oberhaus saß.

Macht, nicht etwa Beliebtheit, war die Lösung der meisten Probleme, dachte er.

Er beobachtete das gegenüberliegende Themseufer. In der Chiswick Reach spiegelte sich immer noch die späte Sonne. Auf der Terrasse würden Fackeln brennen. Champagner würde man anbieten und unendlich viele Gerichte. Zu horrenden Kosten. Doch diesmal war ihm das egal.

Warum hatte sie seine Einladung angenommen? Etwa um ihm zu gratulieren? Das war unwahrscheinlich. Also um einer Gunst willen oder wegen einer persönlichen Angelegenheit oder gar wegen einer Intrige? Immerhin hatte sie mit ihm ein Geheimnis geteilt, von dem Bolitho erst später erfahren hatte. Sie hatte um seine Hilfe gebeten, als ihr ungeliebter Vater in diesem elenden Whitechapel gestorben war, in der Quaker's Passage. Wie hatte sie da je leben können?

Aber sie kam. Und zwar in Begleitung von Konteradmiral Valentine Keen, einem Freund Bolithos. Oder doch keinem Freund? Seine junge Frau war gestorben. Sillitoes Nachrichtenlieferanten behaupteten steif und fest, sie hätte sich selber umgebracht. Suchte also Keen Trost in den Armen der schönen Catherine?

Falls Keen sich je Trost in ihren Armen erhoffte, würde sie ihm den sicher verweigern. Da war sich Sillitoe ganz sicher. Und wenn er darauf bestünde, würde sein nächster Auftrag ihn sicher nach Afrika oder noch weiter weg führen.

Er strich sich über den Bauch. Der war hart und flach. Anders als die meisten Männer, die er kannte, setzte er seine Energie sowohl in der Freizeit als auch bei der Arbeit ein. Es machte ihm Spaß, auszureiten und spazierenzugehen. Bei den Spaziergängen trottete sein Sekretär Marlow neben ihm her, und er diktierte ihm dabei Briefe, Meldungen und Nachrichten. Er nutzte seine Zeit gut.

Fechten war auch so eine Vorliebe von ihm. Und in den sportlichen Duellen in der Akademie, in der er ständig übte, wurde er selten besiegt.

Und wenn es ihn überkam, besuchte er ein bestimmtes Haus. Die Besitzerin und ihre Damen kannten ihn und seine kleinen Sünden.

Mit der Verleihung seines Titels hatte er alles erreicht, was er im Leben geplant hatte. Und er würde immer noch Einfluß auf den Prinzregenten haben – auch wenn der schließlich zum König gekrönt würde.

Ein erfülltes Leben also? Er dachte an Lady Catherine Somervell. Nun ja, vielleicht würde das eines Tages klappen.

Sein Kammerdiener sah ihn die Stirn runzeln und fragte eifrig: »Fehlt etwas, Sir Paul?«

»Ich werde auf die Terrasse gehen, Guthrie. Es wäre töricht, nicht von Anfang an dabeizusein!«

Als seine Gäste angekündigt wurden, lächelte Sillitoe

und sagte jedem etwas Ähnliches. Nicht ein plattes Willkommen, sondern seine Wertschätzung darüber, daß sie gekommen waren – egal ob aus Respekt oder aus Furcht. Das alles machte ihn sehr zufrieden.

Er blickte immer wieder zu dem geschmückten Eingang, und hin und wieder auch zu den Lakaien, die unter Perücken und schweren Jacken schwitzten, während sie auf den Tabletts Getränke anboten.

Vizeadmiral Sir Graham Bethune und seine zerbrechlich aussehende Frau. Ein paar Generäle mit ihren Damen, Politiker und Kaufleute aus der City. Konteradmiral Keens Vater hatte die Einladung wegen einer schon getroffenen Verabredung zuerst nicht annehmen können. Sillitoe hatte sich der Sache persönlich angenommen.

Ein Lakai stieß seinen Stab auf den Marmor.

»Die Vicomtesse Somervell.« Eine Pause. »Und Konteradmiral Valentine Keen.«

Der Lärm der Unterhaltung rollte aus wie eine Woge auf dem Strand. Sillitoe ergriff ihre Hand und küßte sie.

»Es ist überaus freundlich zu kommen, Lady Catherine!«

Sie lächelte. »Wie könnte ich nicht?«

Sillitoe reichte Keen die Hand. »Schön, Sie wieder in der Heimat zu sehen, Sir. Traurige Nachrichten, natürlich. Mein aufrichtiges Beileid!«

An Catherine gewandt: »Ich sehe Sie gleich!« Sein Blick blieb an dem diamantenen Fächer auf ihrer Brust hängen. »Sie ehren mich zu sehr!«

Catherine ging mit ihrem Begleiter auf die Terrasse, und die Unterhaltung brandete wieder auf.

Keen meinte: »Aus dem Mann werde ich nie recht klug!«

»Da sind Sie nicht der einzige, Val.« Sie nahm ein

Glas von einem Tablett. »Und auch nicht der letzte. Es ist sicher klug, sich vor ihm in acht zu nehmen!«

Sie hatte sich für solche Gesellschaften in London nicht vorbereitet. Es sollte ja nur ein kurzer Besuch sein. Also hatte sie nur ein passendes Abendkleid mitgebracht, eins, das Richard sehr liebte. Eisvogelblauer Satin. Ihr aufgestecktes Haar schien sich darin zu spiegeln, als stünde sie über bewegtem Wasser.

Aber es war sehr tief ausgeschnitten. Die Spuren des Sonnenbrands, den sie bei dem Schiffbruch erduldet hatte, waren auch nach vier Jahren noch zu erkennen. War das schon so lange her – oder war die Zeit so schnell verflogen? Sie mochte an die so wertvollen Tage und Stunden, die sie seitdem mit Richard verbracht hatte, nicht zurückdenken. Sie konnten nicht zurückgeholt werden, konnten kein zweites Mal erlebt werden.

Man zündete die Fackeln an. Die Lichter und der Fluß erinnerten sie sehr an den Lustgarten, in den sie ihn entführt hatte.

Plötzlich entdeckte sie Valentine Keens Vater, der geräuschlos erschienen war und Sillitoe seine Aufwartung machte. Sie hörte, wie Sillitoe ihn seidenweich begrüßte: »Ich bin ja so überaus dankbar, daß Sie doch kommen konnten!« Keiner der beiden lächelte dabei.

Sillitoe blickte auf eine reichverzierte Uhr und verließ dann seinen Platz an der Tür. Er entdeckte sie beide und trat mit einem Glas in der Hand zu ihnen.

»Meine Rolle als Gastgeber ist zu Ende, Lady Catherine. Nun würde ich mich gerne in dem Glanz sonnen, den Sie verbreiten, wo immer Sie auch erscheinen.« Er wandte sich an Keen. »Ihr Vater ist hier, Sir. Er sucht Sie. Ich glaube, es wäre gut, wenn Sie seinen Wunsch erfüllten.«

Keen verneigte sich und ging seinen Vater suchen, sichtlich verärgert über diese Unterbrechung.

»Stimmt das, Sir Paul?«

Er blickte ihr direkt in die Augen. »Natürlich. Ich bemerke eine gewisse Entfremdung zwischen Vater und Sohn, was bedauerlich ist. Ohne Zweifel betrifft sie das Mädchen aus Zennor.«

»Ohne Zweifel!« Sie weigerte sich, mit ihm darüber zu sprechen.

»Sir Paul!« Vizeadmiral Bethune und seine Frau hatten sie entdeckt. »Dürfen wir beide Ihnen gratulieren?«

Dann meinte Bethunes Frau: »Wie bedauerlich, daß Sir Richard nicht für all das ausgezeichnet werden kann, was er für England getan hat.«

Diesmal war Sillitoe nicht auf der Hut.

»Ich bin nicht sicher, was Sie meinen.«

Ohne Zartgefühl antwortete sie: »Der Einzug ins Oberhaus, Sir Paul. Immerhin hat man Lord Nelson auch so geehrt!«

Verärgert unterbrach sie Bethune: »Du hast kein Recht, so etwas zu sagen!«

Catherine nahm ein Glas Champagner von einem Tablett. Sie kochte innerlich vor Wut, doch ihre Stimme behielt sie unter Kontrolle.

»Sie wissen sicherlich längst, Madam, daß Sir Richard niemals zu seiner Frau zurückkehren würde – auch nicht, wenn wir uns trennen würden!«

Bethune zog seine Frau fast mit Gewalt fort, und Catherine hörte ihn wütend flüstern: »Willst du mich ruinieren?«

Sillitoe meinte nur: »Ich hätte es verhindern sollen. Ich kenne die Dame und ihre Einstellungen.«

Catherine lächelte. Doch immer noch schlug ihr Herz wie wild. Kein Wunder, daß Bethune nach anderen Frauen Ausschau hielt. Er hatte sicher etwas Besseres verdient.

Abrupt lud Sillitoe sie ein: »Ich möchte Ihnen mein Haus zeigen!«

»Sehr schön«, sagte sie. »Wenn es nicht zu lange dauert. Es wäre unhöflich meiner Begleitung gegenüber.«

Er lächelte. »Ich merke schon, meine Liebste, Sie haben es immer auf Marineoffiziere abgesehen.«

Sie schritten einen Säulengang entlang und eine Treppe hinauf. Sie war bis auf ein einziges Gemälde gänzlich leer. Es zeigte einen Mann in dunkler Kleidung, einen Degen und einen altmodischen Korb an seiner Seite. Er hätte ihr Begleiter sein können – bis auf die spanische Tracht und den Bart.

Er sah sie von der Seite an, die liebliche Linie ihrer Brust. Nur der Diamantanhänger verriet ihr Atmen.

»Mein Vater!«

Sie schaute sich das Bild genauer an. Es war schon seltsam, daß sie nur den heutigen Einfluß dieses Mannes kannte und wie er mit seiner Macht umging. Es war, als öffnete sich jetzt zum ersten Mal eine Tür oder der Deckel einer Truhe.

»Was für ein Mensch war er?«

»Ich habe ihn kaum gekannt. Meine Mutter war nie sehr gesund. Er bestand darauf, daß wir so selten wie möglich in Westindien waren. Ich wäre so gern bei ihm gewesen. Statt dessen schickte man mich auf Schulen. Da wurde ich ständig so herumgestoßen, daß ich lernte zurückzuschlagen.«

Sie trat zur Seite, um das Bild bei verändertem Licht zu sehen. Es war der gleiche verhangene und unbewegte Blick.

Westindien. Er hatte von seinen Besitzungen in Jamaica und anderswo gesprochen. Offensichtlich war er wirklich sehr reich, doch vom Leben keineswegs befriedigt.

Sie wollte wissen: »War er Geschäftsmann oder Höfling wie sein Sohn?«

Er führte sie am Arm auf einen großen Balkon. Man übersah von hier aus die Terrasse mit ihren flackernden Fackeln und dahinter den dunklen Fluß.

Er lachte hart. »Er war Sklavenhändler. Kapitän von schwarzem Elfenbein. Der beste!«

Sie hörte, wie ihr Kleid gegen die Balustrade strich. Von unten waren gedämpft Stimmen wahrzunehmen. Es schien alles so weit weg.

»Sie haben nichts dagegen, Lady Catherine?«

»Damals waren andere Zeiten.« Sie mußte plötzlich an Tyacke denken, der sie mit seiner Brigg *Larne* gerettet hatte. »Es wird immer Sklaven geben, egal was Leute versprechen.«

Er nickte. »Das sagt nicht nur ein schöner, sondern auch ein kluger Kopf!«

Sie erreichten das Ende des Balkons, und sie sagte: »Wir sollten zurückkehren!«

»Sicherlich!« Er schien an irgend etwas zu denken, das ihn sehr beschäftigte. »Ich muß sagen, Lady Catherine, daß Sie sehr schön sind. Ich würde mich gern um Sie kümmern – Sie würden nichts entbehren. Es gäbe keinen Skandal mehr um Sie, keine dummen Worte wie von dieser etwas dümmlichen Frau von Bethune. Glauben Sie mir, ich würde dafür sorgen.«

Sie starrte ihn an: »Sehen Sie mich als Ihre Geliebte? Und wissen Sie, was ich damit dem Mann antäte, den ich liebe?«

Er ergriff ihre Arme. »Als meine Frau, Lady Catherine. Darum bitte ich Sie. Werden Sie meine Frau!«

Sie löste sich sanft von ihm und schob ihren Arm durch den seinen.

»Es tut mir leid, Sir Paul. Ich dachte ...«

»Ich ahne es.« Er drückte ihren Arm an sich. »Darf ich hoffen?«

»Sie beschämen mich.« Sie sah ihn an, konnte dort aber nur den Mann von dem Porträt entdecken. »Einmal kam ich zu Ihnen, um Hilfe zu erbitten. Das werde ich nie vergessen. Aber lassen Sie bitte Richard oder mich nicht leiden, wenn ich ablehne!«

»Ah, da kommt Ihr Begleiter!«

Sie drehte sich um, aber Sillitoe war völlig gefaßt. Ihr schien plötzlich, als habe sie sich das alles nur eingebildet.

Als er sich zurückgezogen hatte, fragte Keen drängend: »Was ist passiert? Ich machte mir Sorgen!«

Sie sah, wie man sich umdrehte, in dieser feuchten Sommernacht hinter Fächern flüsterte. Immer noch mußte sie an Sillitoe denken und seinen kühlen Stolz auf seinen Vater.

»Er hat mich durch sein Haus geführt. Und was war bei Ihnen?«

»Mein Vater hat wilde Pläne. Ich soll die Marine verlassen. Er hat gerade einen Vertrag mit der Ostindischen Compagnie gemacht. Geschäftserweiterung, Fortschritte – Sie kennen seine Sprache ja.

Sie sorgte sich plötzlich um ihn. Er hatte einiges getrunken und hatte viel von der Sicherheit verloren, die er noch in Chelsea ausgestrahlt hatte.

Keen sagte: »Er versteht das alles nicht. Mein Leben ist die Marine. Der Krieg wird natürlich nicht ewig dauern. Doch bis zum Frieden werde ich an meinem Posten in der Schlachtlinie stehen, wie man es von mir erwartet.«

Seine Stimme klang lauter, als er wollte. Sanft antwortete sie: »Sie sprechen genau wie Richard!«

Er rieb sich die Augen, als schmerzten sie ihn. »Richard, ach ja. Wie ich Sie beneide!«

Wie von Zauberhand tauchte Sillitoe auf. »Sie wollen uns schon verlassen, Lady Catherine?« Ein kurzer Blick maß Keen. »Sind Sie in guten Händen?«

Sie bot ihm ihre Hand, und er küßte sie respektvoll.

»In guten Händen, Sir Paul?« Sie berührte den Brillantanhänger auf ihrem Busen. »Das bin ich immer.«

Sie wußte, daß er sie noch im Blick hatte, als Matthew die Kutsche geschickt um die Ecke lenkte und vor der Treppe hielt.

Ein ereignisreicher Abend – aber auch ein beunruhigender. Sie würde Richard über alles berichten. Zwischen ihnen gab es keine Geheimnisse und würde es nie welche geben.

Keen lehnte sich gegen sie, und sie nahm an, daß er sofort einschlafen würde. Die Reise von Portsmouth, dann London und anschließend das Gespräch mit seinem Vater, der ihn unbedingt in seine Pläne einbeziehen wollte. Kannte der überhaupt kein Bedauern, schämte er sich nicht, daß Zenoria sich selber verloren hatte, als sie eigentlich sicher im Schoß der Familie leben sollte?

Sie beobachtete die im Mondlicht vorbeihuschenden Bäume und fragte sich, wo die *Indomitable* jetzt wohl lag und wie es Richard erging.

Sie fühlte Keens Gesicht auf ihrer Schulter. Schläfrig, aber nicht schlafend. Sie roch bei ihm keinen Champagner. Sein Vater hatte ihm sicher Stärkeres angeboten.

Sie drückte ihren Kopf gegen die Kissen und hielt den Atem an, als sie seine Lippen auf ihrer Haut fühlte, sanft und fordernd. Dann murmelte er: »Oh, Catherine.« Er preßte seine Lippen auf den Ansatz ihres Busens und küßte sie mit heißem, schwerem Atem.

Catherine ballte die Fäuste und starrte auf die Schatten. Seine Hände glitten über ihr Kleid, sie fühlte, wie er ihre Brüste streichelte, dann ihre Lippen erreichte.

Dann fiel seine Hand auf ihren Schoß, und sanft schob sie ihn zurück auf seinen Platz.

Sie klopfte gegen das Kutschdach, und als Matthew antwortete, rief sie ihm zu: »Wir bringen den Admiral in das Haus seines Vaters!«

»Ist alles in Ordnung, Mylady?«

Sie lächelte, wußte, daß sie lügen mußte, und strich ihr Kleid glatt.

»Mit Ihnen auf dem Kutschbock ist immer alles in Ordnung, Matthew!«

Sie wartete, daß ihr Atem ruhiger ging. Beinahe wäre da etwas schiefgelaufen. Sie war entsetzt und beunruhigt.

Konnten der Verlust eines geliebten Menschen und die Einsamkeit dazu führen?

Sie erreichten das Stadthaus der Keens, das an einem stillen Platz mit dicht belaubten Bäumen lag. Sie sah, wie ein Diener die Treppen hinuntereilte, um die Kutsche zu empfangen. Wachte dort eigentlich Tag und Nacht jemand, um Besucher zu melden?

Sie mußte darüber lächeln. Sie berührte Keen an der Schulter und wartete, daß er wieder zu sich kam.

Keen fragte: »Darf ich Sie ins Haus bitten, und Sie mit meinem Vater bekannt machen?«

»Nein. Es ist viel zu spät.« Sie spürte, daß Matthew zuhörte. »Wir werden bald nach Falmouth aufbrechen!«

Er griff nach ihrem Arm und sah sie in der Dunkelheit an. »Es tut mir leid, Catherine. Ich habe mich gehen lassen, ich hätte es nicht tun dürfen!«

Sie legte ihm den Finger auf den Mund: »Ich bin auch nicht aus Stein, Val!«

Er schüttelte den Kopf. »Sie werden mir nie mehr trauen. Was war ich doch für ein Narr!«

Er küßte sie auf den Mund, und sie fühlte, wie sie erstarrte. Dann war er plötzlich verschwunden.

Matthew ruckte an den Zügeln, und dann versank das Haus hinter ihnen im Dunkeln. Was würde man wohl in Falmouth sagen, wenn man wüßte, daß er zu all den großen Häuser berühmter Leute gefahren war, die die Leute in Cornwall noch nicht einmal dem Namen nach kannten!

Er dachte an den jungen Offizier, den er gerade abgeliefert hatte, und entspannte sich etwas. Er hob dabei einen schweren Schlagstock zurück unter das Sitzkissen.

Admiral hin oder her. Wenn der seine Lady auch nur berührt hätte, wäre der eine ganze Woche lang nicht mehr aufgewacht. Er pfiff leise vor sich hin und wendete die Kutsche wieder zurück zum Fluß.

XIV Bewährungsprobe

Am Morgen des 3. Septembers 1812 begannen die Schatten sich zu heben. Zum ersten Mal, seit er vor drei Monaten auf dem Achterdeck der *Anemone* schwer verletzt worden war, war Kapitän Adam Bolitho sich bewußt, daß er am Leben bleiben würde.

Die vergangenen Monate und Wochen waren so schrecklich wie hundert Alpträume gewesen. Leute, die nur Phantome waren, oder Schatten von Erinnerungen kamen und gingen. Dann Schmerzen wie Dolchstiche. Er mußte sich auf die Lippen beißen, um nicht aufzuschreien. Finger und Sonden fuhren wie Feuer in seine Wunden. Selbst Drogen brachten keine Linderung.

Er versuchte, die Zeit in seinen durcheinanderwirbelnden Gedanken zu ordnen. Er war auf die große feindliche Fregatte hinübergesetzt worden, danach mit dem Schiff zum Delaware River gebracht und mit einer Kutsche nach Philadelphia transportiert worden.

Außer an den französischen Arzt der *Unity* erinnerte er sich an keinen anderen Besucher als an den gewaltigen Schatten von Commodore Nathan Beer.

Doch, da war noch jemand. Kurz bevor er mit einer Talje in den Kutter längsseits gehievt worden war, hatte er neben sich den Ersten Offizier, Richard Hudson, gesehen. Er wollte sich von ihm verabschieden, ehe er zusammen mit den anderen Gefangenen an Land gebracht wurde.

»Ich wünsche Ihnen alles Gute, Sir. Möge Gott Sie schnell gesund werden und ...«, er senkte seine Stimme, »Sie bald wieder freikommen lassen.«

Adam war, als habe er Unbekannten gelauscht, als sei er mit seiner Verwundung bereits dem Tode nahe und hänge nur noch an dieser Welt, weil er sein Ende nicht annehmen wollte.

Er hörte sich selber mit rauher, verzerrter Stimme sprechen, weil er seine Zähne zusammenbeißen mußte, um den Schmerz zu ertragen: »Ich hatte Ihnen befohlen, bis zum Ende zu kämpfen.«

Ebenso rauh hatte Hudson geantwortet: »Aber das Schiff war am Ende, Sir!«

Adam fühlte, wie er Kräfte fand und ziemlich deutlich

antworten konnte: »Es war mein Schiff. Die *Anemone* war niemals Ihr Schiff, aber Sie haben die Flagge gestrichen und sich ergeben.!«

Eine Ordonnanz murmelte irgend etwas, und ein bewaffneter Seemann berührte Hudson am Arm und führte ihn ab.

Adam fiel auf die Trage zurück. Nach dem schweren Blutverlust hatten ihn seine Worte erschöpft. Er atmete heftig, und Verzweiflung hatte ihn gepackt.

Hudson hatte noch gerufen: »Wenn wir uns je wiedersehen, Sir ...«

So weit war er gekommen. Mit starrem Blick hatte Adam in den Himmel geschaut.

»Gott ist mein Zeuge. Ich werde Sie umbringen, verdammt noch mal!«

Obwohl er kaum noch Kräfte hatte, merkte er, wie sorgfältig ihn die Amerikaner behandelten. Als er zwei Wochen in einem Lazarett lag, hatte er gehört, wie Militärärzte seinen Fall besprachen.

»Er hat ja Mut, daß muß man sagen. Mit seiner Verwundung würde kein anderer mehr leben. Er muß mächtige Freunde im Himmel haben.«

Später hatte ihn eine Kutsche nach Boston in ein stilles Haus am Stadtrand gebracht. Es schien ein privater Wohnsitz zu sein, der aber von Soldaten bewacht wurde.

Zweimal täglich sah sich ein Doktor Derriman seine Wunde an und wechselte die Verbände. Anfangs hatte er kein Wort gesprochen. Doch nach ein paar Wochen hatte sich so etwas wie ein gegenseitiger stummer Respekt entwickelt. Man hatte einen Diener für ihn abgestellt, der ein bißchen Leben in die Einsamkeit und Leere von Adams Tagen brachte. Der Mann stammte aus Bristol, war im letzten Krieg gefangengenommen worden und hatte sich entschieden, mit vollem Sold und allen Vergünstigungen eines Seemanns in amerikanische Dienste zu treten.

Er hieß Arthur Chimmo und hinkte schwer. Eine umstürzende 9-Pfünder-Kanone hatte ihm den Fuß zerschmettert.

Heute war er aufgeregter als sonst. »Ich werde Sie besonders sorgfältig rasieren, Kapitän. Sie bekommen gleich wichtigen Besuch!«

Chimmo packte Adam an den Armen und richtete ihn behutsam auf.

Ganz langsam erhob sich Adam dann, verlagerte sein Gewicht auf Beine und Füße und spannte alle Muskeln gegen den Schmerz an.

Der brannte zwar noch immer heiß, doch verglichen mit dem früheren erschien ihm alles wie ein Wunder.

Chimmo trat zur Seite und beobachtete ihn, wie er in einem großen Sessel am einzigen Fenster Platz nahm. Ställe verbargen die Straße – ja die ganze Umgebung. Er versuchte, sich Boston Bay und Cape Cod vorzustellen. Beides hätte auch auf dem Mond liegen können.

Chimmo holte das Rasiermesser und den Seifentopf. Man hatte ihn ausgesucht, weil er Engländer wie Adam war, ihm aber verboten, über Vorgänge zu reden, die außerhalb des Zimmers geschahen. Nur der Arzt hatte von einem Gefecht zwischen der amerikanischen Fregatte *Constitution* und der britischen *Guerrière* berichtet. Dem englischen Schiff war das gleiche geschehen wie der *Anemone* – mit einem entscheidenden Unterschied. Sie war erobert worden und segelte wahrscheinlich schon unter amerikanischer Flagge. Diese Schande war der *Anemone* erspart geblieben. Ohne es genau zu wissen, vermutete er, daß sein Bootssteuerer Starr für den Untergang gesorgt hatte.

Die zweite Nachricht betraf die Ermordung des britischen Premierministers Spencer Perceval in der Lobby des Unterhauses. Chimmo war darüber sehr erregt, so als sei sein Herz England immer noch treu verbunden.

Adam bedeutete der Mord wenig. Aber ihm bedeutete nichts mehr etwas: Sein Schiff war verloren, und von Zenoria blieb ihm nur die Erinnerung. Inzwischen würde man in England alles über die *Anemone* erfahren haben. In den dunkelsten Augenblicken seiner Verzweiflung stellte er sich vor, wie Catherine die Diener in Falmouth beruhigte, wenn auch nur, um ihre eigene Betroffenheit zu verbergen. Er stellte sich seinen Onkel vor, ebenso John Allday und den beeindruckenden Tyacke. Und ein weiterer Gedanke plagte ihn ständig: Was machte wohl Valentine Keen? Hegte er Vermutungen, gar einen Verdacht?

»Das war's, Sir!« Chimmo grinste und richtete sich mit seinem Holzfuß auf. »Jetzt sehen Sie wieder so anständig aus wie ein Offizier!«

Adam betrachtete sein Spiegelbild ohne Neugier. Ein sauberes Hemd, ein Halstuch, eine blaue Jacke ohne irgendwelche Rangabzeichen, ohne jeden Schmuck. Das Gesicht eines Mannes, der durch die Hölle gegangen ist. Er wußte, daß er ohne die amerikanische Sorgfalt längst gestorben wäre.

Vor einigen Wochen wäre das fast passiert. Die Sorglosigkeit eines Mannes hatte ihn beinahe das Leben gekostet.

Er stand damals am Fenster und schwang seinen Arm vor und zurück, damit seine rechte Seite und die Wunde nicht unnötig steif blieben. Es war abends, die Posten wechselten gerade. Die Abgelösten lungerten bei der Küche herum in der Hoffnung auf eine Wohltat des Kochs.

Dann hatte er in der Nähe der Ställe ein Pferd entdeckt. Es war gezäumt und gesattelt. Am Sattel hing sogar ein Reitersäbel. Es schien alles so absurd leicht. Ein paar Stufen treppab und über etwas hinweg, das wie ein Lebensmittellager roch. Das Pferd hatte ihn unbewegt angeschaut. Alles Weitere geschah wie in einem undeutlichen Traum. Er erinnerte sich an die enorme Kraft, die er brauchte, um in den ungewohnten Sattel zu steigen.

Dann verschwand alles im Nebel. Stimmen riefen, Stiefel hämmerten über das Kopfsteinpflaster, und er glitt hilflos auf die Erde in eine immer größer werdende Pfütze Blut aus seiner aufgeplatzten Wunde.

Dr. Derriman hatte ihn wütend angefahren: »Sie verdammter Narr. Die haben Befehl, auf jeden zu schießen, der dumm genug ist und fliehen will. Wo zum Teufel wollten Sie überhaupt hin?«

Ruhig antwortete er: »Auf See, Doktor. Nur auf See.« Dann war er ohnmächtig geworden.

Die Tür ging auf, und ein Leutnant fragte kurz: »Ist er soweit, Chimmo?«

Adam antwortete: »Ja, ich bin soweit!«

Der Leutnant musterte ihn kühl: »Ich bin dankbar, daß ich nicht in Ihrer Marine dienen muß, Sir!«

Adam nickte Chimmo zu und entgegnete: »Ich bezweifle, ob wir Sie genommen hätten, Sir!«

Er griff nach dem Stock, den man ihm gegeben hatte, und folgte dem Leutnant den Flur entlang. Er sah wieder die Türen, durch die er damals geflohen war. Wenn er es jetzt wieder versuchte?

Chimmo öffnete eine Tür und meldete laut: »Kapitän Adam Bolitho, Sir!«

Ein leerer, seltsam schöner Raum mit Ausblick durch hohe Fenster auf einen Garten, der einst sehr schön gewesen sein mußte. Jetzt lag er ungepflegt und überwachsen da, Militär hatte die Vorbesitzer abgelöst.

Ein bleicher Mann in dunkler Kleidung saß an einem Tisch und hielt die Finger zusammengepreßt. Seine tiefliegenden Augen bewegten sich nicht.

»Ich bin Kapitän Joseph Brice,« stellte er sich vor. »Nehmen Sie Platz!«

»Ich würde lieber stehen!« antwortete Adam. In einem Kamin mit schönem Sims brannte ein Feuer – wie in Falmouth. Doch es war schon seltsam, es im September zu sehen.

Kapitän Brice wiederholte: »Bitte, nehmen Sie Platz! Es ist klar, was Sie wollen. Während Ihrer Internierung haben Sie daraus nie einen Hehl gemacht!«

Adam setzte sich und zuckte zusammen, als der Verband an seiner Wunde riß.

»Ich hielt es für richtig, daß wir uns kennenlernen. Ich bin kriegserfahren. Im Unabhängigkeitskrieg habe ich auf der *Trenton* gedient, auf die auch Ihr berühmter Onkel kommandiert war. Er ist wieder irgendwo in unseren Gewässern – genau wie ich.«

Adam wartete ab. Er nahm an, daß der andere nur ein Werkzeug war und sah zur Seite. So wie die *Anemone* ein Werkzeug gewesen war. Doch schließlich war alles angenehmer als ständig auf Wände oder nach draußen zu starren.

Unbewegt fuhr Brice fort.

»Sie zeigten Mut und waren einer der erfolgreichsten Kommandanten einer Fregatte, die England je hatte.

Und dennoch haben Sie gegen die *Unity* gekämpft. Sie mußten doch wissen, daß Sie gegen ein so gewaltiges Schiff keine Chance hatten. Das war nicht mutig, sondern tollkühn. Seit dem Kampf haben sich viele aus Ihrer Mannschaft zum Dienst für die Vereinigten Staaten verpflichtet – aber ich nehme an, mit dieser Möglichkeit haben Sie gerechnet.«

»Ich tat nur, was ich für meine Pflicht hielt. Die *Unity* sollte den kleinen Konvoi aufbringen, für den ich verantwortlich war. Manchmal hat man als Kommandant dann keine Wahl!«

Er schaute aus dem Fenster. War das die ganze Wahrheit? Hatte Hudson mit seiner Einschätzung und seinem Handeln vielleicht doch recht, als er die Flagge strich? Der Konvoi mußte schon außer Gefahr gewesen sein. Die *Anemone* hatte den Feind so zugerichtet, daß er keine Verfolgung mehr aufnehmen konnte. Gegen eine solche Übermacht weiterzukämpfen hätte unnötig Leben gekostet. Also hatte man als Kapitän doch wohl das Recht, solch unnütze Opfer zu vermeiden.

Kapitän Brice nickte langsam. »Ich dachte, ich kenne Sie, obwohl wir uns nie begegnet sind. Man hat mir aufgetragen, Ihnen wieder ein richtiges und bedeutendes Kommando anzubieten. Ich werde meine Vorgesetzten informieren, daß das für Sie nicht in Frage kommt.«

»Ich bleibe also interniert, nicht wahr?« Ihm war, als schlösse sich ein Käfig um ihn, der ihm den Atem nahm.

»Es gibt keine Alternative!«

Adam faßte sich an die Seite. Er wäre besser gestorben. Hätten sie ihn doch wenigstens nach dem Pferdesturz sterben lassen.

Aber sie wollten ihn entweder als Überläufer oder als Trophäe. In diesem Land würde er sich nie bewegen können, ohne erkannt zu werden – sein eigener Ruf hatte dafür gesorgt.

»Ihr Vater hat doch während der Revolution die Fronten gewechselt. Er war ein guter Kapitän, wie ich weiß. Ich bin ihm im Gegensatz zu Commodore Beer leider nie begegnet.«

Adam dachte an den gewaltigen Nathan Beer, der ihn immer wieder – wer weiß wie oft – auf der *Unity* besucht hatte. Seltsam, daß Beers Haus nicht weit von hier in der Nähe von Salem stand.

Brice musterte ihn neugierig. »Sie würden wahrscheinlich als Offizier des Königs nicht Ihr Ehrenwort geben, daß Sie keinen Fluchtversuch unternähmen, wenn wir Ihnen erlaubten, sich frei zu bewegen?« Er machte eine Pause. »Ich sehe Ihnen die Antwort schon an. Ihre Augen verraten immer die Wahrheit. Sie sehen es als Ihre Pflicht, unter allen Umständen die Feinde Ihres Landes zu bekämpfen.« Er hüstelte trocken.

Adam hatte ihn gut genug beobachtet, um zu erkennen, daß er ein kranker Mann war, trotz seines Ranges und trotz seiner Klugheit. Also auch ein Opfer.

»Dann werde ich zu meiner Pflicht zurückkehren. Sie werden in ein sicheres Gebäude verlegt, sobald man Sie transportieren kann. Sie bleiben bis zum Ende des Krieges in den Vereinigten Staaten. Kann ich jetzt irgend etwas für Sie tun?«

Adam wollte ärgerlich antworten, aber etwas in der Stimme seines Gegenübers hielt ihn davon ab. Brice mochte offensichtlich nicht, was man hier von ihm auf Befehl seiner Oberen verlangte.

»Ich würde gern Briefe schreiben, Kapitän Brice!«

»Sie wissen, daß man die lesen und sogar zensieren wird!«

Adam nickte.

»An Ihre Frau oder Geliebte?«

»Die gibt's nicht.« Er hielt seinen Blick aus. »Nicht mehr!«

»Sehr gut. Sagen Sie Chimmo Bescheid, wenn Sie schreiben wollen.« Er erhob sich und hielt seine Hände über die Flammen im Kamin. »Fieber. Die *Levante*. Das ist lange her!«

Er stand noch vor dem Feuer, als der Leutnant der Wache Adam in sein Zimmer zurückführte.

Und dann traf ihn die Erkenntnis wie ein Fausthieb: Er war Kriegsgefangener, ein Niemand, den man in England schnell vergessen oder bequemerweise bei allem übergehen konnte.

»Nicht mehr viel zu sagen, oder?« wollte der Leutnant wissen. Er ließ Chimmo vorbei, der ein paar Tassen einsammelte. »Gewöhnen Sie sich besser daran, jetzt geht's nicht mehr so, wie Sie es wollen.«

Adam sah ihn kalt an und merkte, wie der andere nachgab.

»Ich werde mich darum kümmern, daß man Ihren Namen auf dem Grabstein richtig schreibt, Sir!«

Chimmo sah, wie der Leutnant knallrot anlief. Seine Augen bewegten sich wie Murmeln zum Tisch und zurück, immer wieder.

Die Tür knallte zu, und Adam hielt sich an der Tischplatte fest, bis sein Atem sich wieder beruhigt hatte.

Gefangener! Genausogut könnte er sich umbringen.

Irgend etwas erregte seine Aufmerksamkeit. Auf dem Tisch lag eine Bibel, ein Stück Papier diente als Lesezeichen. Sie war das einzige Buch im Raum, und er hatte sie bisher weder gelesen noch gar etwas hineingelegt.

Er sah sich im Zimmer um und blickte nach draußen auf den leeren Hof vor den Ställen, wo seine Flucht auf dem Pferderücken mißglückt war. Was hatte Dr. Derriman wütend und verblüfft wissen wollen: *Wo zum Teufel wollten Sie hin?*

Er überlegte sogar, ob er nicht hinknien und unter dem Bett, auf dem er so viele Tage und Nächte verbracht hatte, nachsehen sollte.

Doch er trat wieder an den Tisch und schlug die abgegriffene Bibel auf.

Das Lesezeichen war ein einziges Blatt Papier, in großer Eile beschrieben, wie die Schrift verriet. Adam kannte sie, weil er sie oft genug im Logbuch der *Anemone* gesehen hatte.

Einen Augenblick lang fühlte er nur Verzweiflung und Enttäuschung. Das war Hudsons Schrift, Zeilen des verdammten Verräters, der sein Schiff übergeben hatte. Er spürte Tränen der Wut und wollte das Papier zusammenknüllen, als ihn etwas wie mit eisernem Griff packte. Er erkannte Worte hinter seiner Wut und zwang sich, sie langsam und sorgfältig zu lesen.

Nicht glauben, was man Ihnen sagt. Ich hörte Offiziere, die über Sie sprachen. Man wird Sie an einen sicheren Ort bringen, irgendwo an der Küste. Sie werden nicht erfahren, wo es ist, aber man wird dem Admiral eine Nachricht schicken...

Adam mußte sich zusammenreißen. Der Admiral. Hudson meinte Admiral Sir Richard Bolitho.

Wenn ich mehr sage, sind andere in Gefahr.

Und dann starrte Adam auf die letzten drei Worte. *Bitte um Vergebung.*

Adam hielt den Brief an eine Kerze und sah, wie er zu Asche verbrannte. Mehr mußte er nicht wissen. Wenn sein Onkel wußte, wo er war, würde er einen Befreiungsversuch starten – egal wie sehr er sein Geschwader dabei beanspruchte.

Er hatte ihn immer wie einen Sohn behandelt. Hatte ihm vertraut, liebte ihn. Hatte auch über das Geheimnis Zenoria geschwiegen.

Sie wollten Richard Bolitho tot oder lebendig fangen. Er war der einzige, den sie auf See fürchteten.

Er trat ans Fenster und sah, wie die Brise tote Blätter durch das hohe trockene Gras wirbelte.

Er dachte an die neuen amerikanischen Fregatten, von denen einige vielleicht sogar hier in der Bucht lagen.

Er lehnte seinen Kopf gegen das staubige Glas. Geknickt sagte er laut: »Und ich bin der Köder!«

Als Arthur Chimmo ihm das Mittagessen brachte, konnte er kaum das Zittern seiner Hände verbergen.

»Sie werden mich nicht verraten, Sir?« flüsterte er mit einem Blick zur Tür. »Sie wissen, was mit Ihrem Bootssteurer geschehen ist?«

»Beruhigen Sie sich, Mann. Das Papier hab ich verbrannt. Aber ich muß wissen, was hier passiert!«

Adam hörte den Offizier draußen auf und ab gehen. Nachmittags bezog hier ein anderer Leutnant Posten, der wenig an ihm interessiert war, wahrscheinlich froh, im Krieg eine leichte Aufgabe zu haben – ohne Lebensgefahr.

»Ich kann nur sagen, ein Seemann hat die Nachricht gebracht. Wenn das einer erfährt...« Er brauchte den Satz nicht zu vollenden.

Ein Seemann – einer von denen, einer von uns?

Er wußte, daß alle Männer, die hierin verwickelt waren, ihr Leben aufs Spiel setzten.

Chimmo gab sich einen Ruck und sagte entschlossen: »Es passiert, während Sie hier sind, Kapitän.« Er nickte zu jedem Wort. *Während Sie hier sind!*

Adams Gedanken arbeiteten fieberhaft. Kein Wunder, daß der ernste Kapitän Brice mit der Sache nicht einverstanden war. Er gehörte zu den alten, verläßlichen Marineoffizieren. Fast mußte er lächeln, doch dann war die Spannung zuviel für ihn. *Wie mein Vater gewesen wäre, wenn er noch lebte. Oder wie mein Onkel.* Ein Mann, der seine Grundsätze hatte, der wußte, was trotz eines endlosen Kriegs mit seinem Blutvergießen immer noch galt.

»Sie werden es nicht bereuen...«

Chimmo stellte ungeschickt einen Teller mit dampfendem Rindfleisch auf den Tisch und schüttelte entschlossen den Kopf. »Nein, Sir. Ich bin hier sehr zufrieden, so zufrieden, wie's mit einem Holzbein eben geht. Ich will nicht zurück. Soll ich in den Straßen von Bristol betteln gehen? Was sollen meine alten Macker von mir denken?«

Adam legte ihm die Hand auf den dicken Arm. »Alles klar. Ich habe nichts gesagt und nichts gehört.« Er sah auf den Teller – ohne Appetit. »Ich möchte wissen, wer der Mann ist?«

Chimmo antwortete: »Er kennt Sie!« und verschwand.

Adam hörte, wie sich der Leutnant draußen beschwerte.

»Schlimm, daß Sie sich nicht genauso um alle anderen Offiziere hier kümmern, Arthur!« Dann lachte er. »Vier Stunden, dann habe ich Freiwache!«

Chimmo schwieg, was hätte er sagen sollen?

Am Nachmittag untersuchte der Arzt ihn wie gewöhnlich. Er sagte Adam, daß er mit dem Heilen der Wunde sehr zufrieden sei. Aber irgend etwas schien ihn zu beunruhigen.

Schließlich sagte Derriman: »Da man's Ihnen bald offiziell sagt, kann ich's Ihnen jetzt schon mitteilen. Morgen werden Sie verlegt. Sie sind stabil genug zum Reisen. Ich hoffe nur, daß die regelmäßigen Untersuchungen beibehalten werden, jedenfalls noch eine Weile!«

Adam beobachtete ihn, wie er seine Instrumententasche zur Seite stellte.

»Wohin?«

Der Arzt zuckte die Schultern. »Man traut mir offensichtlich nicht!«

Adam war überzeugt, daß der Arzt nicht mehr wußte. Er ging sehr offen mit Menschen um und war sichtlich nicht an das gewöhnt, was der Krieg jetzt von ihm verlangte.

Also sehr bald. Er versuchte, sich an die schwindende Hoffnung zu klammern. *Oder nie.*

Doch er sagte nur: »Danke für alles, was Sie für mich getan haben, Doktor Derriman. Ohne Sie wäre ich wahrscheinlich schon über Bord gegangen!«

Derriman lächelte. »Sie sollten sich bei dem französischen Arzt auf der *Unity* bedanken. Den würde ich unbedingt mal treffen wollen!«

Sie gaben sich die Hand. »Die Unterhaltung mit Ihnen wird mir fehlen!«

Derriman schaute ihn prüfend an. »Mir auch.« Dann war er verschwunden.

Chimmo brachte billigen Wein, den er in der Offiziersmesse bekommen hatte.

Er bewegte sich seltsam, faßte allerlei im Zimmer an, schaute aus dem Fenster.

Mit Überwindung meinte er dann: »Es wird heute nacht ziemlich kalt, Kapitän. Halten Sie mal Ihre Sachen in der Nähe. Der Major meint, für ein Feuer ist es noch zu früh. Er hat ja recht, er mit seinem schönen Haus, in dem ihn seine Geliebte nachts wärmt.«

Adam blickte überrascht. *Also heute nacht.* »Vielen Dank, Arthur.«

Chimmo schaute besorgt. »Ich hoffe nur...« Dann fiel die Tür zu.

Adam prüfte sich. Es war wie vor einer Schlacht. Die lähmende Stille, in der man seine Chancen für Erfolg oder Mißerfolg abwägt. *Tod.*

Hoffnung, mein Freund? Mehr können wir wirklich kaum erwarten.

Er lag auf dem Bett, schlürfte den Wein und beobachtete durch das Fenster das kleine Stückchen Himmel über dem Stalldach.

Der Leutnant der Wache öffnete und schloß dann die Tür ab. Danach schritt er den Flur hinab und sprach mit einer der Wachen.

Das Licht wurde schwächer, und die Brise schüttelte die Blätter. Leichter Regen klopfte gegen das Fenster. Manchmal hatte er daran gedacht, durch das Fenster zu entkommen – aber ohne Hilfe würde er's nicht weit schaffen.

Wenn jemand Geld haben wollte? Er hatte nichts. Selbst seine Uhr war verschwunden – wahrscheinlich schon im Krankenrevier der *Unity*.

Er setzte sich aufrecht auf das Bett und begann, seine Schuhe anzuziehen. Er griff in die Tasche und spürte die Erinnerung wie einen Stachel. Er hielt ihren Handschuh. Und sprach vor sich hin: »Ich liebe dich, Zenoria. Ich werde dich nie vergessen!«

Er starrte ans Fenster. Etwas klopfte leise. Er atmete kaum. Es klopfte wieder sanft und dann beharrlicher.

Er löste den Haken und öffnete das Fenster. Gespannt wartete er auf einen Schuß oder einen Alarmruf.

Doch von irgendwo über dem Fenster hing ein Tampen. Er lehnte sich vor und sah ihn unten in der Dunkelheit verschwinden.

»Können Sie klettern? Schaffen Sie's?«

Der Mann war nur ein Schatten, doch seine Stimme verriet, daß er mit Gefahr und plötzlichem Tod umgehen konnte.

»Ich schaff's!« flüsterte er.

Er schwang sich aus dem Fenster und hätte fast geschrien. Seine Wunde tat höllisch weh.

»Schneller. Wir haben's verdammt eilig!« flüsterte die Stimme.

Er erreichte die Pflastersteine unten und wäre gestolpert, hätte ihn nicht jemand festgehalten. Als er aufsah, war der Tampen verschwunden.

»Ich hab einen Wagen draußen. Halten Sie sich an mich.« Eine Pistole wurde ihm in die Hand gedrückt. »Wenn's schiefgeht, müssen Sie sehen, wo Sie bleiben!«

Adam stolperte durch das Tor, das er von oben gesehen hatte, auf die Straße. Schweiß rann an ihm herab, sein Hemd wurde naß wie ein Putzlumpen. Die Schwäche der letzten Monate versuchte ihn aufzuhalten.

Er fühlte Regen auf den Lippen und schmeckte Salz.

Die See. Bringt mich an die See.

Ein zweiter Mann wartete an einem Pferdewägelchen. Wie der erste war er ungeduldig und wollte aufbrechen.

»Alles ist still. Es gab keinen Alarm, John.« So die Stimme des ersten.

Adam stellte sich sein leeres Zimmer vor. Wenn er Glück hatte, würde man seine Flucht nicht vor dem Morgen entdecken – beim Wecken der Soldaten in ihrem nahen Lager.

Er spürte, wie stark seine Hände zitterten. Er war frei.

Egal was jetzt geschah oder was aus ihm werden würde – erst einmal war er in Freiheit.

Er ließ sich von dem Mann hinten auf das Wägelchen helfen. Man drückte ihm einen zerfetzten Hut auf den Kopf und schüttete ein gutes Maß Rum über ihn.

Sein Führer kicherte leise: »Wenn man uns anhält, sind Sie zum Antworten zu betrunken.«

Doch dann wurde seine Stimme wieder hart: »Aber halten Sie die Pistole bereit.«

»Alles klar, Tom?«

Er wandte sich ihm zu, als Adam wissen wollte: »Warum das alles? Sie gehen doch ein gewaltiges Risiko ein...«

Unterdrücktes Lachen. »Aber Kapitän Bolitho, Sir! Erinnern Sie sich nicht an Ihren alten Bootssteuerer John Bankart? Was hätte ich wohl anderes tun können?«

Das Wägelchen rollte, und Adam ruhte auf Säcken und Strohballen. Ihm schienen die Sinne zu schwinden.

Er wußte nicht mehr, was er denken oder sagen sollte, was glauben und was nicht. Ein Wägelchen auf offener Straße, Männer, die ihr Leben für ihn riskierten. John Alldays einziger Sohn, der einst sein Bootssteuerer gewesen war. Allday hatte es das Herz gebrochen, als der Sohn nach Amerika ging. Adam erinnerte sich, was der alte Bootssteuerer gesagt hatte: *Du bist als Engländer geboren und wirst als Engländer sterben.* Und nun waren sie hier, irgendwo außerhalb Bostons auf dem Weg zum Strand.

Er umklammerte den Handschuh mit seiner Faust.
Ich komme zurück, Zenoria! Wie ich es versprochen habe.

Er hatte jedes Gefühl für Zeit verloren und mußte sich an einer Mauer festhalten, als sie ihm aus dem Wägelchen halfen.

Der Mann, der Tom genannt wurde, fragte: »Was ist los?«

Bankart antwortete: »Nichts Gutes. Die haben Leine gezogen!«

»Und wenn das Boot abgehauen ist? Weil die Angst hatten? Das kann uns den Kopf kosten!«

Bankart klang sehr gefaßt: »Ich bleib bei ihm. Soviel schulde ich ihm wenigstens.«

Adam hörte ihn kaum. Flüstern, umwickelte Riemen – und dann schleppte man ihn in ein kleines Boot.

Der andere rief leise: »Hals- und Beinbruch, John, du verrückter Hund!«

Alldays Sohn schob Adam den zerlumpten Hut tiefer ins Gesicht, um ihn vor dem heftiger fallenden Regen zu schützen.

Die Männer an den Riemen benutzten eine Sprache, die er nicht verstand. Es war kein Spanisch – vielleicht Portugiesisch?

Er versuchte eine Frage: »Wollen Sie wirklich bei mir bleiben?«

Bankart grinste, aber bei Tageslicht hätte jeder seine Trauer entdeckt.

»Natürlich, Sir.« Er richtete sich auf. »Mein Vater würde sagen: Irrtum ausgeschlossen!«

Adam zog den Hut aus dem Gesicht und öffnete den Mund im strömenden Regen.

Frei!

XV Streich um Streich

Matthew Scarlett, Erster Offizier der *Indomitable,* bückte sich, als er in die Messe eintrat und einem der Messejungen seinen Hut zuwarf. Trotz der nördlichen Winde, die den ganzen Vormittag über die Segel gefüllt hatten, war die Luft unter Deck kühl und klamm. Der Atlantik meldete, was er vorhatte.

Vor der Abenddämmerung würden sie die beiden anderen Fregatten des Geschwaders treffen, die *Zest* und die *Reaper*, und die Nacht gemeinsam ausreiten.

Er setzte sich wütend hin. *Was soll der ganze Unsinn?* Das einzige Schiff, das sie an diesem hellen Septembertag getroffen hatten, war der Schoner *Reynard* gewesen. Er hatte Meldungen und Befehle abgegeben und war davongeeilt zum nächsten Treffpunkt.

Der Messejunge stellte ein Glas Rotwein vor ihn und wartete auf den nächsten Befehl.

Scarlett nahm kaum wahr, was der Junge sagte, sondern murrte nur: »Wieder gesalzenes Schweinefleisch. Ich seh bald selber aus wie ein Schwein!«

Er schaute nach achtern, als könne er dort den Kapitän sehen, der die neuesten Befehle mit dem Admiral durchging. Er trank den kräftigen Wein, ohne ihn richtig zu schmecken. Natürlich wäre auch Avery achtern, der Flaggleutnant. *Natürlich!*

Könnte er den Kommandanten unter vier Augen sprechen? Vielleicht würde er ihm zuhören.

Die beiden Offiziere der Seesoldaten dösten auf ihren Stühlen. Jeremy Laroche, der Dritte Offizier, saß am Ende des Tisches und mischte ununterbrochen ein Spiel Karten.

Scarlett übersah ihn. Wie lange sollte es so weitergehen? Die Yankees würden wahrscheinlich nie massiv ausbrechen. Selbst der Verlust der *Anemone* schien nicht mehr als ein Unglück. Bei Dunkelheit wäre bestimmt nichts passiert.

Ziemlich affektiert meinte Laroche: »Also, Matthew, wenn ich die beiden Soldaten hier wachkriege, würdest du dann als Vierter mitspielen?« Er mischte das Blatt noch einmal. »Du könntest deine Verluste wettmachen!«

»Jetzt nicht!«

»Aber wir haben gleich wieder alle Mann auf Station. Du weißt, wie das bisher lief!«

»Jetzt nicht, habe ich gesagt. Bist du verdammt noch mal taub oder was?«

Er überhörte den Ärger und die Ablehnung des Leutnants. Er konnte nur an den Brief denken, den der Schoner mit der Post gebracht hatte. Schon der Anblick der spinnenartigen Schrift seiner Mutter hatte ihm Magenschmerzen bereitet.

Alles hätte ganz anders kommen können, hätte viel besser kommen können. Die *Indomitable* hatte in Plymouth gelegen, weil sie umgebaut und neu gerigt wurde. Sie war für das Mauritius-Unternehmen nicht mehr rechtzeitig fertig geworden. Als Erster Offizier hatte er natürlich Aussicht und begründete Hoffnung auf Beförderung gehabt. Wahrscheinlich wäre er Commander geworden, ein Rang auf Zeit, bis man ihn zum Kapitän gemacht hätte. Kapitän auf diesem gewaltigen Schiff, das es mit jedem dieser schicken amerikanischen Neulinge wie der *Unity* oder den anderen aufnehmen könnte. Der Sold, der zu diesem Kommando gehörte, würde um ein Vielfaches vergrößert, wenn sie Prisen nähmen. Endlich also eine echte Möglichkeit, die Schulden zu tilgen, die ihm bedrohlich über den Kopf wuchsen.

Seine Mutter war verzweifelt. Man hatte ihr gedroht, daß man sich wohl an die Admiralität wenden würde. Nur die Wertpapiere ihres verstorbenen Mannes machten den Gläubigern deutlich, daß sie die Schulden ihres Sohnes zurückzahlen könnte.

Schon die Erwähnung von Spielkarten durch diesen stumpfen Laroche hatte ihn fast erbrechen lassen.

Er spürte sein seltsames Benehmen selber. Immer wieder wurde er wütend und behandelte die meisten Unteroffiziere ziemlich rauh. Er konnte sich nicht mehr beherrschen. Auf Wache und Freiwache, in seiner Koje oder bei jedem Wetter auf dem Achterdeck, drückten ihn Sorgen und Hoffnungslosigkeit.

Die *Indomitable* würde nicht mehr allein operieren. Als die Flagge von Admiral Sir Richard Bolitho am Großmast auswehte, fühlte er seine Hoffnung schrumpfen. In der Flotte war es allgemein bekannt, daß nach Ende einer Aktion Bolitho seine Flaggleutnants auf ein Kommando beförderte. Einige hatten es sicherlich verdient – aber andere? Scarlett war einer der ältesten Leutnants im Geschwader, abgesehen von den paar alten Haudegen, die vom Unteroffiziersrang aufgestiegen waren.

Es war einfach ungerecht. Aber so war es nun mal – und nichts würde sich ändern.

Ein Messejunge sprach ihn am Tisch an: »Verzeihung, Sir!«

»Was ist los?« fuhr Scarlett ihn an.

»Ich hörte einen Ruf vom Ausguck, Sir!«

»Ich auch, verdammt noch mal.« Er stand auf und ging nach oben, nahm dabei seinen Hut mit. In Wirklichkeit hatte er nichts gehört.

Hauptmann du Cann von den Seesoldaten öffnete ein Auge und blinzelte Laroche an: »Es wird wohl ein bißchen blasen – oder?«

Laroche war immer noch verärgert. »Ich mag keinen, der nicht verlieren kann!«

An Deck gewöhnte Scarlett sich schnell an das harte Licht, das sich auf der endlosen Weite der See und der ewigen Dünung spiegelte. Wie geschmolzenes Glas sah es aus. Die Leere war natürlich eine Illusion. Die letzte gegißte Position war ganze fünfundzwanzig Meilen südöstlich von Sandy Hook und New York.

Leutnant Protheroe, der Wachhabende, musterte ihn aufmerksam.

»Der Ausguck meldet ein kleines Segel in Nordost, Sir!«
»Wer ist oben?«
»Crane, Sir.«

Scarlett blickte durch Wanten und Rigg nach oben auf die losen Marssegel und Bramsegel. Es war so hell, daß er den Ausguck kaum erkannte. Doch bei dem Namen konnte er sich an den Mann erinnern.

Ein guter, verläßlicher Ausguck, keiner, der sich durch seine Einbildung täuschen ließ. »Was für ein Fahrzeug?« wollte er wissen.

»Ich habe ein Teleskop nach oben...«
»Das wollte ich nicht wissen.«

Protheroe schluckte. Mit dem Ersten Offizier war er immer gut klargekommen, oder hatte es sich zumindest eingebildet.

»Sehr klein, Sir!« antwortete er. »Toppsegel-Schoner, aber ein fremdes Rigg. Crane meint, ein Portugiese!«

»So, meint er das?« Er trat an die Reling und sah unten die Männer der Wache arbeiten. »Wenn der Portugiese uns erst mal entdeckt, nimmt er Reißaus wie ein Kaninchen!«

Er entdeckte Isaac York, den Master. Er hatte eine Rolle Karten unter den Arm geklemmt. Die Brise zerzauste sein schiefergraues Haar. Er hielt inne und legte eine Hand über die Augen, suchte die Kimm ab, konnte das ferne Schiff aber noch nicht erkennen.

York ging weiter nach achtern. »Ich werde den Kapitän informieren, Matthew!«

Scarlett drehte sich um, war plötzlich richtig wütend: »Hören Sie ja auf...«

Aber York blieb standhaft. »Ich bin's, Matthew. Erinnern Sie sich nicht?«

»Tut mir leid.« Er strich über seinen rauhen Mantel. »Tut mir wirklich leid.«

»Wenn Sie reden wollen...?«

Er nickte ihm zu. »Ich weiß. Mir geht's überhaupt nicht gut!«

Dann wandte er sich wieder an Protheroe: »Nach oben. Melden Sie mir, was Sie sehen.« Aber als er York »vielleicht später« sagen wollte, war der schon unter Deck verschwunden.

York war groß und mußte sich auf dem Weg nach achtern zur Kajüte des Admirals ständig bücken. Vor ihm stand der Posten.

Was war bloß mit Scarlett los? Ein guter Erster Offizier. Man hatte offen über seine Beförderung gesprochen. Aber das war einmal.

Der Posten ließ den Kolben auf den Boden krachen: »Der Master, Sir!«

Ozzard öffnete und blinzelte nach draußen. Wie eine Hausfrau, dachte York, die mißtrauisch prüft, ob da nicht ein Bettler vor der Tür steht.

York brauchte eine Minute, um sich an die Dunkelheit in der Kajüte zu gewöhnen. Als erstes erkannte er den pummeligen Sekretär des Admirals. Er hatte seine runde Brille auf die schweißnasse Stirn geschoben und erwartete neue Befehle. Avery stand mit Papieren in der braunen Hand neben dem Tisch und fing die heftigen Schiffsbewegungen geschickt ab. Ihr Kommandant ging vor einer Geschützpforte auf und ab. Das Sonnenlicht, das sich auf dem Wasser spiegelte, zeigte immer wieder seine fürchterlichen Narben, bis ein Schatten sie gnädig bedeckte. York wußte noch genau, wie seine Midshipmen entsetzt waren, als Tyacke an Bord kam. Niemand wollte ihm so recht in die Augen blicken. Auf verblüffende Weise hatte sich das alles geändert. Furcht vor dem Anblick blieb zwar, aber sehr gemildert durch Respekt und die Anerkennung seines Mutes.

Und dann saß natürlich Sir Richard Bolitho dort mit ausgestreckten Beinen vor dem glitzernden Heckfenster, sein Hemd oben geöffnet.

»Nehmen Sie Platz, Mr. York. Ich will Ihnen kurz sagen, was ich durch den Schoner *Reynard* für Nachrichten aus Halifax bekommen habe.« Bolitho zwang sich zu einem Lächeln. »Kaum etwas Neues über den Krieg, obwohl der Herzog von Wellington gut vorankommt und Napoleon Feuer an die Rockschöße legt.«

York war klug und erfahren. Hier spürte er Spannung. Sorge in der einen oder anderen Form. Keine fixen Rollen, aber immerhin.

Bolitho beobachtete ihn, kämpfte gegen Zweifel und Hoffnungslosigkeit an. »Aus ungenannter Quelle hat man erfahren, daß mein Neffe von seiner Verwundung zwar genesen ist, aber als Gefangener festgehalten wird wie ein Verbrecher.« Mit Mühe unterdrückte er seinen plötzlich aufsteigenden Ärger. »Man will ihn weder austauschen noch ihn wegen seiner Verwundung entlassen...« Er sah dem Master genau in die Augen. »Ich brauche dringend Ihren Rat, Mr. York!«

Erregt meinte Tyacke: »Es ist eine Falle, Sir. Damit erledigen die uns sofort!«

York wartete. Für den Kapitän war es sicher nicht leicht, dem Admiral gegenüber so einen harten Ton anzuschlagen.

Doch Bolitho war nicht verletzt. »Delaware Bay, da hält man ihn fest. Am Avon Beach.«

York rollte eine seiner Karten auf dem Tisch aus und beschwerte sie.

»Hier ist es, Sir Richard!«

Bolitho blickte auf die kleine lackierte Box auf seinem Tisch. Ein Brief von Catherine. Er wünschte sich so, ihn gleich zu lesen, seine Hoffnungen und Ängste mit ihr über den endlosen Ozean hinweg zu teilen.

York nickte. »Eine gute Entscheidung, Sir Richard, wenn Sie mir eine solche Bemerkung erlauben. An der Stelle da ist es ganz flach – also nur gut für kleine Boote. Und hier ist überall tiefes Wasser. Die Bucht hat sehr gute Ankerplätze.«

Bolitho ließ York nachdenken, auch die anderen schwiegen. Wieder schaute er auf die kleine Box. Jedes Wort in jedem Brief bedeutete ihm so viel. Auch Allday hatte einen Brief bekommen. Irgendwo würde auch er ungeduldig darauf warten, daß der Flaggleutnant ihm endlich die Zeilen vorlesen könnte.

Bolitho war sehr berührt davon, daß Allday sich zwang, so wenig von seiner kleinen Tochter zu sprechen, obwohl er mächtig stolz auf sie war.

Meinetwegen und Kates wegen. Er schaute auf seine Hände. *Und Adams wegen.*

Jetzt hob York seinen Kopf »Ein Kommando-Unternehmen, Sir Richard?« Er klang etwas bestimmter. »Oder ein Rettungsversuch? Wollen Sie das?«

Leise antwortete Bolitho: »Glauben die wirklich, ich würde Schiffe und Menschenleben nur wegen eines Herzensanliegens riskieren?« Unter seinem feuchten Hemd fühlte er das Medaillon und versuchte, sich ihre Stimme vorzustellen. Aber es gelang ihm nicht.

Tyacke fragte scharf dazwischen: »Warum diese Unruhe an Deck, Mr. York?«

»Ein kleines Segel in Nordost, Sir. Der Erste Offizier hält es für unwichtig.«

Bolitho sah ihn an. »Avon Beach – kennen Sie die Ecke?«

»Nur davon gehört, Sir. Königstreue waren damals dort interniert. Jetzt hat man das Gefängnis, glaube ich, aufgegeben.«

Sie spürten alle, wie Bolitho sich das Haus vorstellte. »Es wird Adams Herz brechen!«

Tyacke antwortete als erster: »Schon viele gute Männer sind in Gefangenschaft gegangen, Sir Richard.«

»Ich weiß. Ich suche auch keine Ehre oder gar Rache...«

Tyacke runzelte die Stirn, als der Posten meldete: »Der Erste Offizier, Sir!«

»Er soll warten.« Dann wandte er sich wieder an Bolitho. »Ich gehe besser raus zu ihm.« Er wirkte jetzt etwas freundlicher. Hätte er die Narben nicht, wäre er ein gutaussehender Mann, dachte Bolitho wieder.

»Ich wollte Ihnen nicht zu nahe treten, Sir Richard! Ich habe zuviel Hochachtung vor Ihnen und empfinde noch einiges mehr, über das ich öffentlich nicht reden will. Doch als Ihr Flaggleutnant...« Er hob die Schultern. »Sie haben mich dazu aufgefordert, Sie erinnern sich?«

Unsicher geworden, meldete sich York: »Brauchen Sie mich noch, Sir Richard?«

»Danke, Mr. York. Wir werden später weiterreden.« York rollte seine Karte zusammen, klemmte sich alles unter den Arm und verschwand.

Bolitho saß mit dem Rücken vor dem Fenster und spürte durch das dicke Glas die Wärme. Männer, Waffen und der Wille zu siegen? Hatten die eine Chance gegen einen Herzenswunsch?

In den braunen Augen seines Flaggleutnants spiegelte sich die See.

»Also, George? Haben Sie nichts weiter zu sagen? Ihr Vorgesetzter weiß nicht weiter, und Sie verstummen?«

»Ich sehe einen Hilflosen, weil er sich zu sehr um andere kümmert. Schiffe und Männer müssen sich auf ihn verlassen. Das Schicksal von guten und schlechten Leuten liegt in seiner Hand.«

Als Bolitho schwieg, fuhr Avery fort: »Ein General würde ganz anders entscheiden. ›Die 87. soll vorgehen!‹ Und wenn das zu wenige sind oder sie zusammengeschossen werden, schickt er das nächste Regiment ins Feuer. Er kennt die Gesichter nicht, hört die erbärmlichen Schreie nicht, sieht nur Flaggen und Nadeln auf der Landkarte.«

Es herrschte langes Schweigen, in dem neben den fernen Geräuschen des Schiffes nur Averys Atem zu hören war.

»Ich weiß!«

Als er aufblickte, war Avery schockiert über die Tränen in Bolithos Augen.

»Das wollte ich nicht, Sir!«

»Dazu hatten gerade Sie jedes Recht, George!«

Sie hörten Tyacke draußen wütend schimpfen: »Sie sind entlassen, Mann. Gehen Sie in Ihr Quartier, bis man Sie wieder ruft.«

Tyackes Wut schien den unglücklichen Posten zu verfolgen. »Ich hoffe, wir kämpfen alle auf der gleichen Seite!«

Dann hörte man Scarlett, heiser und verärgert: »Die *Zest* ist in Sicht, Sir!«

»Was ist los mit Ihnen, Mann? Wir treffen bald aufeinander, und Sie melden sie erst jetzt?«

»Soll ich mich mal darum kümmern, daß die sich wieder beruhigen, Sir?« wollte Avery wissen.

Bolitho hob eine Hand. »Noch nicht!«

Ungnädig wollte Tyacke wissen: »Was ist mit dem Ausguck und dem Segel im Nordwesten?«

»Ich habe mehr Segel gesetzt, Sir. Sie könnte uns in der Dämmerung verlieren, also dachte ich...«

Tyacke klang plötzlich sehr ruhig, sein Ärger war verflogen wie eine Regenbö. »Drehen Sie bei. Befehl an *Zest*: Sie soll längsseits kommen!«

Als er zurückkehrte, sah er immer noch erregt aus.

»Tut mir leid, Sir Richard, wegen meines Tons. Die Umgangsformen auf Linienschiffen habe ich leider völlig verlernt.«

Leise trat Allday ein und bemerkte stumm, daß der Posten an der Tür verschwunden war. »Gehen Sie an Deck, Sir Richard?«

Als die Männer an Brassen und Schoten arbeiteten, um die *Indomitable* in den Wind zu drehen, rollte das Deck schwer. Überall gab es erstaunte Gesichter, die auf die See blickten. Die war leer bis auf kleine Segel, die die *Indomitable* bei ihrem Drehen in den Wind wie Haie zu umkreisen schienen.

Bolitho rutschte über die nassen Planken und fing sich an einer Stag, als das Deck sich wieder einmal zur Seite hob.

Tyacke sah das, doch als Allday hinzusprang, drehte er sich um und nahm Leutnant Protheroe das Teleskop ab. Er hob es sehr sorgfältig an das rechte Auge und wagte kaum zu atmen, als der bunt gepönte Schoner in der Linse deutlich erkennbar wurde.

»Lassen Sie eine Ehrenwache an der Eingangspforte

antreten, Mr. Scarlett.« Er schaute wieder durch das Glas und gab sich Mühe, seine Stimme ruhig zu halten. »Gleich wird ein Kapitän an Bord kommen – und wir werden ihn an diesem Septembermorgen mit allen gebührenden Ehren empfangen.«

Er spürte Alldays Griff an seinem Arm, seine Erregung. »Was ist, Sir Richard?«

Bolitho schaute über das Achterdeck. Tyacke hatte das Schiff, das auf Ruder und Segel reagierte, im Blick. Seine Jacke war naß von der sprühenden Gischt.

Tyacke hatte alles erraten. Er hatte es sogar gewußt!

Dann gab er sein Teleskop an Allday weiter und sagte ruhig: »Blick mal durch, alter Freund. Es wird noch jemand anders an Bord kommen.«

Der Chirurg Philip Beauclerk wischte sich an einem feuchten Tuch seine knochigen Hände ab. Er sagte: »Wer auch immer sich als erster um Kapitän Bolithos Wunde gekümmert hat, war ein hervorragender Arzt. Ich möchte ihm gratulieren, Feind oder nicht!«

Bolitho saß neben der Koje, die in seiner eigenen Kajüte für Adam gerigenommen worden war, und hielt seine Hand. Irgendwie konnte er das alles immer noch nicht richtig glauben, und doch hatte er, ähnlich wie Tyacke, alles geahnt. Eine einzige Chance – und sie hatten sie genutzt.

Adam öffnete seine Augen und sah ihn forschend an, als wolle er sich vergewissern, daß dies alles kein Traum sei, keine vergebliche Hoffnung.

»Also, Onkel, so leicht wirst du mich nicht los!« Dann schien er zu merken, wie fest seine Hand gehalten wurde, und flüsterte: »Alldays Sohn hat alles riskiert!«

»Du auch, Adam!«

Er lächelte und griff härter zu, als der Schmerz wiederkam.

»Mich hätte man eingebunkert, Onkel. Ihn hätte man gehängt wie den armen George Starr. Ich werde nie vergessen, was er für uns getan hat!«

Beauclerk unterbrach sie: »Er ist immer noch sehr schwach, Sir Richard. Die Abenteuer der letzten Tage haben nicht gerade zu einer schnelleren Heilung beigetragen!«

Adam schüttelte den Kopf. »Wie kommt's bloß, Onkel, daß alle meinen, man sei taub und dämlich, wenn man mal krank in der Koje liegt? Die reden über einen, als wenn man nur einen Schritt vom Himmel entfernt ist!«

Bolitho berührte Adams unbedeckte Schulter. Sie fühlte sich kräftiger an und war nicht mehr so heiß.

»Es geht dir schon besser, Adam!«

Er schob die Meldungen, die die *Reynard* gebracht hatte, im Geist zur Seite. Der Konvoi mit den Truppen war doppelt so groß wie ursprünglich vorgesehen und würde binnen zwei Wochen Halifax erreichen. Er hatte das Tyacke mitgeteilt, als der Arzt Adam untersucht hatte. Ihm war klar geworden, daß Tyacke einiges dazu sagen würde.

Die Amerikaner hatten den Ort von Adams Gefangenschaft mit Absicht durchsickern lassen, um einen Rettungsversuch zu provozieren. So wäre das Lee-Geschwader geteilt worden – und zwar in dem Augenblick, da es am dringendsten gebraucht wurde. Doch die Größe und Bedeutung des Geleitzugs hatte einen solchen Plan nicht weiter reifen lassen.

Glaubten Männer wie Beer wirklich, daß ein Mann wie er einen so tollkühnen persönlichen Einsatz gegen einen so starken Widerstand vor Ort wagen würde? Jetzt würden sie Adams Flucht entdeckt haben. Doch kein

Mensch würde wissen, daß er die *Indomitable* erreicht hatte. Also war das eine Trumpfkarte.

Bolitho sah Adams Blicke verschwimmen, der Griff seiner Hand lockerte sich.

»Wenn ich etwas für dich tun kann...« Adam wollte sprechen, doch der Arzt hatte ihm etwas gegen den Schock und die Anspannung seiner Flucht gegeben. »Ich habe dich nie verloren gegeben. Aber große Sorgen habe ich mir gemacht.«

Adam reichte ihm den zerknitterten Handschuh. »Heb den für mich auf, Onkel. Mehr habe ich nicht von ihr!«

Avery war leise eingetreten und stand stumm in der Kajüte. Der Handschuh, die Selbstmordgerüchte um die Verzweiflung des jungen Kapitäns verrieten eigentlich alles. Was er da gesehen und gehört hatte, berührte ihn sehr.

»Beschaff mir ein Schiff, Onkel. Bitte!« sagte Adam leise.

Bolitho schaute ihn nachdenklich an. Als er damals selbst aus der Südsee, vom Fieber fast verbrannt, zurückgekehrt war, hatte auch er schon bei seiner Genesung um ein Schiff gebeten, um irgendein Schiff.

»Du solltest nach Hause zurückkehren, Adam. Du bist noch lange nicht wieder gesund. Was muß ich noch alles tun, um...«

Beauclerk nahm Adams Hand und schob sie unter die Decke. »Er schläft und hört nichts mehr, Sir Richard. Das ist auch besser so.« Neugierig maß er Bolitho mit den Blicken. »Er ist sehr stark!«

Bolitho erhob sich, wollte aber eigentlich noch nicht zu den Angelegenheiten des Geschwaders zurückkehren.

»Rufen Sie mich sofort an für den Fall, daß...«

Der Arzt lächelte. »Nicht für den Fall, daß... sondern, sobald...«

Bolitho verstand und meinte zu Avery: »Es ist wirklich ein Wunder!«

Und zu Beauclerk sagte er: »Ich wollte Sie schon immer wissen lassen, daß ich Ihre Arbeit auf diesem Schiff sehr schätze. Ich werde dafür sorgen, daß es in den Bericht über Sie aufgenommen wird.«

»Wie Sie aus meinen Papieren ersehen haben, Sir Richard, wird mit Ende Ihres Auftrags meine Arbeit auf diesem Schiff beendet sein. Aber ich bedaure das nicht. Ich habe aus erster Hand viel gelernt. Die chirurgische Versorgung auf den Schiffen Seiner Majestät muß dringend verbessert werden. Ich werde mich mit aller Kraft dafür einsetzen, daß meine Ansicht höheren Orts verstanden wird!«

Bolitho lächelte. »Viel Glück dabei. Ich danke Ihnen für alles, was Sie für die *Indomitable* getan haben.«

Beauclerk nahm seine Tasche, zögerte und legte eine Hand auf Adams Stirn. Dann sagte er leise: »Sir Piers Blachford war mein bester Lehrmeister!«

Bolitho faßte sich ans Auge. Der Arzt hatte also von Anfang an Bescheid gewußt, aber geschwiegen. Loyalität hat viele Gewänder. Plötzlich war er doch froh, daß Beauclerk in das Geheimnis eingeweiht war.

Auf Deck schimmerten Himmel und See wie Bronze, und die schwache Brise schaffte es kaum, die Segel zu bewegen.

Tyacke eilte zu ihm und kam sofort zur Sache: »Wir sind auf Signalnähe zur *Zest,* Sir Richard. Sie hatte heute morgen ein Gefecht und hat ein paar kleinere Schäden davongetragen. Sie hat dicht unter Land eine feindliche Brigg überrascht.«

Bolitho hatte das Gesicht des tollkühnen Kapitän Dampier klar vor Augen.

»Ich habe Sie nicht stören wollen. Denn vorerst können wir nichts tun, bis wir morgen wieder auf die Kurierbrigg treffen.« Er zögerte. »Ich freue mich für Kapitän Bolitho. Ich habe sehr viel Hochachtung für ihn!«

»Was für Schäden, James?«

Wieder Zögern. Und dann ahnte er, was geschehen war. Tyacke berichtete: »Wenig Schaden am Schiff, ein oder zwei Rahen weggeschossen, Sir. Die Brigg wurde als Prise genommen. Unglücklicherweise ist Kapitän Dampier gefallen. Eine verirrte Kugel traf ihn gleich zu Anfang. Wir vermissen ihn sehr!«

Bolitho ging gedankenverloren auf und ab. Dampier war immer alle Risiken eingegangen. Er führte seine Männer beim Entern feindlicher Schiffe persönlich und schritt ruhig über Deck, auch wenn der Teufel los war. Er war ein beliebter Kommandant gewesen, der nie akzeptieren wollte, daß man auch zuviel Risiko eingehen konnte.

Bolitho beobachtete den bronzenen Glanz auf den Wellenkämmen und die tiefen Schatten in den Wellentälern.

»Ich werde seinen Eltern schreiben.« Es war besser, wenn man Männer nicht so gut kannte. Aber das war illusorisch, denn man mußte sie kennen, um sich auf sie verlassen zu können. Was blieb, war Schmerz und ein Gefühl von Einsamkeit nach ihrem Tod.

Tyacke fragte. »Bleibt es bei Ihrem Plan, Sir Richard?«

»Sind Sie immer noch dagegen?«

»Ja, Sir.« Er unterbrach sich. Ein Seemann schob sich vorbei und setzte eine Leine dicht.

»Weil es schiefgehen könnte? Oder weil ich die Absichten des Gegners falsch einschätze?«

Tyacke sah ihm entschlossen ins Gesicht. »Ihretwegen,

Sir. Wenn der Gegner die genaue Ankunftszeit des Konvois in Halifax nicht kennt, könnte er einen Angriff in der Karibik versuchen. Dort hat er dann größere Aussichten auf Erfolg. Wie auch immer – er kann unsere Kräfte teilen. Aber er wird dann alle Sorgfalt walten lassen. Diese List, uns vor das Gefängnis von Kapitän Bolitho zu locken... Ich war immer der Ansicht, daß es eine Falle war, um Schiffe von uns zu kapern oder zu zerstören.« Er holte tief Luft. »Wie auch immer, alle Aktionen zielen auf Sie ab!«

»Von allen Männern sollte gerade Sie das nicht überraschen, James. Aber ich habe kaum eine andere Wahl. Die Amerikaner werden einen nach dem anderen aufreiben, wenn wir diese wenig erfolgversprechende Strategie fortsetzen – angreifen und davonsegeln. Wir sind hier, um ihre Schiffe zu zerstören und um die Versorgungslinien wieder sicher zu machen und Militär für den Krieg in Kanada landen zu lassen. Vielleicht kämpft man auch noch auf den Großen Seen, doch da fällt die Entscheidung nicht!«

Sie gingen ein paar Schritte auf und ab. Die anderen Schiffe in ihrer Nähe schienen mit dem Meer zu verschmelzen.

»Sieger oder Besiegter, James?« fragte Bolitho. »Das ist der Preis, den man als Admiral zu zahlen hat. Lassen Sie Yovell kommen. Ich werde meine Befehle dem Geschwader am Morgen mitteilen!«

Tyacke sah ihn zum Niedergang gehen und versuchte wieder einmal ihn zu verstehen. Er strahlte soviel Energie, ansteckenden Optimismus, aber auch manchmal tiefste Verzweiflung aus. Was baute ihn immer wieder auf? Die unglaubliche Flucht seines Neffen, ermöglicht durch den Mann, der einst sein Bootssteuerer gewesen war? Alldays Sohn. Ob der Brief aus Falmouth wohl noch immer ungeöffnet in der Box des Admirals lag? Gaben Lady Cathrine Somervells Worte ihm Kraft über den Ozean hinweg?

Er wollte wissen, wie es Allday ging, der sich bei den Finknetzen zu schaffen machte.

Ein müdes Lächeln.

»Ich fühl mich ganz komisch, Kapitän. Es hat mich umgehauen, als ich sah, wer Kapitän Adam brachte. Als ob man Seiten zurückblättert. Bin ich Freund oder Vater? Er geht auf keinen Fall zu den Amerikanern zurück, soviel ist klar, und das ist gut so.«

Tyacke wollte wissen: »Hat er berichtet, was er seither gemacht hat?«

Mißtrauisch sah sich Allday um. Aber warum sollte er nicht reden, Kapitän Tyacke war schließlich kein Gegner. Außerdem half es seine eigenen Gedanken zu klären, das Ganze irgendwie zu verstehen.

»Als er die Marine verlassen hatte, bekam er keine Arbeit, jedenfalls nicht die, die er suchte. Er wollte Fischer werden oder an Land arbeiten. Aber keiner wollte ihn.« Er lachte bitter. »Selbst seine Frau ließ ihn fallen und schlüpfte zu einem anderen Mann ins Bett. Als er dann von Kapitän Adam hörte, war klar, was er zu tun hatte. Wenn die Amerikaner ihn je fangen, hängen sie ihn auf!«

Tyacke sagte: »Gehen Sie nach unten. Ich glaube, es kam ein Brief für Sie von zu Hause!«

Allday seufzte: »Der wird einem gut tun!«

Tyacke sah, wie er verschwand, und beneidete ihn plötzlich.

Er schaute in die Dämmerung, in der die Kimm verblaßte. Dann hielt er sich an der verwitterten Reling des Achterdecks fest. Laut sagte er: »Wir werden bald wieder kämpfen, Mädchen, du und ich. Frag nicht, warum. Kämpf nur und gewinn.«

Adam Bolitho lag in der schwingenden Koje und hörte das Knarren und Quietschen der großen Tampen der Ruderanlage und das Klatschen von Gischt an das Fenster. Bis auf eine einsame Laterne war die Kajüte dunkel. Er wußte, daß sein Onkel irgendwo seine Befehle an die Kommandanten formulierte, die die Kurierbrigg ihnen dann überbringen würde.

Die Luft war schwer unter Deck. Alle Luken und Schotten waren wie gegen einen unsichtbaren Feind geschlossen. Er schwitzte, und der Schmerz an seiner Seite war so heftig, als habe die Wunde sich wieder geöffnet.

Er hatte immer noch Schwierigkeiten zu glauben, daß er sich auf der *Indomitable* befand und nicht im nächsten Augenblick der Mann aus Bristol mit dem Holzbein oder der unfreundliche Leutnant der Wache eintreten würde.

Sie würden ihn jagen. Ihn suchen wie die Nadel im Heuhaufen. Er hoffte, daß niemand die Männer entdecken würde, die ihm auf der Flucht geholfen hatten.

Er hörte Schritte an Deck und stellte sich die Wache vor, den Leutnant, die Midshipmen, den Gehilfen des Masters. Die Rudergänger würden den schwach erhellten Kompaß beobachten und sich barfüßig gegen den Druck und den Zug des gewaltigen Ruders stemmen. All diese Gerüche und Gedanken waren so vertraut, daß er es sehr vermißte, nicht dabei zu sein. Er war ausgeschlossen, gehörte nicht dazu. Er hörte Schritte und hastig gewechselte Worte, als der Seesoldat an der Tür abgelöst wurde. Das war seine Welt, doch seit dem Verlust der *Anemone* war sie ihm verschlossen.

Eine Tür öffnete sich irgendwo, und Ozzard war deutlich zu hören. Eine zweite Laterne warf Licht in die Kajüte, und er sah jemand Kleines, ungekämmt und barfuß. Vorsichtig bewegte sich die Gestalt die Schräge des Decks entlang und hielt ein Tablett wie etwas höchst Kostbares ganz fest in den Händen.

Adam stützte sich auf den Ellenbogen auf und nahm die Blende vor der Laterne weg. »Ich weiß, Junge, du bist John Whitmarsh. Man hat mir gesagt, was dir passiert ist!«

Der Junge starrte ihn an, schien gar Angst zu haben, war aber vielleicht nur erschrocken, daß dort ein Kapitän lag wie ein ganz normaler verwundeter Matrose.

»Ja, Sir. Ich bin's. Mr. Ozzard sagte mir, daß ich zu Ihnen gehen soll. Ich habe Wein gebracht. Er hat gesagt, der gehörte einer Dame, aber ich hab nicht verstanden, was er meinte, Sir!«

Adam ergriff ihn am Arm. Was für ein spindeldürres Bürschchen. Den hatte sicherlich ein Verwandter »freiwillig« gemeldet, weil ihm der Unterhalt zu teuer war.

»Du hast überlebt, als so viele gefallen sind, John Whitmarsh.« Er versuchte zu lächeln. »Oder sich ergeben haben!«

»Ich hab's versucht, Sir.« Er erklärte sich nicht weiter.
»Kommen Sie wieder auf die Beine, Sir?«

Adam nickte. »Wenn ich wieder ein Schiff habe. Dann werde ich wieder der Alte sein!«

Er merkte plötzlich, daß der Junge ihn mit riesengroßen Augen anschaute. Und dann fiel ihm ein, daß der Junge ja nichts mehr auf der Welt besaß. Selbst seinen besten Freund hatte er verloren.

»Würdest du gern Steward bei mir sein, wenn ich ein neues Kommando übernehme? Hättest du Lust dazu?« fragte er.

Der Junge nickte und begann leise zu schluchzen.
»Ich wär stolz drauf, Sir!«
»Kannst du lesen?«
»Nein, Sir, aber ich kann's lernen!«
Adam lächelte. »Ich werde es dir beibringen. Wer weiß, vielleicht wirst du ja selber mal Offizier. Ich werde dann sehr stolz auf dich sein!«
»Ich weiß nicht, was ich dazu sagen soll, Sir!«
Adam probierte den Wein. Er kam von Lady Catherine. Ozzard würde das alles verstehen. Dieser armselige Zwölfjährige nahm wahrscheinlich an, daß Adam ihm so etwas wie eine Rettungsleine zuwarf, und würde sicher nicht ahnen, daß er hingegen die Rettung für Adam war.

Die Aufregung, neue Gefühle und jetzt der Wein machten Adam müde.

Er sagte: »Wenn es uns mal schlecht geht, John, dann können wir uns mit den Gedanken an alte Schiffe und verlorene Freunde wieder aufrichten.« Sein Blick wurde im flackernden Licht etwas härter. »Oder mit den Gedanken an alte Feinde, wenn du willst!«

Der Junge sah ihn an, bis er eingeschlafen war, und rollte sich ganz in seiner Nähe zusammen. Keine Furcht mehr, keine Not. *Jetzt war er endlich jemand.*

XVI Eines Schiffes Stärke

Bolitho trat an das Heckfenster der großen Kajüte. Die Gischt klebte am dicken Glas. Wo sie festgetrocknet war, erinnerte sie in diesem südwestlichen Wind an Eisränder.

Kapitän James Tyacke folgte ihm mit seinen Blicken, versuchte Bolithos Stimmung zu ergründen. Doch seine größte Aufmerksamkeit galt den Geräuschen des Windes im Rigg. Er war für dieses Schiff verantwortlich.

»Sie glauben immer noch, ich mache einen Fehler, James?«

»Das Wetter macht mir mehr Sorgen, Sir. York meint, es wird sich noch ein paar Tage so halten, aber ich weiß nicht recht. Wenn der Konvoi auf dem Weg nach Halifax auf schweres Wetter trifft, wird er auseinandergetrieben. Und das heißt, er hat den Begleitschutz nicht mehr, den die Herren der Admiralität für ihn ausersehen haben – was immer das sein mag.« Er unterdrückte die Verachtung in seinen Worten nicht. »All die Männer, die Pferde, die Kanonen. Das wäre wie im Schlachthaus.«

Bolitho trat an die Karte auf seinem Tisch. Es war erst Mittag, aber düster genug wie beim Sonnenuntergang.

Er versuchte, sich die ausgedünnte Reihe seiner Schiffe entlang des fünfundvierzigsten Breitengrads vorzustellen. Die *Valkyrie* würde sie führen. Das übrige Gebiet bliebe ungeschützt. Beers *Unity* lag in Boston. Die *Baltimore,* eine der anderen neuen amerikanischen Fregatten, war in der Delaware Bucht gesichtet worden – vielleicht in Erwartung der Rettungsaktion? Das schien wenig wahrscheinlich, obwohl der Erste Offizier der *Zest* ein solches Schiff gemeldet hatte, während sie mit der kleinen Brigg die Klingen kreuzten. Jeder Kommandant mußte eigene Entscheidungen treffen, wenn man ihn angriff. Hoffnung auf Hilfe oder Verstärkung gab es nicht.

Bolitho faßte sich ans Auge. Er mußte recht behalten. Den Heereskonvoi, jetzt doppelt so groß wie ursprünglich geplant, konnte kein Befehlshaber einfach sich selber überlassen.

Aber wenn ich mich irre...

Die Tür ging auf, und Adam trat ein. Vor drei Tagen

hatte Alldays Sohn ihn hierhergebracht. Adam blickte angespannt, und sein Mund war härter als vor dem Verlust der *Anemone*.

Er interessierte sich eifrig für alles, und schien fast wieder der Midshipman von damals zu sein, oder bildete Bolitho sich das nur ein?

»Also, Adam, endlich siehst du wieder aus wie früher!«

Adam schaute an sich hinunter. Die Offiziere und Midshipmen der *Indomitable* hatten ihm eigene Uniform- und Ausrüstungsstücke gestiftet.

»Hat der Erste Ihnen auch etwas gegeben?« fragte Tyacke.

Bolitho fiel auf, wie scharf die Frage klang.

Adam meinte leichthin: »Ich nehme an, er hat nicht daran gedacht. Alle Ersten Offiziere haben am Vorabend großer Ereignisse viel um die Ohren.« Er versuchte ein Grinsen, aber die Spannung aus seinen Augen wich nicht.

»Bist du so sicher?« fragte Bolitho.

Impulsiv legte er Adam die Hände auf die Schultern. »Ich habe ein neues Kommando für dich. Du wirst sofort die *Zest* übernehmen, damit uns das Wetter keinen Streich spielen kann. Aber laß dich auf nichts ein, du bist noch längst nicht wiederhergestellt. Halt die Leute zusammen und die *Anemone* in guter Erinnerung. Laß dich nicht zu einer Vergeltung verleiten, weil die nicht zum Sieg führen kann. Vergiß nicht, du bist mein bester Fregattenkapitän.«

Er spürte seine Schultern und dachte an den Brief, den er mit dem Schoner *Reynard* nach England geschickt hatte.

Liebste Kate, ich hasse es, ihn auf die Zest zu kommandieren, nach allem, was er durchgemacht hat. Aber er ist der beste Mann, den ich habe. Und er braucht heute ein Kommando so sehr wie ich damals!

Tyacke starrte auf die Salzflecken an den schrägen Fenstern. Wenn dieser Abschied doch bloß schon vorbei wäre. Es schien immer wie ein Abschied auf ewig. Man fand dabei nie die passenden Worte, die so dringend gebraucht wurden.

Tyacke sagte: »Kapitän Dampier war ein guter Mann. Etwas zu tollkühn für mein Gefühl. Aber weil er gefallen ist, wird er jetzt von jedem, der über ihn spricht, zu einem Märtyrer gemacht.« Er lächelte kurz, als erinnere er sich an etwas. »Seine Leute werden enger zusammenrücken und in Ihnen den Eindringling sehen!«

Adam nickte. Er spürte die Kraft dieses großen Mannes mit dem zerstörten Gesicht. »Ja, Sie haben recht!«

»Sie werden den neuen Kommandanten in Grund und Boden verdammen und beschwören, daß er dem alten nicht das Wasser reichen könnte. Aber Sie sind der Kommandant. Lassen Sie nie zu, daß das je einer vergißt.« Er streckte seine Hand aus. »Sie nehmen diesen Whitmarsh mit?« Einen der Gründe kannte er: Der Junge war der letzte, der die *Anemone* lebend verlassen hatte.

Doch Adam antwortete nur: »Ja, er hat's verdient!«

Ein Midshipman schaute herein, seine Jacke war schwarz vor Nässe.

»Der Erste Offizier läßt melden, Sir, daß das Boot längsseits liegt.« Dann stob er davon.

»Noch etwas!« sagte Bolitho. Er trat an die Wand der Kajüte und nahm den alten Familiendegen aus dem Stell. »Nimm den mit. Eines Tages wird er dir von Rechts wegen sowieso gehören.«

Sanft lehnte Adam ab und gab ihm den Degen

zurück. »Das kommt nicht in Frage, Onkel. Wenn nötig, werde ich schon eine Waffe finden.«

Sie traten nach draußen in den Gang, der zwischen den Kabinen der Offiziere entlangführte. Die Wände könnten binnen Minuten zusammengelegt werden, wenn alle Mann auf Gefechtsstationen eilten und die Trommeln das Herz von jedermann an Bord stillstehen ließen. Wie Schatten erschienen da Gestalten: Allday schüttelte ihm die Hand, Yovell war da, auch Ozzard, der seine Gefühle selten erkennen ließ. Und dann John Bankart, Alldays unehelicher Sohn, der so viele Jahre verschwunden war.

Vielleicht dachte Adam an seine eigene Kindheit zurück. Man hatte ihn glauben lassen, er habe keinen Vater mehr. Seine Mutter verkaufte sich, um ihn ernähren und großziehen zu können.

Bolitho sah, wie Adam und Bankart sich die Hände schüttelten. Nein, er war kein Junge mehr mit seinen dreißig oder mehr Jahren.

Er hörte Adam sagen: »Bleiben Sie nicht auf See, John. Die See ist nichts für Sie und war es nie. Ich werde niemals vergessen, was Sie für mich getan haben – und Ihr Vater auch nicht.« Er lachte herzlich und warm. »Lassen Sie ihm Zeit. Er hat immer noch nicht ganz verstanden, daß Sie wieder aufgetaucht sind.«

Die Pfeifen trillerten, und dann war er unten im Boot, flink und sicher zu Fuß, trotz seiner Wunde.

Bolitho legte die Hand über die Augen, um zur *Zest* hinüberzuschauen. Sie zeigte den Kupferbeschlag auf dem Rumpf, während sie heftig in der achterlichen See tanzte.

Offiziere und Mannschaften würden überrascht sein, und es würde ihnen guttun. Er sah, daß Adam sich nur einmal noch umdrehte und aus dem Heck des Bootes zurückwinkte. Den geborgten Hut hielt er zwischen die Knie geklemmt. Auch Adam würde das neue Schiff guttun.

Tyacke hatte die Angelegenheit schon abgehakt. »Ich werde Kanonendrill ansetzen, Sir Richard, wenn die Männer gegessen haben. Wir können uns nicht durchhängen lassen.«

Bolitho ging nach achtern in seine Kajüte. Er nahm den nicht zu Ende geschriebenen Brief und fragte sich, wann wohl die *Reynard* oder ein anderes Kurierschiff ihn an Bord nehmen würde.

Die Blätter lagen nebeneinander vor ihm auf dem Tisch. Er setzte sich und legte ihren Brief daneben. Sie hatte von den sich verändernden Farben in Falmouth und Cornwall geschrieben, denn der Herbst kam und über Pendennis Point senkte sich der Nebel.

Jede Nacht liege ich und erwarte dich, Liebster. Ich flüstre deinen Namen und spüre deine Hand wie an jenem schrecklichen Tag, als wir Zenoria fanden. Du bist bei mir. Ich habe dir von Val Keen geschrieben. Ihn hat der Verlust schwer getroffen. Aber er wird darüber hinwegkommen und eine andere finden, ganz sicher. Für andere gibt es diesen Ausweg nicht...

Er sah auf, ärgerte sich über die Unterbrechung, doch es war Allday.

»Ich dachte, ich verhindere mal, daß Sie ständig gestört werden, Sir Richard. Aber die *Reaper* hat gerade ein Segel ausgemacht, östlich von uns. Eine Brigg.«

»Wahrscheinlich eine der unsrigen, alter Freund.« Er blickte auf den Brief. Nein, er würde ihn *nachher* beenden. Doch warum wirkte »nachher« so bedrohlich auf ihn?

Etwas mürrisch meinte Allday: »Es ist schon seltsam, eigenes Fleisch und Blut an Bord zu haben. Wenn er ein

331

Fremder wäre, würde ich mich nicht so ungut fühlen.« Fältchen sprangen um seine Augen. »Immerhin war er ganz schön betroffen, als er von dem Baby hörte!«

Bolitho lächelte. *Kate.* Er hoffte, das Baby würde seine eigene Kate nicht bedrücken.

Zwei Stunden später war die *Indomitable* dem Ankömmling so nahe, daß sie ihn als die *Weazel* ausmachen konnte, eine Brigg mit vierzehn Kanonen.

Sie hatte den Auftrag, die südliche Route zum Nantucket Sound so genau wie möglich zu beobachten. John Oates, ein rotgesichtiger Kommandant aus Devon, hatte entsprechend den ursprünglichen Befehlen sein Patrouillengebiet verlassen. Er wollte entweder seinen Admiral oder ein anderes Schiff aus diesem bunt zusammengewürfelten Geschwader treffen.

Tyacke brachte Bolitho die Neuigkeiten in seine Kajüte. »Von *Weazel,* Sir. Die U.S.S. *Unity* ist wieder ausgelaufen – und zwar vor drei Nächten. Sie verschwand, einfach so.« Er sah, wie Bolitho versuchte diese Information zu verarbeiten. »Ich habe die Nachricht an die *Reaper* weitergegeben und...«, er zuckte nicht einmal mit der Wimper, »auch an die *Zest!«*

Bolitho beugte sich wieder über die Karte. *Noch nicht, noch nicht. Erst in zwei Tagen.* Was wußte man, was wußte man sicher? So lief doch kein Krieg ab, den man zu führen hatte! Aber allzuoft hatten Männer die Regeln für eine Schlacht aufgestellt, die selber nie eine erlebt hatten. Was jetzt kam, war eine persönliche Affäre, eine kaltblütige persönliche Abrechnung. Entweder wird Beer ausgelöscht, *oder er tötet mich.* Eine andere akzeptable Lösung gab es nicht.

Da sagte Tyacke ganz spontan: »Ich werde Ihnen alles geben, was ich kann, Sir!«

Bolitho schaute auf: »Dann werden wir Erfolg haben!«

Wieder sah er den unfertigen Brief. *Liebste Kate. Unsere Liebe ist größer als die Pflicht.* Diesen Satz hätte er in der Vergangenheit nie schreiben können.

Tyacke war verschwunden. Er verkörperte all die Kraft, die auch der *Indomitable* mit ihrem gewaltigen Kiel und ihren glänzenden Batterien zu eigen war. Er hatte Kraft genug, um Neulinge und Teerjacken wie das Rigg des Schiffes zu beherrschen. Er lächelte. Ein erfahrener alter Seemann, der ihn selber vor Jahrzehnten mal in die Geheimnisse von stehendem und laufendem Gut eingeweiht hatte, hatte dafür die richtige Erklärung abgegeben: »Es kommt darauf an, meine Herren, daß alle Teile gleich belastet sind. Das ist das Geheimnis der Kraft.« Dieser Satz beschrieb Tyacke besser als jeder andere.

An der Luvseite des Achterdecks hielt George Avery sich an einer Stag fest und schaute auf die unendliche Weite zu beiden Seiten des Schiffes. Man konnte sich kaum vorstellen, daß hier Gefahren lauerten. Doch dann zeigte York einem die Karten und die Tabellen, die Tiden erklärten und auf Tiefen und Meeresströmungen hinwiesen. Land lag jenseits der Sichtweite auch des besten und höchsten Ausgucks. Nur die Toppsegel ihrer beiden Begleiter waren an der Kimm zu sehen wie weiße Nebelflecken.

Er dachte an die Briefe, die er Allday vorgelesen oder für ihn geschrieben hatte. Kleine Szenen aus dem englischen Landleben, Anmerkungen, die er nicht verstand aber er sah das Vergnügen, das sie Allday bereiteten. Bolitho hatte Konteradmiral Keen nach dem letzten Brief von Lady Catherine Somervell wieder erwähnt. Er dachte darüber sehr viel nach, war ein bißchen verwirrt über den Handschuh, der offensichtlich Adam sehr viel bedeutete. Er war das einzige, was Adam Bolitho in die Gefangenschaft hinübergerettet hatte. Was bedeutete einem Ehre, wenn es um Liebe ging, wie heimlich sie auch immer war?

»Mehr haben Sie nicht zu tun?«

Scarlett wiegte sich in den Knien, als die *Indomitable* durch jede anrollende See stampfte.

Ganz ruhig antwortete Avery: »Ich habe genug zu tun. Ich möchte darüber nicht diskutieren und auch nicht beleidigt werden!«

Er hätte auch nicht zu antworten brauchen. »Natürlich nicht. Sie müssen sich ja keine Mühe geben, um befördert zu werden. Nicht so wie wir. Vorrechte, Sie kennen ja jeden, das ist *Ihre* Marine, Sir, aber nicht meine!«

»Halten Sie den Mund, verdammt noch mal! Die Wache hört zu!«

»Und das paßt Ihnen wohl nicht, oder? Ein Bolitho kriegt sofort ein neues Kommando, und ich vermute, Sie sind der nächste!«

»Ich verbitte mir das.« Er drehte sich um, wollte ihn stehenlassen, aber Scarlett hielt ihn eisern fest.

Sehr leise sagte Avery: »Nehmen Sie Ihre Hände weg, *Mister* Scarlett oder...«

»Oder was?«

»Provozieren Sie mich nicht, Sir. Meinetwegen können Sie jedes Kommando haben. Aber ich glaube nicht«, er sah wie Scarlett unter seinem festen Blick zuckte, »daß Sie irgendein Schiff selbständig führen können.«

»Der Kapitän kommt, Sir!« meldete ein Midshipman. Aber er schaute zu Boden, als Scarlett ihn ansah.

»Halten Sie Ihren Mund, Mr. Essex. Oder Sie steigen

in den Masttopp und bleiben notfalls die ganze Nacht oben!«

Er drehte sich zu Avery zurück. Als der später in seiner Kabine über Scarlett nachdachte, hatte er das Gefühl, einen völlig anderen Menschen vor sich zu haben. Scarlett erschien ihm wie ein Fremder, obwohl sie sich seit Plymouth Tag für Tag in der gleichen Messe getroffen hatten.

Etwa in zwei Tagen könnte es zum Kampf kommen, hatte Master York vorausgesagt. Und wenn Tyacke fiel? Er dachte zurück an die Unsicherheit in Scarletts Augen. Irgend etwas zerriß den Mann innerlich. Alkohol, Frauen, Geld? Gewöhnlich traf eines dieser Themen zu. Aber wenn auf dem Achterdeck eines königlichen Schiffes ein Verrückter das Kommando übernahm – wessen Schuld war es dann?

Er dachte an Bolitho, der unten in seiner Kajüte Catherines Briefe las oder die Sonette von Shakespeare, die sie ihm ledergebunden geschenkt hatte. Auf den Mann mußten sich alle verlassen, und er konnte sich auch nur auf sie verlassen. *Auf uns.*

Leutnant Laroche hatte die Nachmittagswache und beobachtete Scarlett sehr aufmerksam, als er den Kapitän verließ.

»Ah, Jeremy, es ist Ihre Wache! Heute nachmittag werden wir die Kanonen an Luv exerzieren lassen. Nachher in der Hundewache könnten wir ja ein Spielchen machen. Ich mag Leute nicht, die nicht spielen wollen. Die sind meistens die Verlierer.«

Avery sah, wie Laroche dem Ersten Offizier überrascht und erstaunt hinterherblickte.

Dann kletterte Avery den Niedergang hinunter. *Also das war es!*

Yovell legte ein neues Blatt auf den Tisch und wartete auf Bolithos Unterschrift.

»Das war's erst mal,« sagte Bolitho. »Ich nehme aber an, Sie bekommen noch einiges mehr in meinem Auftrag zu schreiben!«

Yovell schaute ihn über den goldenen Rand seiner Brille an. »Sie sollten etwas essen, Sir Richard. Es ist nicht gut, im Angesicht der Gefahr zu hungern!«

Bolitho sah vom Tisch auf. Die Geräusche des Schiffes und seine Bewegungen wurden deutlicher, während sich seine Gedanken klärten. Die straffen Stagen und Webleinen brummten. Unten quietschte die Ruderanlage. Und dann die tausend Geräusche eines großen Schiffs auf See. York hatte mit dem Wetter recht behalten. Der Wind war immer noch böig und kräftig, doch er blies weiterhin aus Südwest. Er versuchte, sich alles vorzustellen: im Nordwesten die gewaltige Landmasse mit Cape Cod und dann weiter oben Halifax in Nova Scotia.

Yovell spürte seine Anspannung. Nach so vielen Jahren zusammen war das kein Wunder.

»Vielleicht wird daraus ja auch nichts!« Bolitho drehte seinen Kopf, um dem fernen Klang einer Fiedel zu lauschen. Die Wache hatte nach dem letzten Essen des Tages jetzt frei. Ob die Männer wohl die nahe Gefahr spürten? Kümmerte sich eigentlich jemand darum, was sie dachten und fühlten?

Die Tür ging auf, Avery trat ein. »Sir Richard?«

»Wollen Sie ein Glas mit mir trinken?«

Avery sah Yovell den Kopf schütteln.

»Sie sollten essen, Sir Richard!«

Bolitho zügelte seinen Ärger. »Und Sie, George? Haben Sie gegessen?«

Avery setzte sich und beobachtete Ozzard, der lautlos den Cognac brachte. Er antwortete: »Als ich damals Kriegsgefangener war, habe ich entdeckt, daß ich alles essen kann, Sir. Eine Angewohnheit, die sich als nützlich erwies.«

Bolitho nickte ihm zu und hob das Glas: »Auf uns, wann immer wir zeigen müssen, was wir können!«

Er wußte, daß Yovell längst gehen wollte, aber noch immer an der Tür wartete. Doch nichts, was hier gesprochen wurde, drang nach draußen.

»Das wird eher früher als später sein.« Die Tür wurde leise geschlossen. Yovell würde die Bibel in seine kleine Kammer mitnehmen, in der er allein arbeitete und schlief. Solche Abgeschiedenheit war auf einem Schiff mit zweihundertsiebzig Seelen selten.

Wieder fiel ihm sein auseinandergezogenes Geschwader ein. Wenn er sich nun geirrt hatte? Beer hätte Gefühle Gefühle sein lassen und ohne Umwege Kurs direkt auf den Geleitzug absetzen können. Andererseits stand achtern das Tor zur Karibik weit offen und ungeschützt. Was reizte ihn also mehr? Er nahm einen Schluck Cognac und versuchte, nicht an die einsame Catherine in dem großen Haus zu denken.

Avery meinte leise: »Ich glaube, Commodore Beer gleicht seinem Gegner sehr, Sir Richard.«

»Mir? Wie kommen Sie darauf? Ich habe ihn nie gesehen!«

Avery machte das Thema Spaß. »Er sucht Sie. Ich glaube, er hat die *Unity* zurückgehalten, weil er sicher war, daß Sie einen Befreiungsversuch unternehmen würden. Ich glaube auch, daß die *Zest* von einer zweiten großen Fregatte gejagt wurde. Es war die *Baltimore*, denke ich.«

Plötzlich stand Bolitho auf und bewegte sich wie eine

Katze in der schwankenden Kajüte, wie Avery es schon so oft gesehen hatte.

»Dann werden wir kämpfen!« sagte der Admiral. Er sah Avery an, als suche er in dessen Gesicht jemand anderen. »Dieses wird ein ganz besonderes Gefecht, George. Man wird es mit keinem bekannten vergleichen können. Wir haben die Franzosen und ihre Verbündeten zwanzig Jahre oder mehr mit und ohne Unterbrechung in diesen Gewässern bekämpft. Weil die englischen Teerjacken fröhlich auf alle Fremden herabschauen – Franzosen, Spanier oder Holländer – haben sie alles überstanden, selbst gegen eine gewaltige Übermacht gefochten. Hier ist es aber wie nach der Amerikanischen Revolution. Es ist etwas anderes, in einer Schlachtlinie zu segeln und so lange zu feuern, bis der Gegner die Flagge streicht. Als ich damals hier war, war ich jung und hatte hehre Ideen über die Marine. Im Nahkampf habe ich dann ziemlich schnell begriffen, wie gegensätzlich Konflikte sein können.« Er berührte seinen Arm, und Avery war klar, daß das ganz unbewußt geschah.

»Wie also, Sir Richard?«

Bolitho drehte sich um. Sein Blick war kalt und hell und grau wie die See vor Pendennis.

»Mit dem Degen in der Faust haut und stößt man atemlos um sich, spürt das Herz im Mund und dann hört man sie...«

Avery wartete, spürte auf dem Rücken eine Gänsehaut.

»Die Stimmen, George, an die erinnert man sich. Stimmen aus unseren westlichen Grafschaften und den Tälern weiter drinnen. Fischer, Pflüger, Landarbeiter, Weber. *Man hört die eigenen Stimmen auf beiden Seiten.* Wenn wir diesmal auf die Amerikaner treffen, wird es wieder so sein wie damals. Sie kämpfen wieder für die Freiheit, die sie uns einst abgetrotzt haben, die Freiheit ihres neuen Heimatlandes. Und wieder werden sie in uns den Angreifer sehen!«

»Unsere Männer werden Sie nicht im Stich lassen, Sir!« sagte Avery. »Ich habe sie beobachtet. Sie sprechen von zu Hause, aber sie suchen keine neue Heimat.« Er erinnerte sich an den Brief, den Allday aus dem kleinen Gasthaus in Fallowfield erhalten hatte, an die Zufriedenheit und die Liebe, die auch die gewaltige Entfernung nicht zerstören konnte. Männer wie Allday könnten nie die Seite wechseln.

Bolitho schlug ihm mit der Hand leicht auf die Schulter. »Wir trinken noch ein Glas. Dann sagen Sie mir, was Sie bedrückt.«

»Nichts, Sir. Rein gar nichts.«

Bolitho lächelte. »Mir scheint, er protestiert zu laut« zitierte er und nahm wieder Platz. »Scarlett, Erster Offizier, stimmt's?« Noch ehe Avery antworten konnte, fuhr Bolitho fort. »Ich beobachte Sie ja immerhin auch schon lange genug. Seit dem Tag, als Catherine Sie in ihr Herz schloß und Sie annahmen, ich hätte mich für Sie entschieden. Sie sind loyal, aber empfindlich, wie Sie gerade wieder bewiesen haben, als Sie Ihre Gefangenschaft erwähnten. Diese unsinnige Kriegsgerichtsverhandlung, die Ihrer Entlassung folgte, weckt Ihr Mitgefühl für Leute in ähnlichen Umständen. Aber einige von denen verdienen ihre Bestrafung, weil sie die Lage falsch einschätzten und dadurch Leute in Gefahr brachten.« Er stand wieder auf. Gischtzungen leckten an den Heckfenstern, als bereite die See sich vor, das ganze Schiff zu schlucken. »Wenn ein Kapitän sein Schiff unnötig in Gefahr bringt, kann er ein Kriegsgericht oder Schlimmeres erwarten.« Er versuchte zu lächeln. »Und ich selber? Ich würde wahrscheinlich von den Seesoldaten unter dem Kommando von Hauptmann du Cann auf dem Achterdeck erschossen werden – wie der arme Admiral Byng. Das ist ein halbes Jahrhundert her, nun ja, aber es ist immer noch dieselbe Marine.« Er reichte Avery das Glas. »Sein Laster ist das Kartenspiel, nicht wahr?«

Avery sah auf sein Glas, bewegt von den Enthüllungen und dem Einblick in Bolithos wahre Gefühle. Sie schienen ihm fest und unwandelbar.

Leise fuhr Bolitho fort: »Vergessen Sie nicht, George. Ich kann mich genau wie Sie ausgezeichnet an einige sogenannte gute Freunde erinnern. Die wiesen deutlich genug auf die Spielschulden meines Bruders hin und auf sein Ende, den Preis, den er schließlich zu zahlen hatte!«

»Es tut mir leid, Sir!«

»Ich nehme an, Kapitän Tyacke hat einen Verdacht. Wenn dem so ist, dann tut mir Scarlett leid. Er ist einer der wenigen außergewöhnlichen Offiziere an Bord. Er hat den Atem des Gegners schon im Gesicht gespürt, Klinge an Klinge, er oder ich – der einzige Codex, der im Kampf gilt.«

Avery erhob sich. »Danke, Sir Richard. Sie haben Ihre Gedanken mit mir geteilt und sich Zeit für meine Probleme genommen. Ich verspreche...« Dann schüttelte er lächelnd den Kopf. »Tut mir leid. Das sollte ich wirklich nicht sagen. Als ich mich Ihnen und Lady Catherine in Falmouth vorstellte, haben Sie mich gewarnt. Sie sagten damals: Versprechen Sie nie etwas. Auf die Dauer ist das klüger!«

»Bitte, schicken Sie Allday zu mir!« bat Bolitho.

»Es geht um einen Tropfen, nicht wahr, Sir?«

Sie grinsten wie Verschwörer. Die Tür fiel zu, und Bolitho trat wieder an das salzverkrustete Fenster.

Meine kleine Mannschaft. Jetzt mußte sie stärker sein als je zuvor.

Kapitän James Tyacke trat an die Achterdecksreling und atmete ein paarmal tief durch. Hinter dem mächtigen Schatten der *Indomitable* konnte er auf jeder heranrollenden Welle brodelnde Kämme entdecken. Er hörte den Wind in den Leinwänden und im Rigg röhren – ein Schiff das seinem vorgegebenen Kurs folgte. Als sich seine Augen an die Dunkelheit an Deck gewöhnt hatten, waren aus den Schatten auch Gestalten geworden. Ganz in der Nähe wartete John Daubeny, Zweiter Offizier und für die erste Wache verantwortlich. Er schien sich nicht ganz sicher, ob er reden oder schweigen sollte.

»Nun, Mr. Daubeny? Ich kann keine Gedanken lesen!«

»Wind weiter stetig aus Südwest, Sir, immer noch mäßig.«

Tyacke schaute nach oben, wo die hellen Rechtecke der Segel hinter der wehenden Gischt kaum sichtbar waren.

Die verkleinerte Segelfläche könnten sie bis zum Morgen, wenn sie ihre Begleitschiffe wieder gesichtet hatten, stehen lassen. Und danach? Er hielt es noch immer für unwahrscheinlich, daß der Feind annahm, Bolitho würde den Köder von Kapitän Adams Aufenthaltsort schlucken.

Commodore Beer war ein erfahrener Salzbuckel, viel erfahrener als viele seiner gleichrangigen Kameraden. Und er hatte den richtigen Kopf, der ihn vor allerlei Dummheit schützte.

Daubeny fragte zaghaft: »Glauben Sie, daß es zum Kampf kommen wird, Sir?«

Tyacke grinste grimmig. »Ich sagte schon, Gedanken kann ich nicht lesen. Aber wir werden uns kampfbereit halten.«

»Ich glaube, wir sind gut vorbereitet, Sir.« Er zögerte. »Dank Ihnen.«

Tyacke runzelte die Stirn. Plumpe Komplimente erwartete er eher von Leutnant Laroche. Dies war wohl keins.

Er antwortete: »Ich mußte auch viel lernen. Es ist ein Riesenunterschied gegenüber dem Kommando auf einer Brigg. Hier hockt man aufeinander und muß immer den Admiral fürchten.«

Der Leutnant lachte. Eigentlich konnte er sich nicht vorstellen, daß dieser große Kapitän sich je vor irgend jemand oder irgend etwas fürchtete. Außer vielleicht, als er sich im Zwischendeck nach der Schlacht bei Abukir wiederfand und sein Gesicht zum ersten Mal sah.

Er sagte: »Ich habe meinem Vater einen letzten Brief geschrieben, Sir, und ihm gesagt, wie stolz wir sind, Admiral Bolithos Flaggschiff zu sein.« Er zuckte zusammen, als Tyacke seinen Arm packte.

»Sprechen Sie nie, niemals von einem letzten Brief, verstanden? Es könnte vielleicht wirklich Ihr letzter sein, wenn Sie zu lange über ihn nachdenken.«

Daubeny schluckte hart. »Dann werde ich beten, Sir!«

»Gut, tun Sie das. Ich meinerseits vertraue mich lieber einem guten Arzt als einem Gebetbuch an.«

Plötzlich drehte er sich um. »Wer ist da?« Er entdeckte den ältesten Midshipman, der gerade von der Stell des Bootes geklettert kam, bei dem er die Laschings überprüft hatte.

»Sir?«

»Ich wollte Ihnen gerade sagen, Mr. Blythe...« Er zögerte und fragte sich, warum er den jungen Mann, der für die Signale verantwortlich war, nicht leiden konnte. Die Offiziere beurteilten ihn sehr gut. Aber er war zu sehr von sich selbst überzeugt. *Sei's drum.* »Ich habe gebeten, mir zu bestätigen, daß ich Sie bis zu Ihrem Examen, also vorläufig, als Leutnant einsetzen kann.«

Blythe sah nur seinen Schatten. »Vielen Dank, Sir! Das hilft sehr!« Jetzt konnte selbst er weder seine Freude noch seine Überraschung verbergen. Tyacke sprach nur sehr selten direkt mit den »jungen Herren«, überließ das lieber seinen Offizieren, die sie viel besser kannten und beurteilen konnten.

»Ich habe eine Frage, Mr. Blythe!«

Die Gestalten um sie herum schwiegen plötzlich alle und taten so, als ob sie nicht hinhörten. Deane, der zweite Midshipman der ersten Wache, war für den Fall, daß ihm die gleiche Frage gestellt wurde, besonders aufmerksam. Navigation, Seemannschaft, Kanonendrill oder Arbeit mit dem Boot – es war gut, auf alles vorbereitet zu sein.

Blythe stand sehr gerade. Tyacke meinte fast, sein Gehirn arbeiten zu hören.

Und dann fragte er: »Können Sie mir sagen, Mr. Blythe, was die Stärke dieses Schiffs ist?«

Blythe suchte nach Worten. »Der Kiel und die Hauptspanten, Sir?«

Tyacke sagte nur knapp: »Ich nehme diesen Midshipman als Begleitung mit, Mr. Daubeny. Ich nehme an, Sie kommen ohne ihn klar?«

Sie benutzten den Gang an der Luvseite. Dunkle Schatten sprangen zur Seite, wenn sie vorbeigingen. Tyacke kletterte vorn den Niedergang hinunter, hielt nur kurz inne, um die leeren Hängemattennetze zu prüfen. Wenn Sir Richard sich nicht irrte, würde bald Blut über die gepackten Finknetze fließen.

Wie fühlte er sich? Furcht, Zweifel am eigenen Können, Niedergeschlagenheit? Nein. Es war mehr ein klares Bewußtsein für seine Aufgaben und seine Verantwortung. Vielleicht hatte das Schicksal längst über ihn entschieden.

»Gehen Sie manchmal in die Messedecks nach unten, Mr. Blythe?«

Der Junge starrte ihn an. »Beim Exerzieren manchmal, Sir. Die Gehilfen des Bootsmanns kümmern sich um alles andere!«

»Tun sie das wirklich? Kommen Sie mit!«

Wieder ging es eine breite hölzerne Leiter hinunter. Sie würde kurz vor dem Kampf durch eine weniger verletzbare Strickleiter ersetzt werden. Als die *Indomitable* vor ihrem Umbau noch ein Zweidecker war, waren diese Messen auf beiden Seiten zwischen die Kanonen eingezwängt. Jetzt hatte man hier unten endlich mehr Platz.

Plötzlich wurde alles still, als Tyackes weiße Kniehose auf der Leiter sichtbar wurde. Ein alter Seemann brüllte: »Achtung! Der Kapitän!«

Tyacke nahm den Hut unter den Arm und fuhr den Midshipman an: »Nehmen Sie Ihren Hut ab, Mann. Sie sind hier nicht dienstlich! Hier ist das Heim der Männer, vergessen Sie das nie!«

Blythe beobachtete fast unterwürfig, wie Tyacke den Seeleuten mit einer Handbewegung zu verstehen gab, wieder an den sauber geschrubbten schmalen Tischen Platz zu nehmen. Noch immer roch es in diesem Deck nach Essen. Tyacke blieb stehen, um zuzuschauen, wie gerade das Modell eines Linienschiffs der fünften Klasse vollendet wurde. Die Messekameraden beobachteten die Fertigstellung kritisch.

Einer meinte spaßhaft: »Das hier wird das einzige Schiff bleiben, daß Jake je kommandieren wird, Sir!«

Tyacke hörte sie lachen, spürte ihre unerwartete Kameradschaft und ihre einfache Freude über das, was man sonst als Eindringen bezeichnen könnte.

»Werden wir den Franzmännern den Hintern versohlen, Sir?« Der Mann schwieg, als Tyacke ihn ansah. *Franzmänner.* Viele von den Leuten hier unten hatten keine Ahnung, wo sie waren oder wohin sie segelten. Wetter, Essen, Sicherheit – das bedeutete auf dem Kanonendeck etwas ganz anderes als oben. Hier roch es geballt nach Menschen, nach Bilge, Teer, nach Hanf und Farbe.

Er antwortete: »Wir kämpfen gegen die Feinde des Königs, Leute. Doch meistens geben wir Seiner Majestät nur eine Hand, die andere ist für uns selber.« Er sah ihre gespannten Gesichter. »Für uns alle.«

Einige starrten seine fürchterlichen Narben an, andere hingen nur an seinen Augen. Gelächter war zu hören, an den anderen Messetischen versuchte man mitzukriegen, was er hier sagte.

Wieder eine Stimme: »Trinken Sie einen Becher Rum, Sir?«

»Ja, einen!« Ihm war, als antworte jemand anders. »Einen. Denn ich muß für morgen einen klaren Kopf behalten!«

In der ungläubigen Stille sah man ihn den Becher mit unverdünntem Rum leeren. Er nickte und atmete tief durch. »Das war Nelsons Blut, Männer.« Dann richtete er sich auf, soweit es im niedrigen Deck ging. Auch gebückt zwischen den Balken stehend, war er immer noch beeindruckend.

»Gott segne euch, Männer!«

Man jubelte ihm zu, und der Lärm brandete durch das niedrige Deck. Dann sagte Tyacke: »Weiter geht es, Mr. Blythe.«

Sie gingen durch die Messen der Seesoldaten, durch

die Kasernen, wie sie beharrlich genannt wurden. Sauber gestapelt die Trommeln mit den weißgekalkten Brustriemen, die Stells mit Musketen und Bajonetten. Scharlachrote Röcke, erfreutes Grinsen, ein- oder zweimal Händeschütteln mit Unteroffizieren.

Tyacke fühlte wieder die frische Seeluft im Gesicht und war froh, daß alles vorbei war. Er wußte, wer ihm beigebracht hatte, wie wichtig solche Nähe zu den Männern war, die alle auf ihn bauten.

Eine vertraute Gestalt lehnte an einem der schwarzen 24-Pfünder. Es war Troughton, der Koch mit dem Holzbein, der seine Schrecken vor Abukir mit ihm geteilt hatte.

»Die haben Sie gewonnen, Kapitän. Die alte *Indomitable* liegt jetzt wie ein Spielzeug in Ihrer Hand.«

Man rief ihn weg, und Tyacke war froh darüber. Der junge Seemann mit dem frischen Gesicht, den es wie ihn umgeworfen hatte, als die Welt um sie herum explodierte, ahnte wahrscheinlich mehr als jeder andere, wie es wirklich um ihn bestellt war.

Er wandte sich an Midshipman Blythe, der ihn mit einer Mischung aus Bewunderung und Furcht ansah.

»Männer, Mr. Blythe. Ordentliche, alltägliche Leute, die keinem je auffallen würden, wenn sie auf den Straßen oder den Feldern arbeiten würden.«

Blythe nickte und schwieg.

Tyacke fuhr fort: »Aber sie machen die Kraft eines Schiffes aus. Also lassen Sie sie nie unnötig sterben!«

Der Schatten des Midshipman verschmolz mit der Dunkelheit. Vielleicht hatte er etwas bei diesem Rundgang gelernt – bis zum nächsten Mal.

Er dachte an den Mann, dessen Flagge im Mast wehte, und lächelte. Dann griff er in geteertes Rigg und murmelte: »Also dann – ran!«

XVII Und wofür?

Richard Bolitho blickte in den kleinen Spiegel und fühlte, wie sanft seine Haut sich nach der sorgfältigen Rasur Alldays anfühlte. Das Schiff war gänzlich dunkel. Bei solch niedriger Bewölkung würde es spät hell werden. Dennoch fühlte er, daß das Schiff schon zu Leben erwacht war. Einige Männer hatten bereits zu tun, und in der feuchten Luft hing der fette Geruch des Frühstücks.

Und wenn ich mich geirrt habe? Es überraschte ihn, daß ihn das Gesicht im Spiegel anlächelte. Er wußte einfach, daß er recht hatte. Das hing nicht nur mit den Kalkulationen auf Yorks Karten zusammen, auch nicht mit der angenommenen Ankunftszeit des Konvois in Halifax, sondern es ging einfach tiefer: Es war sein Instinkt. So wie Männer fühlen, die in Gefahren, ja selbst mit dem Tod vor Augen, überleben wollen. *Wie so oft.*

Allday wußte das auch. Doch an diesem kühlen Morgen auf dem großen westlichen Ozean hatte er nur wenig gesprochen.

Bolitho hatte ihn lediglich wegen seines Sohnes Bankart angesprochen. Allday zögerte noch: »Ich möchte gern fühlen, daß er mein Sohn ist, Sir Richard. Aber es steht etwas zwischen uns. Wir sind uns heute noch genauso fremd wie damals, als wir uns das erste Mal trafen!«

Bolitho berührte das Medaillon unter seinem Hemd. Ein sauberes, gekräuseltes Hemd, eins von Ozzards besten. Warum das alles? Allday hatte ihm erzählt, was er von seinem Sohn erfahren hatte. Die größten amerikanischen Kriegsschiffe hatten die besten Scharfschützen der Marine an Bord. Es waren Männer aus den Wäldern, die nur durch den sicheren Gebrauch ihrer Gewehre überleben konnten. Es war reinster Wahnsinn, ihnen als Ziel einen Admiralshut und Epauletten, ja auch nur einen Kapitänshut zu bieten. Er hatte das Tyacke gesagt, doch dessen Antwort war wie erwartet ausgefallen: »Ich bin stolz auf mein Schiff, Sir Richard, mehr als ich je für möglich hielt. Und ich möchte, daß unsere Leute mich sehen, wissen, daß ich bei Ihnen bin, auch in den schlimmsten Augenblicken.« Er lächelte gewinnend. »Mir scheint, ich habe das von jemandem gelernt, der nicht weit weg ist von hier!«

Bolitho rieb sein Auge und schloß die Lider. *Aber wenn ich falsch gerechnet habe, hat Beer sich mit den anderen Schiffen getroffen, um den Geleitzug anzugreifen.* Selbst die *Valkyrie* und ihre kleinen Begleitschiffe werden den Angriff nicht abwehren können.

Ozzard erschien mit der schweren Paradeuniform aus der Dunkelheit.

»Wenn die Schlacht beginnt, werden Sie nach unten gehen«, sagte Bolitho.

»Danke, Sir Richard.« Er machte eine Pause. »Ich stehe bereit, wenn Sie mich brauchen.«

Bolitho lächelte. Armer Ozzard. Er flüchtete vor dem Kampf immer unterhalb die Wasserlinie. Das hatte er auch in der alten *Hyperion* getan, als sie zu kentern drohte. Allday hatte angedeutet, daß er dort unten bleiben und mit dem alten Schiff untergehen wollte, wie es so viele an diesem Tag mußten.

Zu viele Geister, dachte er, zu viele Männer und Schiffe, Schiffe und Männer. Zu viele verloren, viel zu viele Leben...

Es klopfte an der Tür, und Tyacke trat ein. Auf dem Weg durch die Kajüte glitzerte seine Epaulette im Licht der schwankenden Laterne.

»Der Wind hat ein bißchen rückgedreht, Sir. Er kommt jetzt eher aus Südwest bei Süd. Doch er steht weiter durch.« Er sah an die Decke, als könne er durch sie hindurch die Rahen und die gerefften Segel erkennen. »Sie wird fliegen, wenn wir sie loslassen!«

Bolitho versuchte, seine Gedanken zu ordnen. »Lassen Sie unsere Fregatten so schnell wie möglich aufschließen. Nur *Woodpecker* soll möglichst weit in Luv bleiben.« Wenn alles schief ging, wäre sie ein einsamer Zeuge.

Tyacke meinte: »Ich frage mich, ob wir *Zest* nicht befehlen sollten, den Platz mit *Reaper* zu tauschen. Ein Kapitän mit einem neuen Schiff, ein Schiff mit einem neuen Kapitän.« Er hob die Schultern. »Ich nehme an, die *Reaper* ist besser möglichst nahe am Feind.«

Also teilte Tyacke jetzt doch seine Ansicht. Er sagte: »Das habe ich vor, James. Wenn ich recht habe...«

Tyacke daraufhin laut: »Sie meinen, Sir, daß Commodore Beer dieses Manöver vorausgesehen und uns in der Nacht ausgesegelt hat?«

Bolitho fühlte das Medaillon wieder warm auf seiner Haut. »Das würden Sie doch auch? Sie würden doch auch den Wind für sich nutzen, wenn Sie könnten. Sollten wir versuchen zu fliehen, würden wir schließlich auf einer Leeküste enden, nicht wahr?«

Tyackes Antwort war knapp. »Manchmal erwischen Sie mich, Sir Richard! Aber fliehen? Das kommt, solange ich lebe, nicht in Frage!«

Er lauschte auf die Schritte oben. Er kannte jeden Laut, wußte genau, wie verläßlich jeder Mann da oben war.

»Das haben Sie gut gemacht, James. *Die Stärke eines Schiffes*. Schade, daß so was niemals in den Spalten der *Gazette* auftaucht.«

»Ich weiß wirklich nicht, Sir Richard, wie Sie das wieder herausgefunden haben. Aber jetzt kann er über Wichtigeres nachdenken als immer nur über sich selbst.«

Leise trat Allday ein. »Die Kimm legt ihren Mantel ab, Sir Richard!« Er schaute auf das Stell mit den Degen. »Aber noch kann ich nichts sehen.«

Tyacke lächelte und sagte, ehe er die Kajüte verließ: »Ihr Sohn könnte immer noch seine Meinung ändern und sich bei uns melden, Allday!«

Allday sah, wie die Tür zufiel. »Das ist kein Witz, Sir Richard!«

Bolitho legte ihm die Hand auf den Arm. »Ich weiß.« In diesen Augenblicken dachte man besser nicht an so etwas. Ein Mann, der an anderes dachte, konnte sehr leicht fallen.

Er fragte: »Wie fühlst du dich, alter Freund?«

Die Frage schien Allday zu überraschen. Doch dann blühte ein freundliches Grinsen in seinem Gesicht auf, und er sagte: »Das haben wir alles schon erlebt, Sir Richard!« Er hob die Schultern. »Es heißt wieder heute oder nie...«

Bolitho nickte. Es roch in der Kajüte ganz leicht nach Rum. Wieder hatten ihn Alldays ungebrochene Zuversicht und seine Loyalität sehr bewegt.

»Nimm noch einen Tropfen, alter Freund.« Er maß seine große Kajüte mit Blicken. Hier konnte man nachdenken, sich erinnern, sich verstecken. Doch wie Allday spürte er in seinen Knochen, daß es nun bald so weit sein würde.

Er verließ die Kajüte und sah, wie Sergeant Chaddock die Waffen eines Zugs Marinesoldaten prüfte. Sie sahen nicht einmal auf, ja, sie bemerkten nicht einmal, daß er vorüberging – so sehr waren sie mit der Inspektion befaßt.

Er fühlte sich wie unsichtbar. Wie einer der vielen

Geister, von denen so viele noch auf diesem Schiff leben mußten.

Dann bückte er sich, um durch eine offene Stückpforte zu blicken. Die Kanone fühlte sich an wie Eis. *Sicher nicht mehr lange.*

Es war noch sehr dunkel. Nur ein paar Wellenkämme, die vom unteren Rumpf wegliefen, waren überhaupt zu erkennen. Auf der östlichen Kimm so etwas wie die Spur eines hellen Pinselstrichs.

Liebe Kate, denke an mich. An uns.

Gischt traf ihn, machte ihn wach, und ihm war, als höre er sie über das Schiff und die See hinweg rufen: *Verlaß mich nicht!*

Er legte die Stirn auf das schwarze Verschlußstück der Waffe und flüsterte: *Niemals!*

Kapitän James Tyacke wartete vor Isaac Yorks Kartenraum, in dem sich der Master mit seinen drei Gehilfen um den Tisch drängelte.

York lächelte. Er bemerkte natürlich sofort die Paradeuniformjacke und das glänzende Schulterstück.

»Sie sind heute aber früh auf, Sir!«

Über die Schulter eines Gehilfen hinweg sah Tyacke in das aufgeschlagene Logbuch und das Datum auf der ersten Seite – in Yorks kräftiger Handschrift: 12. September 1812. Darunter am Kopf der Spalte Tag und Zeit der heute gegißten Position. Ihre Blicke trafen sich. York hatte offensichtlich auch keine Zweifel mehr.

Tyacke nickte den Gehilfen des Masters zu. »Achten Sie heute auf alles, meine Herren. Sie werden einiges von Ihrem Feind lernen!«

Er verließ den engen Raum und trat auf das offene Deck. Silber und dunkelblau und immer noch treibende

Schatten: der Himmel und die See. Er spürte Scarlett dicht hinter sich, seine Unruhe. Doch wenigstens schien es keine Furcht zu sein.

Schnell drehte er sich um und fragte: »Was ist, Mann? Als wir uns trafen, habe ich Ihnen gesagt, ich habe das Kommando über Sir Richards Flaggschiff. Aber ich bin immer noch Ihr Kommandant! Also reden Sie endlich. Ich fürchte, wir haben bald wenig Zeit dafür.«

Scarlett leckte seine Lippen. Sein Blick war so abwesend, daß er völlig uninteressiert schien an dem, was der Tag bringen könnte.

Tyacke verlor langsam die Geduld. »Ich kann Ihnen wirklich nicht helfen, wenn Sie schweigen, Sir! Was bedrückt Sie? Eine Frau? Haben Sie ein Kind gezeugt?«

Scarlett schüttelte den Kopf. »Ich wünschte, es wäre so einfach, Sir!«

»Also Geld?« Das traf. »Kartenspiel?«

Scarlett nickte. »Ich habe Schulden, Sir, große Schulden!«

Tyacke musterte ihn ohne Mitleid. »Dann sind Sie ein Narr. Aber darüber reden wir später. Ich kann Ihnen wahrscheinlich helfen.« Sein Tonfall wurde härter. »Geben Sie heute Ihr Bestes. Ich verlasse mich darauf. Das wird heute *der* Tag der *Indomitable*!«

Er ging nach achtern und schaute hoch. Er sah die gerefften Topp- und Großsegel, die Flagge des Admirals und den Wimpel auf der Mastspitze auswehen. Graue Wolken rasten über den Himmel.

Er hörte Schleifsteine. Duff, der Waffenmeister, ließ seine Männer Entermesser und Beile schleifen. In den Tagen vor Crécy und Agincourt war das sicher nicht anders gewesen, dachte er. Er sah den vorläufigen Leutnant Blythe sich ernsthaft mit Protheroe, dem Vierten Offizier unterhalten. Zwar trug er noch immer die weißen Abzeichen eines Midshipman, aber auf einem Kriegsschiff des Königs breitete sich die Nachricht über eine Beförderung wie ein Buschfeuer aus.

Allday ging an ihm vorbei, hielt ein Entermesser in der Hand und prüfte dessen richtige Lage. Ein paar Leute sprachen ihn an, aber er schien sie nicht zu hören.

Am Fuß des Niedergangs zum Achterdeck klammerte Allday sich am Handlauf fest. Die *Indomitable* grub ihren Bug tief in einen atlantischen Roller und schaufelte Gischt über die Galionsfigur, den aufgerichteten Löwen mit den drohenden Klauen.

»Was machst du denn hier?«

Sein Sohn, der ein Entermesser im Gürtel trug, zuckte mit den Schultern. »Der Bootsmann hat mich zu den Achterdecksleuten eingeteilt.«

Allday versuchte das als Witz zu verstehen: »Der alte Sam hat sicher gemerkt, daß du als Toppmann oben nicht viel taugst. Da gibt's nicht so viele Tampen zum Spielen.« Dennoch machte er sich Sorgen. Das Achterdeck eines jeden Schiffes war seit jeher bevorzugtes Ziel für Drehbassen und Scharfschützen. Von hier gingen alle Befehle aus. Viele Seesoldaten verrichteten hier achtern ihren Dienst. Ihre Stiefel und ihre Ausrüstung machte sie ungeeignet für einen Einsatz oben.

Allday kreuzte die Arme vor der Brust. »Wir werden bald gegen ziemlich viele deiner Leutchen kämpfen, mein Junge, also sei wachsam!«

Bankart sah ihn traurig an. »Ich wollte in Frieden leben, mehr nicht. Kapitän Adam hat das als erster begriffen. Warum begreifst du das nicht auch? Es muß immer eine Flagge geben und eine Partei oder eine Seite. Ich habe in Amerika nur Frieden gesucht!«

Mürrisch entgegnete Allday: »Wenn wir zurückkommen, denk dran, was einige von uns bezahlt haben. Der erste Mann meiner Frau Unis fiel auf der alten *Hyperion*. Ihr Bruder John hat im Dienst bei den 31ern von Huntingdonshire ein Bein verloren. Du wirst in Falmouth viele verstümmelte Leute sehen. Doch Sir Richard hat für alle Arbeit gefunden.«

»Und was ist mit dir, Vater?«

»Ich habe mehr, als ich erwarten konnte. Erst Unis, dann die kleine Kate. Beide warten auf mich. Und jetzt du, John.« Er blinzelte. »Drei Johns auf einmal!«

Bankart lächelte und war stolz auf den Mann, der keine Worte mehr fand.

Sie blickten beide auf die zerfetzten Wolken. Der Ausguck meldete von oben: »*Reaper* in Sicht, Sir, im Südosten!«

Die Fregatte leuchtete silbrig in der aufgehenden Sonne. Sie war die erste Sichtung des Tages.

Allday sah Tyacke und Daubeny, den Offizier der Wache, miteinander reden. Sie blickten auf Deck und Gang. Über die Kimm floß jetzt immer mehr Licht.

Er hörte Daubeny rufen: »Los, nach oben, Mr. Blisset, und nehmen Sie ein Glas mit, Sie Idiot!«

Der aufgeweckte Midshipman kletterte die Webleinen empor wie ein Affe. Allday murmelte leise: »Naseweiser Bursche, der da. Fragt mich doch, wie die Marine zu meiner Zeit gewesen ist!«

Als sich Blisset mit hoher Stimme aus dem Ausguck meldete, schwiegen sie unten auf dem Achterdeck.

»An Deck. Von *Woodpecker* über *Reaper* weitergegeben: Segel in Sicht in Südwesten!«

Tyacke rief laut: »Mr. Scarlett, richten Sie dem Admiral...«

»Ich habe es schon gehört, Kapitän Tyacke!« Bolitho wartete, bis das Deck einen Augenblick gerade lag, und ging dann ruhig an die Reling, wo Tyacke und er sich mit der Hand am Hut förmlich begrüßten.

Allday sah zu. Solche Augenblicke machten einen sehr unruhig. Doch Sir Richard würde das bei ihm, seiner verläßlichen Eiche, nie vermuten.

Er wollte wieder mit seinem Sohn sprechen, aber der vierschrötige Bootsmann Hockenhull hatte ihn schon nach achtern in Bewegung gesetzt.

Allday merkte, wie sich der Schmerz in seiner Brust wie ein Warnsignal meldete. Er verließ ihn nie ganz. Und so behielt er den Tag ständig in Erinnerung, als spanischer Stahl ihn gefällt hatte und Bolitho sich fast ergeben hätte, um ihn zu retten.

Immer dieser Schmerz.

Tyacke suchte einen Midshipman. »Bestätigen Sie das Signal, Mr. Arlington.« Er drehte sich zu Bolitho um und wartete auf das, was kommen mußte. Bolitho schaute über die bewegungslosen Gestalten hinweg, von denen viele nach oben zum Ausguck schauten, in der Hoffnung, daß sich alles noch als ein Irrtum herausstellen würde.

Er bemerkte Alldays Blick. Erinnerte er sich oder wollte er vergessen? Er lächelte, und Allday hob seine große Hand wie zu einem persönlichen Gruß.

»Wann immer Sie bereit sind, Mr. Tyacke!«

Das war der entscheidende Befehl. Tyacke drehte sich auf dem Absatz um. Sein zerstörtes Gesicht glänzte in der aufgehenden Sonne.

»Schiff klar zum Gefecht, alle Mann auf Station, Mr. Scarlett, bitte!«

Jetzt war auch Avery hier oben neben dem dienstältesten Midshipman Carleton, der Blythes Platz einnahm, nachdem der seinen ersten Schritt auf der Leiter der Beförderungen gemacht hatte.

Avery befahl: »Signal an *Reaper* und weiter an *Woodpecker. Zum Flaggschiff aufschließen.*«

Er sah, wie Bolitho den Kapitän kurz anlächelte. Es war wie ein letzter Händedruck. Er mußte an seine Schwester in ihrem verschlissenen Kleid denken und an ihre Umarmung bei ihrem letzten Treffen.

Die Trommler und Pfeifer traten in Linie an und zerrten ihre kalkweißen Brustriemen zurecht. Sie hielten ihre Stöcke unter der Nase gekreuzt mit Blick auf ihren Unteroffizier.

»Jetzt!«

Die Trommeln rollten und rasselten und übertönten alle Geräusche der hastenden Männer, die, wie sie es tausendmal geübt hatten, das Schiff vom Bug bis zum Heck kampfbereit machten, es in zwei große Batterien verwandelten.

Bolitho beobachtete das alles sehr gleichgültig. Selbst hier unter diesem Deck konnte nichts die Matrosen und Seesoldaten aufhalten, wenn der Kampf begann. Alles war weggestaut: Catherines Geschenke, die grün eingebundenen Shakespeare-Sonette und der Weinkühler, in den sie das Familienwappen mit dem Familienleitspruch hatte einarbeiten lassen: *Für die Freiheit meines Landes.*

Er erinnerte sich, wie sein Vater mit dem Finger diesem Spruch über dem Kaminsims gefolgt war. In Cornwall war es jetzt schon kalt, der Wind kam von See, und am Fuß der Klippen brachen sich ärgerlich die herbstlichen Seen. Auch dort, wo Zenoria sich hatte vom Felsen fallen lassen. Alles war nach unten gestaut worden, auch ein paar Porträts, Stühle aus der Messe, eine eiserne Kiste mit den Geldbeuteln der Offiziere, eine Familienuhr, eine Haarlocke – eben alles.

»Klar zum Gefecht, Sir!« Scarlett schien außer Atem, obwohl er sich nicht von seinem Platz entfernt hatte.

Tyackes Bemerkung war knapp. »Neun Minuten, Mr. Scarlett. Das haben Ihre Männer gut gemacht, Sir!«

Bolitho faßte sich ans Auge. Das war in der Tat ein Lob von Tyacke. Oder machte er sich immer noch Gedanken über Scarletts Probleme?

»An Deck! Segel in Sicht in Nordwest.« Und dann wieder die hohe Stimme des Midshipman: »Die *Zest*, Sir!«

Tyacke lächelte. »Die Krabbe hätte ich fast vergessen. Bestätigen Sie, aber *Zest* soll auf ihrer Position bleiben!«

Bolitho nickte jetzt Avery zu. Der legte dem verantwortlichen Midshipman der Signale die Hand auf den Arm, und der Junge sprang zur Seite, als habe ihn eine Musketenkugel getroffen.

»Kriegsflagge setzen, Mr. Carleton.« *Wie fühle ich mich jetzt?* Avery hob seinen Degen und ließ ihn wieder fallen. Von der Mannschaft an den Kanonen auf dem Achterdeck schauten ihm einige zu. *Ich fühle gar nichts.* Er gehörte dazu, nur das zählte. Er sah Bolitho, der ruhig die Kimm nach dem Gegner absuchte. *Diesem Mann dienen wie sonst keinem.*

»An Deck. Zweites Segel in Südwest. Zweites Kriegsschiff, Sir!«

Eigentlich hatte Avery Überraschung in Bolithos Gesicht erwartet, vielleicht sogar etwas wie ein Zurückzucken. Doch wenn es etwas Erkennbares gab, dann war es Erleichterung. Das würde er nie vergessen können. *Ein Mann wie sonst keiner.*

Bolitho beobachtete die See und die Männer, die auf die nächsten Befehle warteten.

Die kleine *Woodpecker* würde ihnen als erste den nahenden Feind melden und dann mit allen Segeln aus dem Bereich seiner mächtigen Kanonen fliehen. Also zwei Schiffe – wie erwartet. Das zweite mußte die *Baltimore* sein.

»Seesoldaten, auf Station!«

Sie kletterten auf den Webleinen zu beiden Seiten auf ihre Plattformen. Es waren vor allem Soldaten, die besser als die anderen schossen. Wenigstens drei von ihnen, hatte Tyacke einmal herausgefunden, waren einst Wilddiebe gewesen. Der Rest marschierte über das Achterdeck und bezog Stellung hinter den festgepackten Finknetzen, grimmig dreinblickend, Bajonette aufgepflanzt. Der freundliche Hauptmann Cedric du Cann musterte sie mit kühlem, professionellem Interesse. Sein Gesicht hatte inzwischen fast die Farbe seines Uniformrocks.

Einzelne Gestalten in Rot standen an den Niedergängen. Sie hatten dafür zu sorgen, daß niemand unter Deck flüchten konnte, wenn die Nerven versagten oder jemand das alles nicht mehr aushielt.

Tyacke befahl dem Bootsmann: »Lassen Sie die Boote treiben, Mr. Hockenhull!«

Das war selbst für alte Teerjacken einer der schlimmsten Augenblicke. Sie wußten zwar, daß dadurch viele Verletzungen vermieden wurden, sollten die leichten Boote zu Splittern zerschossen werden. Aber wenn sie zu Wasser gelassen und losgeschnitten wurden, sahen viele in ihnen die letzte Hoffnung auf ein Überleben schwinden, falls sich das Glück gegen sie wenden würde. Locker miteinander verbunden trieben sie mit der See nach Lee. Der Sieger, wer auch immer es sein würde, würde sie wieder auffischen.

»Netze riggen!«

Die Männer führten den Befehl aus. Allday erkannte seinen Sohn, der mit seinen neuen Mackern an Blöcken und Taljen riß, um das schützende Netz über das große doppelte Rad und die vier Rudergänger zu riggen.

Nur ein Blick, dann war er wieder verschwunden. Einen winzigen Augenblick lang versuchte Allday, sich an Bankarts Mutter zu erinnern. Doch das Bild blieb leer. Er war schockiert, daß er nichts mehr wußte. Es war, als habe es sie nie gegeben.

»Von *Reaper,* Sir. Feind in Sicht im Südwesten!«

»Bestätigen und Meldung an *Zest* weitergeben.«

Ohne Vorwarnung wandte sich Bolitho an den Unteroffizier: »Können Ihre Pfeifer *Portsmouth Lass* auswendig?«

Der Mann blies die Backen auf: »Ja, Sir.« Am liebsten hätte er ein verächtliches »Natürlich, was denken Sie!« hinzugefügt.

»Dann sollen sie es spielen!«

Isaac York schrieb in sein Logbuch, daß an diesem Septembermorgen 1812, als die *Indomitable* unter verkleinerten Segeln unverändert ihren Kurs hielt, die Trommler und Pfeifer des Schiffes auf dem vollen Kanonendeck exerziermäßig auf und ab marschierten und die bekannte Melodie *Portsmouth Lass* so gut spielten, daß mancher den Takt mit dem Fuß mitklopfte oder die Lippen spitzte und für sich allein mitpfiff.

Allday sah zu seinem Admiral herüber und lächelte ernst.

Bolitho würde diese Szene nie vergessen. Und er auch nicht.

Bolitho nahm ein Fernglas aus dem Stell und ging zur Achterreling. Er paßte sich beim Gehen dem Seegang an, ohne es zu merken.

Er hob das Glas ans Auge und stellte es sorgfältig ein. Er stellte sich vor, wie eine Möwe ganz hoch über ihnen seine Schiffe sehen würde. Sie segelten in einer Linie, mit der *Indomitable* im Zentrum. Der Wind kam frisch, aber stetig, achterlich von Steuerbord, jedenfalls im großen und ganzen, wie Isaac York sagen würde. Noch einmal suchte er die westliche Kimm ab. Sie lag immer noch in nebligen Schatten, ganz anders als die silberne, messerscharfe Kimm im Osten.

Sein Griff wurde fester, als er versuchte, seine Gefühle zu unterdrücken. Die Mannschaften an den Kanonen auf dem Achterdeck warteten immer noch auf Befehle, nachdem das Schiff gefechtsklar war. Einige beobachteten ihn sehr genau und dachten sicher daran, was dieser Tag bringen würde.

Da war sie! Beers *Unity*. Sie hatte alle Segel gesetzt, und sie standen voll. Es schien, als stürze sie ständig nach vorn in die aufsteigende Gischt unter dem Bugspriet. Die große Flagge des Befehlshabers stand wie aus Metall geschnitten vor dem Himmel: ein Bild von Kampfkraft zur See – wie gemalt.

Zurückgewandt sagte er: »Melden Sie Kapitän Tyacke. Fünfzehn Minuten!«

Er schaute nach oben zu seiner eigenen Flagge und spürte – wie aus Protest – einen stechenden Schmerz in seinem Auge.

Avery hielt sich bereit, die Signalflaggen waren bereits angeschlagen. Genau wie abgesprochen. Nur daß Adam seine *Anemone* nicht mehr hatte. Heute würde er ihren Verlust ganz besonders fühlen. Er kannte die Stärken seiner Männer noch nicht, schon eher das Schiff selber, das in vielem seiner geliebten *Anemone* glich. Und dennoch war es eben ein ganz anderes Schiff, dachte Avery.

Er ging über das Achterdeck an die Reling und musterte das Schiff über die ganze Länge.

Die Mannschaften standen trotz des kühlen Winds mit nacktem Oberkörper an den Kanonen. Ihre kräftigen Körper waren gebräunt vom Dienst in der Karibik. Die würden weder aufgeben noch davonlaufen.

Er zog seine Uhr aus der Tasche. Midshipman Essex schaute ihm dabei konzentriert zu.

Jetzt durfte ihm kein Fehler unterlaufen. Beer hatte die Luv-Position – schlimm genug.

Er spürte Allday jetzt neben sich und hörte ihn unregelmäßig atmen. Wahrscheinlich meldete sich der alte Schmerz deutlich wieder und erinnerte ihn an all das, was früher vorgefallen war. Zusammen hatten die *Unity* und die *Baltimore* wahrscheinlich so viele Kanonen wie ein Linienschiff der ersten Klasse. Zusammen oder getrennt – sie wären schwer zu überraschen oder zu besiegen.

»Mr. Avery, Signal an alle: *Kurs ändern. Neuer Kurs Nordwest zu Nord!*«

Als die hellen Signalflaggen aufstiegen und oben auswehten, stellte er sich Adam vor, wie er sie konzentriert beobachtete. Hamilton von der *Reaper* und der dickliche Eames von der *Woodpecker*, der einst Befehle mißachtet und nach Überlebenden gesucht hatte.

Die Toppgasten standen bereits über die ganze Länge auf den Rahen. Jeder freie Mann wartete an Brassen und Fallen. Jetzt war der entscheidende Augenblick gekommen, der jedem einzelnen von ihnen den Tod bringen konnte.

»Befehl bestätigt, Sir!« Avery fuhr sich mit der Zunge über die trockenen Lippen.

Bolitho sah Tyacke an. »Ausführen!«

Die Flaggen fielen nach unten und bildeten um die Signalgasten einen bunten Stoffhaufen. Tyacke rief laut: »Mr. York, auf Backbordbug gehen. Kurs Nordwest zu Nord, so hoch es geht.«

Die Spaken glitzerten in diesem seltsamen Morgenlicht, während das Rad wirbelte. Die Rudergänger behielten den Wimpel im Topp im Blick und den großen Besan, der achtern gerade auf die andere Seite überging. Er nahm einem atemlosen Midshipman das Teleskop aus der Hand und benutzte die Schulter des Jungen als Stütze. Reffs wurden ausgeschüttelt, und von jeder Rah donnerte die befreite Leinwand, bis schließlich auch die mächtige Großrah sich zu krümmen schien wie ein gespannter Bogen.

Aus der Dwarslinie in die Kiellinie. Die kleine Brigg verschwand irgendwo hinter der *Reaper*.

Tyacke befahl laut: »Stopptaue los. Klar zum Laden. Höchster Winkel, Mr. Scarlett!«

Zu aller Überraschung nahm Tyacke seinen Hut ab und schlug mit ihm gegen das nächste Stopptau.

»Los Männer, laßt dieses Mädchen mal fliegen!«

Mit allen Segeln, die es gerade noch tragen konnte, oben und hoch am Wind, schien das Schiff über die Wogenkämme zu springen – nicht weg vom Feind, sondern diesmal auf ihn zu, auf einem schnell konvergierenden Kurs.

»Alle Kanonen laden!«

Bolitho hielt sich an einer Stag fest und beobachtete die halbnackten Mannschaften an den einzelnen Kanonen. Zwischen ihnen hopsten die Pulveraffen, um ihre Kartuschen loszuwerden. Jeder Stückführer bückte sich, um die Zugseile zu prüfen. Jede Kanone bewegte sich leicht, weil die Stopptaue jetzt gelöst waren.

»Luken auf!«

Auf beiden Seiten klappten die Luken so gleichmäßig auf, als habe eine einzige Hand sie alle bewegt – ein Ergebnis von Drill, Drill und nochmals Drill. Jetzt war es soweit. Leutnant Daubeny stand mit dem Degen über der Schulter am Fockmast und beobachtete den Feind. Das waren jetzt nicht mehr nur Segel, die näher kamen. Gewaltiges kam hier drohend auf sie zu, hielt auf den Backbordbug zu.

Irgendwo brüllte schweres Artilleriefeuer auf, und dann hörte man so etwas wie ein Seufzen, als die kleine *Woodpecker* aus dem Ruder lief. Ihr Fockmast, Rahen und schlagendes Tuch zogen durchs Wasser. Und immer wieder schlugen Kugeln von der fernen *Unity* in ihren Rumpf.

Tyacke zog seinen Degen. »Feuern in der Aufwärtsbewegung, Männer! Auf den Fockmast halten!«

Bolitho schob die Hände zusammen und sah die Klinge in Tyackes Faust blinken. Die *Baltimore* steuerte genau auf die Lücke zwischen der *Indomitable* und Adams *Zest* zu.

Wieder neigte sich das Deck leicht, die Toppsegel flappten aus Protest gegen das Schiff, das so hoch wie möglich am Wind lief.

»Feuer frei!«

Und dann raste etwas wie eine unsichtbare Lawine in die hohe Flanke der *Baltimore*. Holz zersplitterte und warf Kanonen um, öffnete jedes Segel in langen Rissen. Der Wind fuhr sofort hinein und zerlegte das Tuch in lange Fetzen.

»Signal an *Zest*, Mr. Avery: *Angreifen und den Feind vom Heck her unter Feuer nehmen!*«

Tyacke blickte sich um. »Der braucht keinen zweiten Befehl, Sir!«

»Reinigen und auswischen!«

Auf dem Deck hielt jeder Geschützführer die Faust in die Höhe.

»Klar, Sir!«

»Ausrennen.«

Durch den dicker werdenden Qualm zuckten ein paar Blitze, und Bolitho fühlte, wie feindliches Eisen unten in den Rumpf einschlug.

Männer sahen sich an, suchten Freunde und Messekameraden. Doch niemand war gefallen, und Bolitho hörte vereinzelte Hurrarufe: Hochmut, Stolz und der alles überdeckende Wahnsinn eines Kampfes auf See.

»Feuer!«

Allday sah es als erster. »Der Kreuzmast von denen da geht über Bord, Sir!«

Die Ruderanlage der *Baltimore* mußte durch die letzte Breitseite zerstört worden sein, oder die Rudergänger waren gefallen. Noch feuerten ein paar Kanonen, aber es gab keine Salven mehr. Und das Schiff konnte seinen Kurs nicht mehr ändern.

Mit dem Ärmel wischte Bolitho sich über das Gesicht. Im Qualm sah er orangefarbene Mündungsfeuer von Kanonen, die den großen Amerikaner von der anderen Seite her beschossen. Gnadenlos und ohne Pause jagte Schuß um Schuß in das ungeschützte Heck der *Baltimore*.

Plötzlich rief Scarlett laut: »Die *Reaper* hat die Flagge gestrichen, Sir!« Er selber schien das nicht glauben zu wollen. »Die verdammten Hunde!« Er klang ungläubig.

Bolitho senkte sein Glas. Die *Reaper* war überwältigt worden. Sie war so gut wie entmastet. Mit schwarzen Segelresten trieb sie vor dem Wind ab, ihre Flagge war über Bord geweht, das Oberdeck sah aus wie ein Schlachthaus: zerstörte Kanonen, Männer und überall Körperteile; auch ihr tapferer Kapitän, James Hamilton, lag dort. Er war in einem Kampf, der von viel jüngeren Männern als ihm hätte geführt werden müssen, auf dem Achterdeck gefallen. Von dort aus hatte er sein Schiff bis zum Schluß durch den Kampf geführt. Er hätte in der Ostindischen Compagnie bleiben sollen. Dieser Krieg war nichts für Manner wie ihn. Bolitho sah, wie er selber die Reling umklammerte. *Und für mich auch nicht!*

»Ausrennen. Zielen. Feuer frei!«

Bolitho hustete, als noch mehr Pulverrauch durch die offenen Kanonenpforten nach binnen und aufs Achterdeck wehte. Beißend, wild, blind machend.

Reaper hatte keine Chance mehr. Ein Schiff der sechsten Klasse mit ganzen sechsundzwanzig Kanonen gegen Beers mächtige Artillerie.

Er wischte sich über die Augen und sah, wie Avery ihn überraschend ruhig beobachtete. Zwischen ihm und den zerschossenen Schiffen und den treibenden Leichen, die *Woodpeckers* plötzliches Ende kennzeichneten, schien sich eine große Ferne aufgebaut zu haben – wie gelegentlich auch zwischen ihm und anderen Ereignissen.

»Alle Kanonen wieder geladen, Sir!« Scarlett sah von Tyacke zu seinem Admiral.

Plötzlich hing Stille über dem Schiff; einen Augenblick lang war auch der Wind schwächer geworden. Sie trieben durch Pulverqualm wie durch dichten Nebel. Dumpfes Musketenfeuer war zu hören, Drehbassen gellten. Es roch nach brennendem Holz: Dies schien der Eingang zur Hölle zu sein.

Dann sah er die Bramsegel der *Unity*, die am Himmel zu kratzen schienen. Sie waren durchlöchert. Doch über all dem Rauch, der das Blutbad unten verdeckte, standen sie seltsam ernst.

»Achtung, Männer!«

Bolitho sah auf Tyackes erhobenen Degen und fragte sich sekundenlang, warum das Schicksal es zu diesem entscheidenden Treffen hatte kommen lassen.

Doch der Degen fiel Tyacke aus der Hand, als der Qualm in einer gewaltigen Breitseite explodierte – in eine Welt aus schreiendem Wahnsinn, fallendem Rigg und rasiermesserscharfen heulenden Splittern. Männer starben und wurden in blutige Bündel verwandelt, als sie wie betäubt in die gewaltige Breitseite starrten.

Verdrehte Gestalten stürzten nach unten, als der Großmast über die Seite fiel. Tote Seesoldaten wurden von den Netzen zurückgeschleudert, purzelten in die See wie Puppen und trieben mit den Wrackteilen davon.

Man hob Bolitho auf die Beine, obwohl er sich nicht erinnern konnte, gestürzt zu sein. Sein Hut war verschwunden und eine seiner stolzen Epauletten. Blut auf der Kniehose, doch keine Schmerzen. Von der Reling her starrte ihn Midshipman Deane leer an, sein junger Leib war zu etwas fürchterlich Obszönem zerschmettert worden.

Bolitho hörte Avery wie von fern rufen, obwohl sich ihre Gesichter fast berührten.

»Sind Sie verletzt, Sir?«

Er atmete durch: »Ich glaube nicht.« Er zog seinen Degen und sah, wie Allday sich in seiner Nähe mit gezogenem Entermesser duckte und halb blind in den Pulverqualm starrte.

Ein Ruf: »Achtung, Enterer. Seesoldaten, in Linie antreten und feuern!«

Wieder wischte Bolitho sich mit dem Ärmel über das

Gesicht. Immer noch war Leben und Ordnung im Schiff. Äxte hieben durch das Gewirr von stehendem und laufendem Gut und in die zerschmetterten Spieren und Rahen. Der Bootsmann brüllte: »Mehr Leute an die Fockbrassen hier!«

Auch Tyacke stand wieder auf den Beinen. Seine Jacke hing in Fetzen an ihm herunter. Die herabstürzenden Fallen hätten ihn fast über Bord gerissen.

Doch die Kanonen wurden wieder geladen. Die Geschützführer warteten auf Tyackes Feuerbefehl.

»Jetzt!« Bolitho wäre gestürzt, hätte Allday ihn nicht gehalten. Das Deck war jetzt sehr glatt, und der süße Geruch des Todes war stärker als der verbrannten Pulvers.

Tyacke starrte ihn an und ließ dann seinen Degen blinken: »Feuer frei!«

Die *Unity* überragte sie mächtig. Auf ihr wurden bereits die Segel gekürzt, während sich die Amerikaner an der Gangway drängelten, um die treibende *Indomitable* zu entern.

Tyackes Stimme weckte in Bolitho Erinnerungen, erweckte in ihm etwas, was er längst vergessen glaubte. Die Rümpfe waren nur noch wenige Yards voneinander entfernt. Die 24-Pfünder der *Indomitable* klangen wie der Höhepunkt eines Alptraumes.

Sie schienen jedem einzelnen Mann Kraft zu geben, wo vorher nur die wilde Wut eines allgemeinen Kampfes geherrscht hatte. Die Überlebenden der *Indomitable* und die Seesoldaten griffen wie entfesselt an, brüllten und schrien Hurra. Klingen schlugen aufeinander und bohrten sich in die Gegner, als sie auf das Deck der *Unity* sprangen. Musketen- und Pistolenschüsse fällten ein paar von ihnen, und eine krachende Ladung aus der Drehbasse mähte Hauptmann du Cann und ein paar seiner Männer nieder, ehe die rasenden Männer die Drehbasse erreicht und den einzigen Kanonier in Stücke gehauen hatten.

Plötzlich gab es mehr Hurrarufe, und diesmal waren es englische Stimmen. Einen wirren Augenblick lang hoffte Bolitho, Verstärkung vom Konvoi sei eingetroffen.

Aber es war die *Zest*. Sie ging auf der anderen Seite der *Unity* längsseits. Adam und seine Mannschaft enterten sie bereits.

Allday wehrte einen Messerhieb ab und hieb so gewaltig auf den Mann ein, daß er ihm fast den Hals durchtrennt hätte. Doch der Hieb war zuviel für ihn gewesen. Schmerz raste durch seine Brust, und er konnte kaum noch die Richtung des Kampfes erkennen.

Avery versuchte, ihm zu helfen, und Allday wollte ihm danken, wollte, was er immer schon gemacht hatte, ganz in der Nähe von Bolitho bleiben.

Er versuchte zu schreien, aber es kam nur ein heiseres Krächzen. Er sah jetzt alles wie Bilder nebeneinander. Scarlett schrie und hieb sich über das blutrote Deck einen Weg frei, sein Degen blitzte dabei wie geschmolzenes Silber im verhangenen Licht der Sonne. Dann die Spitze einer Pike, bewegungslos zwischen zwei kämpfenden Männern. Wie eine Schlange, dachte Allday. Dann traf sie den Leutnant wie ein Blitz. Scarlett ließ den Degen fallen und klammerte sich an die Pieke, die aus seinem Bauch gezogen wurde. Sein Schrei verhallte ungehört, als er zwischen die tobenden, aufeinander einschlagenden Männer fiel.

Er sah, wie Sir Richard mit einem großen amerikanischen Leutnant kämpfte. Ihre Klingen schlugen aufeinander, ratschten aneinander entlang. Jeder suchte die Schwachstelle des anderen. Auch Avery sah es und zog seine Pistole aus der Jacke.

Tyacke brüllte: »Die Flagge. Holt sie runter!« Er drehte sich um und sah, wie ein Zweiter Offizier mit seinem Degen auf ihn zu rannte. Fast verächtlich blieb er stehen. Der Mann würde bei dem Anblick seiner schrecklichen Narben einen Augenblick erschrecken und die Kontrolle über sich verlieren, so wie vor ihm schon mancher Sklavenhändler. Und so rannte Tyacke seinen Degen durch dessen Körper.

Betäubende Hurrarufe, die nicht enden wollten. Männer umarmten sich, andere schauten sich um, verletzt, betäubt. Sie wußten nicht, ob sie gewonnen oder verloren hatten, konnten kaum noch Freund von Feind unterscheiden.

Dann Stille. Der Lärm von Schlacht und Sterben war zurückgedrängt wie ein weiterer Gegner.

Bolitho kam Allday zu Hilfe, und mit Averys Unterstützung halfen sie ihm auf die Beine.

Avery sagte nur: »Er versuchte Sie zu schützen, Sir!«

Aber Allday kroch wieder auf den Knien umher, seine Hände und Beine voller Blut, und seine Augen blickten plötzlich bittend und verzweifelt.

»John! John! Ich bin's. Laß uns jetzt nicht im Stich!«

Bolitho beobachtete ihn, konnte nicht sprechen, als Allday mit größter Zärtlichkeit den toten Sohn in die Arme nahm.

Bolitho wollte dazwischentreten. »Laß mich, alter Freund!« Aber der Blick, der ihn traf, war der eines gänzlich Fremden. Er hörte nur: »Jetzt nicht, Sir Richard! Ich brauche nur ein paar Minuten mit ihm!« Er wischte dem Toten das Haar aus dem Gesicht, das so still war, gezeichnet vom Augenblick des Todes.

Bolitho fühlte eine Hand auf seiner Schulter. Es war Tyacke.

»Was?« Der Feind hatte sich ergeben, aber das war so sinnlos. Nur Alldays Schmerz war wirklich.

Auch Tyacke entdeckte jetzt Allday auf dem blutigen umkämpften Deck. Ein alter Mann allein mit seinem Schmerz.

Abrupt sagte er: »Es tut mir leid, Sir Richard!« Er wartete, bis Bolitho ihm wieder zuhörte. »Commodore Beer bittet Sie, zu ihm zu kommen!« Er schaute in den Himmel. Der wurde nun klarer, als wolle er alle Wunden und Zerstörungen offenlegen. Falls Tyacke überrascht war, noch zu leben, zeigte er es jedenfalls nicht. Er sagte nur: »Der Commodore stirbt.« Dann griff er zu einem herumliegenden Enterbeil und hieb es mit wilder Bitterkeit tief in den Niedergang. *Wozu das alles?*

Commodore Beer saß an das zerstörte Kompaßhäuschen gelehnt, als Bolitho ihn fand. Der Arzt und ein verbundener Leutnant versuchten, es ihm bequem zu machen.

Beer schaute zu ihm auf. »Ich wußte, wir würden uns treffen.« Er versuchte, ihm die Hand zu reichen, aber sie war zu schwer, fiel nach unten.

Bolitho bückte sich und ergriff sie. »Es mußte in einem Sieg enden. Für einen von uns!« Er sah zum Arzt. »Ich möchte Ihnen danken, daß Sie meinem Neffen das Leben gerettet haben, Doktor. Selbst im Krieg ist es nötig, jemanden zu lieben!«

Die Hand des Commodore lag schwer in der seinen. Das Leben strömte aus ihm wie aus einem zerbrochenen Stundenglas.

Der Commodore öffnete noch einmal die Augen und sagte deutlich: »An Ihren Neffen erinnere ich mich. Da war doch der Handschuh einer Dame...«

Bolitho sah den französischen Arzt fragend an: »Kann man nichts mehr für ihn tun?«

Der Schiffsarzt schüttelte den Kopf. Bolitho erinnerte sich später, Tränen in seinen Augen gesehen zu haben.

Er blickte in das zerfurchte Gesicht Beers. Ein Mann mit unendlich viel seemännischer Erfahrung. Er dachte an Tyackes bittere und wütende Frage: Und wozu das alles?

»Die mochte er wohl sehr...« Doch Beers Gesicht, bisher neugierig und offen, war plötzlich leblos geworden.

Allday half ihm auf die Beine. »Ein tapferer Mann.«

Bolitho sah Leutnant Daubeny vorbeigehen, die amerikanische Flagge über eine Schulter gelegt.

Er berührte Allday am Arm und merkte dann erst, daß Adam ihn über den Toten hinweg anschaute.

»Ja, alter Freund. Es wird immer schwerer.« Er bat Daubeny heran. »Bitte, decken Sie die Flagge über den Commodore. Sie gehören zusammen.«

Langsam kletterte er über die herabgestürzten Rahen auf das zerrissene Deck der *Indomitable*.

Er drehte sich um und packte Allday am Arm. »Ja, wirklich tapfer!« Er merkte, daß man sie beide ansah. Was dachte man wohl über sie? Stolz oder Überheblichkeit? Siege um jeden Preis?

Er berührte das Medaillon unter seinem Hemd, das vor ein paar Stunden noch strahlend weiß gewesen war.

Laut und doch für andere unhörbar, sagte er: »Ich werde dich nie verlassen bis zum Ende meines Lebens.«

Trotz all des Blutes und aller Zerstörung, oder gerade deswegen, wußte er, daß sie ihn hörte.

XVIII Epilog

Lady Catherine Somervell blickte in den Spiegel und kämmte ihr langes Haar. Kritisch prüfte sie ihr Aussehen. Das Kämmen geschah wie von selbst und ohne besondere Gefühle. Es war ein Morgen wie jeder andere, eher kälter als sonst, weil man Rauhreif am Fenster im Schlafzimmer sah.

Ein Tag wie jeder andere. Vielleicht würde sie einen Brief bekommen. Doch sie wußte tief im Herzen, sie würde heute keinen bekommen.

Zwei Tage noch bis zum Dezember. Weiterzudenken lohnte nicht. Wieder ein Jahr vergangen. Und wieder getrennt von dem einzigen Mann, den sie liebte.

Bisher war der Winter hart gewesen. Sie pflegte über den Besitz zu reiten und immer wieder mal Nancy zu besuchen. Lewis, dem König von Cornwall, ging es nicht gut. Er hatte einen Schlaganfall erlitten, vor dem ihn der Arzt sicher schon oft genug gewarnt hatte.

Catherine saß oft bei ihm, las ihm vor und verstand, wie enttäuscht und ungeduldig ein Mann sein mußte, der mehr als viele andere das Leben bis zum Rande ausgekostet hatte. Er murmelte: »Keine Jagden mehr, keine Ausritte – warum soll man weitermachen?«

Sie hatte geantwortet: »Denk an Nancy, Lewis. Versuch ihretwegen wieder auf die Beine zu kommen.«

Sie ging quer durch das Zimmer auf den großen Kippspiegel zu. Er war mit geschnitzten Disteln geschmückt. Kapitän James Bolitho hatte ihn einst seiner schottischen Braut geschenkt. Trotz der Kälte, die selbst ein frühes Feuer im Kamin nicht vertreiben konnte, öffnete sie ihren Morgenmantel und ließ ihn auf die Arme gleiten. Wieder dieser suchende Blick, Hoffnung, Furcht.

Sie hob ihre Brüste und fuhr mit den Händen über sie, wie Richard es immer wieder getan hatte.
Wird er mich immer noch lieben? Hält er mich immer noch für schön?
Aber wann, wann, wann?
Die Nachrichten über Nordamerika waren ungenau und selten. In Berichten wurden die kleineren englischen Fregatten dafür gescholten, daß sie den neuen amerikanischen Schiffen nicht wie üblich – und erwartet – überlegen waren. Die waren mächtiger und wurden gut geführt. Doch insgesamt war dieser Krieg weit entfernt. Die Nachrichtenblätter konzentrierten sich mehr auf Wellingtons ungebrochene Erfolge über die Franzosen und die Aussicht auf einen überwältigenden Sieg in den nächsten Monaten.

Sie zog sich langsam und sorgfältig an. Es war seltsam, Sophie nicht mehr hier zu haben. Die hatte jeden Tag mit munteren Worten begonnen. Sie brauchte also ein neues Mädchen. Vielleicht fand sie es in London, ein Mädchen, das sie an ihre Jugend erinnerte.

Sie öffnete eine Schublade und sah Richards Geschenk. Sie nahm es heraus und trug es ans Fenster. Die kalte Luft wollte ihr den Atem rauben, aber sie kümmerte sich nicht darum, sondern öffnete die Samtschatulle. Es war der Fächer mit den Diamanten. Wenn er zwischen ihren Brüsten hing, fühlte sie sich stolz und abweisend zugleich. Zusammen hatten sie sich gegen die feine Gesellschaft gewehrt, doch dabei das Herz des Volkes gewonnen.

Sie küßte den Anhänger und kämpfte gegen Tränen an. *Ich muß durchhalten. Nur noch einen Tag.* Auf ihre einfache Weise erwarteten die Leute auf dem Besitz, daß sie sich um sie kümmerte. Einige waren verkrüppelte Seeleute von Richards Schiffen. So viele Männer waren noch auf See oder kämpften in den großen Karrées auf Wellingtons Schlachtfeldern.

Sie sah nach unten auf den Hof. Zwei Pferde wurden gestriegelt, ein Küfer lieferte Cider für die Landarbeiter. In diesem kalten Wetter gab es draußen wenig zu tun.

Und hinter den nackten Bäumen sah sie die spitzen Klippen des Vorlandes, hinter denen die See lag.

Wie wird er mich anschauen, wenn er durch diese Tür eintritt? Sie lächelte unsicher. *Wahrscheinlich will er eher wissen, wie ich ihn empfange.* Er fürchtet sich vor dem Alter. Selbst sein verletztes Auge war so etwas wie eine Drohung, ein Zeichen für die Jahre, die sie trennten. Sie seufzte und verließ das Zimmer. Die alten Bilder, die sie anstarrten. Die vertrauten Bolithogesichter. Auf der Treppe blieb sie stehen.

Und wie ging es Adam? Würde er wieder genesen?

Sie sah, daß Bryan Ferguson, der Verwalter, gerade nach draußen gehen wollte. Wahrscheinlich hatte er den Tag und die Arbeiten mit seiner Frau Grace, der Haushälterin, besprochen. Trotz seines verlorenen Arms war er ein Mann voller Schwung und Energie. Er lächelte nach oben und grüßte sie, indem er mit angewinkeltem Zeigefinger an die Stirn tippte.

»Sie haben mich erwischt, Mylady! Ich habe Sie so früh noch nicht erwartet.«

»Ist es so früh?«

Ferguson sah sie bewundernd an. Eine schöne Frau, selbst mit dem groben Reitmantel über dem Arm. Aber auch eine traurige. Dieses Gesicht von Lady Catherine kannten nur wenige.

Sie sagte: »Ich bin soweit, wenn Sie's auch sind, Bryan. Mit ist nicht nach Frühstück!«

»Lassen Sie das bloß meine Grace nicht hören, Mylady, die nimmt es Ihnen übel.«

Sie gingen in das graue Licht nach draußen auf das Büro zu, in dem Ferguson die Bücher und alle Unterlagen aufbewahrte.

Sie merkte, daß er auf ihre Brust schaute und den glänzenden Anhänger sah, den sie umgelegt hatte.

»Ich weiß, Sie halten mich für närrisch, so etwas Kostbares zu tragen. Ich könnte es doch irgendwo verlieren. Doch es ist ja nur...« Plötzlich drehte sie sich um. Ihr Gesicht war totenbleich. »Was war das?«

Ferguson wünschte sich, daß seine Frau hier wäre. Die wüßte, was zu tun sei.

Er hörte einen hohlen Knall über das Vorland dröhnen und fühlte die Erde zittern.

Der junge Matthew kam über den Hof gerannt. »Hast du das gehört?« Er entdeckte Lady Catherine und hob die Hand grüßend an den Hut. »Entschuldigung, Mylady, ich wußte nicht, daß Sie hier sind.«

Wieder ein Knall. Das Echo brach sich überall und verklang schließlich weiter binnen.

»Ein Schiff in Not?« wollte sie wissen. Ihr Mund war plötzlich wie ausgetrocknet, und ihr Herz schlug fast schmerzhaft.

Ferguson hielt ihren Arm. »Kommen Sie rein in die Wärme, das ist am besten!« Er schüttelte den Kopf. »Das ist kein Schiff, Mylady, sondern die Batterie von St. Mawes.« Er versuchte, seine Gedanken zu ordnen, und hörte das gleichmäßige Abfeuern von Kanonen.

Matthew sah sich um. Auch andere Männer und Frauen waren in den kalten Morgen hinausgetreten. Plötzlich war wieder alles still. »Was hat das zu bedeuten, Bryan? Bitte, sagen Sie's mir!«

Grace Ferguson war endlich da und streckte ihre vollen Arme aus. Ferguson meinte heiser: »Siebzehn Schüsse, Mylady, sind der Salut für einen Admiral. Soviel ist sicher!«

Sie sahen sich alle ungläubig an. Der junge Matthew meinte dann: »Für den Hafenadmiral von Plymouth werden sie das kaum tun.« Dann grinste er gewaltig. »Er ist nach Hause gekommen, Mylady. Er ist hier!«

Grace Ferguson meinte nur entschlossen: »So reiten Sie aber nicht dahin, Mylady.«

Ihr Mann rief: »Matthew, spann an!«

Catherine ging langsam auf die niedrige Steinmauer zu, an der im Frühling die Rosen blühten. Heimkehr. Es schien unmöglich. Und doch war es wahr.

So darf er mich nicht sehen. Sie schmeckte Tränen auf Wangen und Lippen wie Salz aus dem Meer.

»Lassen Sie uns nach unten fahren, Bryan. Ich möchte sehen, wie sie einlaufen!«

Die Pferde stampften und schüttelten sich in ihrem Zaumzeug, als sie vor den kleinen Kutschwagen gespannt wurden, der das Wappen der Bolithos an der Tür trug.

Ich bin hier, Liebster. Du wirst nie wieder in ein leeres Haus heimkommen.

Das kleine Dorf Fallowfield lag still am Helford River. Hügel und Bäume schützten es vor dem beißenden Südwestwind, der selbst die abgehärteten Fischer in die Häfen zurückgejagt hatte.

Das kleine Gasthaus mit dem stolzen Wirtshausschild The Old Hyperion war für viele so etwas wie ein freundlicher Hafen geworden. Landarbeiter oder reisende Händler waren die häufigsten Gäste.

Unis Alldays einbeiniger Bruder John stand in der offenen Tür ohne sich um die Kälte zu kümmern. Jahre im Feld bei seinem Regiment hatten ihn gegen Kälte abstumpfen lassen. Ihn interessierte vielmehr, wie viele Gäste an einem solchen Tag hier wohl einkehren würden.

Er hörte Alldays Kind in der Küche lachen. Kate war eine fröhliche kleine Seele, im Augenblick jedenfalls.

Unis trat in den Flur und schaute ihn nachdenklich an: »Ich hole dir ein Bier. Habe das Faß heute morgen erst angezapft. Es wird dir schmecken.« Sie wischte sich die rauhen Hände mit einem Handtuch trocken. »Ziemlich ruhig heute, hoffentlich kriegen wir später noch ein paar Gäste.«

Ein Pferd war auf der schmalen Straße zu hören. John sah Knöpfe glitzern, der bekannte Hut war wegen der Kälte tief in die Stirn gezogen. Ein Mann der Küstenwache.

Er hob grüßend die Hand an den Hut und lächelte den beiden im Hauseingang zu. »Habt ihr von der Aufregung drüben in Falmouth gehört? Ihr habt bestimmt nicht viel davon. Da liegt ein königliches Schiff in den Carrick Roads. Die Preßkommandos werden die Gegend heute wieder unsicher machen.« Er trabte davon, das Unglück anderer berührte ihn nicht.

Unis lief hinter ihm her mit flatternder Schürze, was sie sonst nie zu tun pflegte.

»Welches Schiff, Ned?«

Er drehte sich im Sattel um. »Fregatte. Die *Zest.*«

Der einbeinige, ehemalige Soldat legte ihr den Arm um die Schulter und führte sie ins Haus zurück.

»Ich weiß, was du hoffst, liebe Unis, aber...«

Sie löste sich von ihm und stand ruhig im Flur, mit gefalteten Händen wie in einer Kirche.

»John, denk an den letzten Brief. *Zest!* Das ist eins von Sir Richards Schiffen!«

Sie schaute sich um. »Ich muß das Bett neu beziehen. John, hol frisches Brot und sag Annie, sie soll Kate im Auge behalten.«

Er protestierte – doch vergebens.

Sie sah an ihm vorbei. »Durch diese Tür kommt mein Mann heute nach Hause. Gott ist mein Zeuge. Ich weiß es einfach.« Er sah auch Tränen, doch Unis war eher aufgeregt als ängstlich.

Sie hatten zwei Gäste, Zimmerleute, die in der kleinen Kirche arbeiteten, in der Unis und John Allday geheiratet hatten.

Es würde früh dunkel sein. Besorgt sah er seine Schwester an. *Folg der Trommel, trag des Königs Rock,* sagte man. Doch diesen Teil der Geschichte hörte man nie.

Unis trat in den Flur, ihre Augen glänzten hell.

»Er kommt, John. Wie ich gesagt habe. Wie er versprochen hat.«

Dann hörte auch er es zum ersten Mal, noch leise, aber deutlich genug über dem sanften Wehen des Windes. Das regelmäßige Klippklapp von Bryan Fergusons Pony mit dem Wägelchen.

Leise forderte sie: »Geh nicht weg, John. Du gehörst dazu!«

Flüsternde Stimmen, und sie sagte halblaut: »Lieber Gott, laß es ihn sein!«

Die Tür öffnete sich beängstigend langsam.

Und dann lag sie in seiner mächtigen Umarmung. Ihre Nase rieb sich an seiner schönen neuen Jacke mit den Bolitho-Knöpfen. »Lieber John. Du warst viel zu lange weg. Du hast mir so gefehlt.«

Ihr Bruder, der zusah, meinte: »Guck nicht so überrascht, John. Wir haben gehört, daß die *Zest* im Hafen einlief.«

Allday sah sich um, mochte immer noch nicht glauben, daß er zu Hause war.

»Ja. Wir waren an Bord. Kapitän Adam hat das Kommando.« Er hielt sie so sanft, als könne sie zerbrechen. »Ich habe mir diesen Augenblick so oft vorgestellt.« Er dachte an das große graue Haus, in dem er Sir Richard mit seiner Lady zurückgelassen hatte. Er mußte ihr wegen seines Sohns geschrieben haben. Das war das Schlimmste gewesen.

Lady Catherine hatte ihn sehr ruhig angeschaut und nur gesagt: »Er hat dich nicht wirklich verlassen. Denk immer daran.«

Und nun war er zu Hause. Er richtete sich auf, als das Mädchen, das Unis eingestellt hatte, mit dem Baby auf dem Arm eintrat. Er wußte sofort, daß es nur seine Tochter sein konnte! Von seinem gefallenen Sohn würde er Unis nichts erzählen. Noch nicht jedenfalls. Dies waren Momente, die nur ihnen gehörten.

Zärtlich nahm er das Baby. »Sie ist aber mächtig klein!«

Leise meinte Unis: »Der Doktor glaubt nicht, daß wir noch ein Kind haben werden, John. Vielleicht hätte dir ein Sohn mehr gefallen!«

Er drückte das Kind an sich und versuchte, sich nicht mehr an die Szene an jenem fürchterlichen Septembermorgen zu erinnern. Freunde und Feinde hatten sich geholfen und getröstet, als der Kampf zu Ende war und die Flagge durch den Rauch nach unten gerauscht war.

Er antwortete jetzt ebenso leise: »Sie ist unsere Kate. Sie gefällt mir sehr!« Er zögerte. »Ein Sohn bricht dir nur das Herz.«

Unis sah zu ihrem Bruder hinüber. Aber der schüttelte den Kopf. Dabei würde es bleiben.

Sie fragte: »Hast du jemanden mitgebracht, John Allday? Und ihn draußen in der Kälte stehen lassen? Was soll man von uns denken?«

Die Tür ging auf, und Leutnant George Avery trat ein, bückte sich unter den niedrigen Balken.

»Ein Zimmer für ein paar Tage, Mrs. Allday? Ich wäre Ihnen sehr verbunden!« Er sah sich um, erinnerte sich an den Tag ihres Abschieds. »Ich hielt es für besser, wenn Sir Richard seine Rückkehr allein feiert.« Er lächelte, doch ihr fiel auf, daß das Lächeln seine Augen nicht erreichte.

Es war ein seltsames Gefühl. Wegen der Briefe, die er für ihren Mann geschrieben hatte, schien sie ihn sehr gut zu kennen.

»Lange Spaziergänge,« meinte Avery, »gutes Essen, Zeit, über alles nachzudenken, bis zum nächsten Mal...«

Zufrieden sagte Allday: »Sie bleiben also doch bei der kleinen Mannschaft?«

»Hatte ich je eine andere Wahl?« fragte Avery. Er schaute sich im Vorraum um und nahm langsam die Stille, den Frieden und die willkommene Wärme wahr. Das Kind wirkte in Alldays Armen fast verloren. Er würde den Morgen nie vergessen. John Allday trug seinen toten Sohn ganz vorsichtig über das zerfetzte, blutverschmierte Deck, auf dem so viele gefallen waren. Allday war allein in diesen Augenblicken, ehe er seinen Sohn über die Seite in die See gleiten ließ und beobachtete, wie er davontrieb.

»Drinks für alle?« fragte Unis laut. »Mr. Avery, was würde Ihnen am meisten behagen?«

Dann hörte sie Fergusons Pony davontraben. Er hatte also für alle Fälle gewartet.

Richard Bolitho saß vor dem großen Feuer und hielt seine Hände vor die lodernden Flammen.

»Als ich die Kutsche sah, Kate...« Er streckte ihr eine Hand entgegen, als sie mit zwei Gläsern Brandy kam, und berührte sie sanft. »Ich konnte es kaum glauben!«

Sie kuschelte sich neben ihn. »Ein Toast auf meinen Admiral! Einen Admiral Englands!«

Er streichelte ihr Haar, ihren Hals, an dem er den Anhänger entdeckt hatte. Wie konnte sie das gewußt haben, wirklich gewußt haben?

Es gab so viele Erinnerungen, die er auf den langen Spaziergängen mit ihr teilen würde. Der bewegende Abschied von Tyacke, als die *Indomitable* mit den beiden amerikanischen Prisen in Halifax eingelaufen war. Einige dringende Reparaturen mußten hier ausgeführt werden. Zum letzen Mal hatte Bolitho seine Hand geschüttelt, ehe er seine Flagge auf der *Zest* setzte.

»Wenn Sie mich brauchen, Sir Richard, lassen Sie es mich einfach wissen!«

Zusammen hatten sie auf die zerschossenen Prisen geblickt, über die schon Männer ausschwärmten. Bolitho meinte nur: »Es könnte bald vorüber sein. Endgültig!«

Tyacke lächelte. »Ich gehe dann wieder nach Afrika. Da hat es mir gut gefallen!«

Dann die lange Reise nach Hause, wo man ihn bald in die Admiralität bitten würde. Es könnte ihn fast amüsieren, wieder dorthin gebeten zu werden.

Und dann Adams heimlicher Stolz, als die Kanonen für sein neues Kommando Salut feuerten und zu Ehren des Mannes, dessen Flagge stolz von der Großmaststange auswehte.

Dieser Gruß war so unerwartet wie bewegend nach all dem, was vorgefallen war. Die Kanonen hatten alles gesagt. Willkommen daheim. Das galt Falmouths berühmtestem Sohn.

Bolitho sah auf, als sie zu ihm sagte: »Nimm dein Glas mit, ich muß dir etwas zeigen!«

Hand in Hand gingen sie die Treppe hinauf, vorbei an all den Ahnen, in ihr Zimmer.

Draußen war es schon sehr dunkel. Bolitho hörte einen Fuchs heiser bellen.

Sie hatte ihm von Roxby erzählt. Er würde nach drüben reiten und ihn besuchen. Doch nicht jetzt.

Catherine hatte das Porträt mit einem Schal verhüllt. Sie lächelte, aber in ihren Augen sah er Unsicherheit.

»Fertig?«

Es war nicht, was er erwartet hatte – oder doch? Kein Bild von ihr in einer feinen Seidenrobe oder im Reitkostüm. Sie stand barfüßig da, ihr Haar wehte im Wind, sie trug die Seemannshosen und das Seemannshemd, das sie damals getragen hatte, als die *Golden Plover* am Riff sank und James Tyacke sie nach all den Entbehrungen in einem offenen Boot in der endlosen Weite der See fand.

Sie sah ihn ängstlich an: »Das bin ich wirklich. Wir waren uns damals so nah wie nie zuvor. Damals, als wir uns wirklich brauchten.«

Er nahm sie in die Arme.

»Ich werde es nie vergessen Kate.« Er spürte, wie sie zitterte und seine Hände beobachtete, die sie liebkosten und sie wie eine Fremde entkleideten. Alles andere um sie herum zählte nicht mehr.

»Ich liebe dich so...« flüsterte sie noch, als er sie in seine Arme schloß.

In der Dunkelheit erwachte auf dem bröckligen Küstenpfad eine Möwe aus ihrem Schlaf. Im Wind war ein Schrei zu hören. Man hätte ihn für den letzten eines Mädchens halten können.

Alexander Kent

Die Richard-Bolitho-Romane

Die Feuertaufe *(UB 23687)*
Strandwölfe *(UB 23693)*
Kanonenfutter *(UB 22933)*
Zerfetzte Flaggen *(UB 23192)*
Klar Schiff zum Gefecht *(UB 23932)*
Die Entscheidung *(UB 22725)*
Bruderkampf *(UB 23219)*
Der Piratenfürst *(UB 23587)*
Fieber an Bord *(UB 23930)*
Des Königs Konterbande *(UB 23787)*
Nahkampf der Giganten *(UB 23493)*
Feind in Sicht *(UB 20006)*
Der Stolz der Flotte *(UB 23519)*
Eine letzte Breitseite *(UB 20022)*
Galeeren in der Ostsee *(UB 20072)*
Admiral Bolithos Erbe *(UB 23468)*
Der Brander *(UB 23927)*
Donner unter der Kimm *(UB 23648)*
Die Seemannsbraut *(UB 22177)*
Mauern aus Holz, Männer aus Eisen *(UB 22824)*
Das letzte Riff *(UB 23783)*
Dämmerung über der See *(UB 23921)*

Ullstein